35個影響歷史的關鍵大事

世界全史「35の鍵」で身につく一生モノの歴史力

宮崎正勝 著
賴詩韻 譯
高中教師 林雋秀、蔡枳松 審訂

目錄

前言——13

圖說世界的歷史與地理——17

・世界各個分區的名稱——19
・世界史的脈絡——本書的歷史編排——21
・由東非大裂谷誕生出四大文明——23
・古代的四個大帝國——25
・游牧民族促成歐亞大陸的一體化——27
・海洋世界的大轉換——29
・大西洋生成資本主義經濟——31
・民族國家（近代政治體制）的普及——33
・兩次世界大戰造成歐洲時代的結束——35
・轉換為全球經濟——37
・世界史對照簡略年表——39
・世界的地理與氣候——41

第1章 世界史的起源——43

1 從「東非大裂谷」出發——44

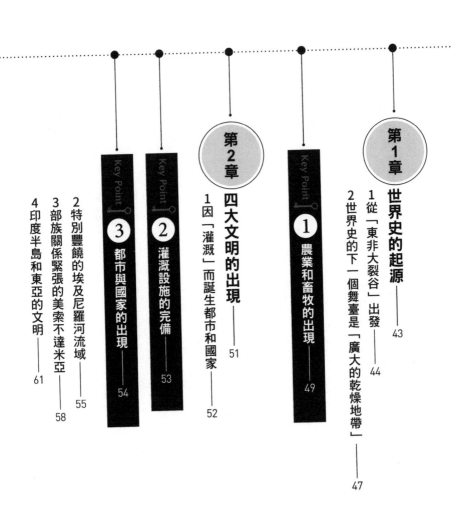

2 世界史的下一個舞臺是「廣大的乾燥地帶」——47

Key Point 1 農業和畜牧的出現——49

第2章 四大文明的出現——51

1 因「灌溉」而誕生都市和國家——52

Key Point 2 灌溉設施的完備——53

Key Point 3 都市與國家的出現——54

2 特別豐饒的埃及尼羅河流域——55

3 部族關係緊張的美索不達米亞——58

4 印度半島和東亞的文明——61

Key Point 4 中國所有的權力由天子掌控——67

5 歐亞大陸主要的宗教和知識的根源——68

Key Point 5 宗教與知識在前四、五世紀出現——78

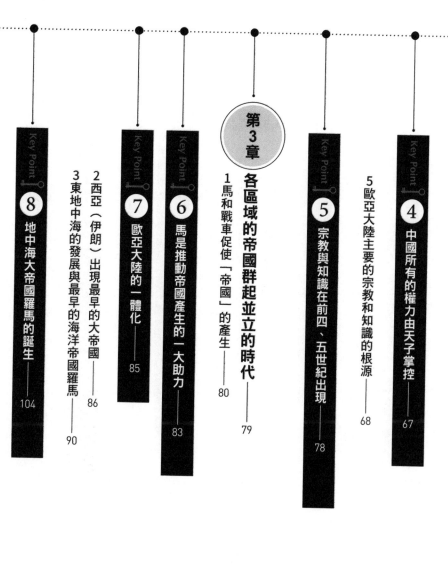

第3章 各區域的帝國群起並立的時代——79

1 馬和戰車促使「帝國」的產生——80

Key Point 6 馬是推動帝國產生的一大助力——83

Key Point 7 歐亞大陸的一體化——85

2 西亞（伊朗）出現最早的大帝國——86

3 東地中海的發展與最早的海洋帝國羅馬——90

Key Point 8 地中海大帝國羅馬的誕生——104

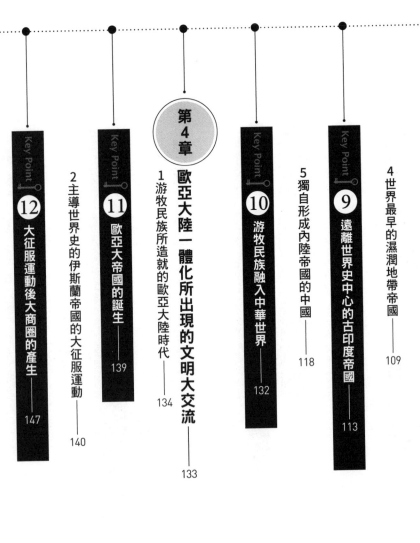

4 世界最早的濕潤地帶帝國——109
Key Point 9 遠離世界史中心的古印度帝國——113
5 獨自形成內陸帝國的中國——118
Key Point 10 游牧民族融入中華世界——132
第4章 歐亞大陸一體化所出現的文明大交流——133
1 游牧民族所造就的歐亞大陸時代——134
Key Point 11 歐亞大帝國的誕生——139
2 主導世界史的伊斯蘭帝國的大征服運動——140
Key Point 12 大征服運動後大商圈的產生——147

3 歐亞大陸產生大規模的商圈——152
4 奪取伊斯蘭帝國的土耳其人——158

Key Point 13 在十一世紀完成革新的西歐——164

5 烈風呼嘯的蒙古高原，出現統一歐亞大陸的動向——165

Key Point 14 中國的衰微導致世界帝國的出現——174

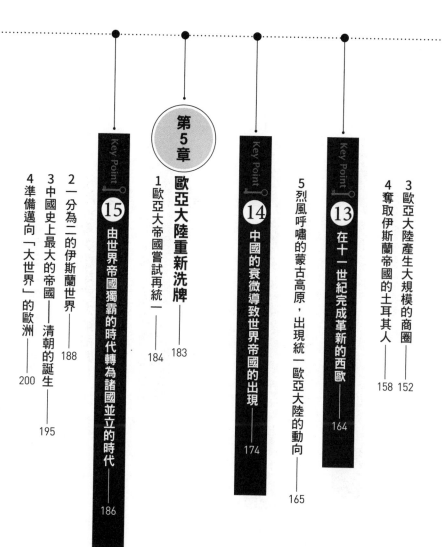

第5章 歐亞大陸重新洗牌——183

1 歐亞大帝國嘗試再統一——184

Key Point 15 由世界帝國獨霸的時代轉為諸國並立的時代——186

2 一分為二的伊斯蘭世界——188
3 中國史上最大的帝國——清朝的誕生——195
4 準備邁向「大世界」的歐洲——200

5 皮草大國俄羅斯征服西伯利亞與其歐洲化——213

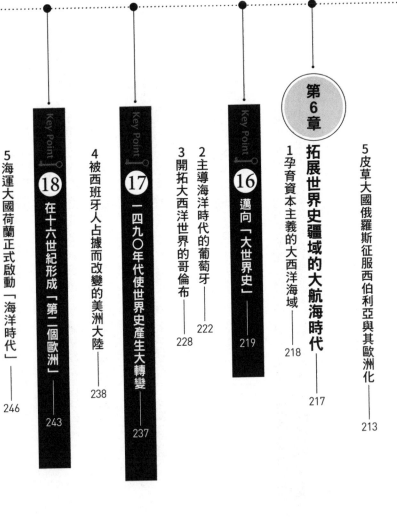

第6章 拓展世界史疆域的大航海時代——217

1 孕育資本主義的大西洋海域——218
Key Point 16 邁向「大世界史」——219
2 主導海洋時代的葡萄牙——222
3 開拓大西洋世界的哥倫布——228
Key Point 17 一四九〇年代使世界史產生大轉變——237
4 被西班牙人占據而改變的美洲大陸——238
Key Point 18 在十六世紀形成「第二個歐洲」——243
5 海運大國荷蘭正式啟動「海洋時代」——246

Key Point 19 宗教戰爭促成「主權國家」的出現——254

6 英國以強大的海軍實力奪取大西洋霸權——255

Key Point 20 荷蘭和英國制定世界的秩序——260

第7章 大西洋孕育出資本主義和民族國家——263

1 砂糖的事業產生資本主義——264

Key Point 21 資本主義和民族國家的成立——270

2 由工業革命和產業都市主導世界史——275

Key Point 22 邁入煤、石油的時代——281

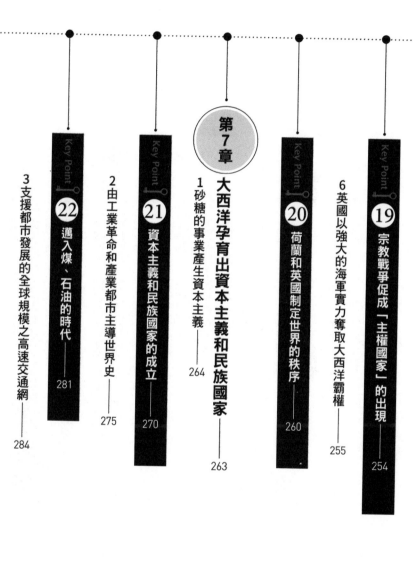

3 支援都市發展的全球規模之高速交通網——284

Key Point 23 出現鐵路和蒸汽船的高速交通網——288

4 美國的獨立戰爭使「民族國家」普及化——289

Key Point 24 十九世紀是歐洲的時代——301

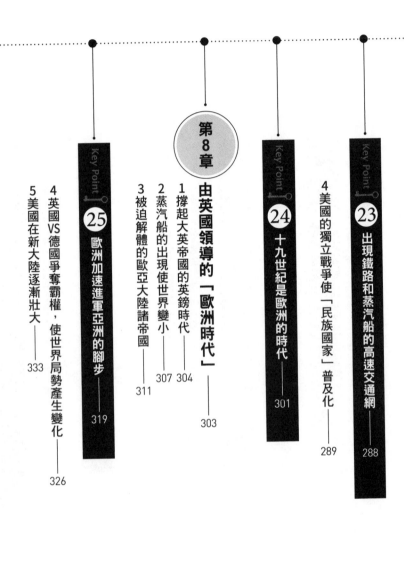

第8章 由英國領導的「歐洲時代」——303

1 撐起大英帝國的英鎊時代——304

2 蒸汽船的出現使世界變小——307

3 被迫解體的歐亞大陸諸帝國——311

Key Point 25 歐洲加速進軍亞洲的腳步——319

4 英國VS德國爭奪霸權，使世界局勢產生變化——326

5 美國在新大陸逐漸壯大——333

Key Point 26 美國透過開拓西部和鐵路成為大國——338
Key Point 27 支配海洋就支配全世界——341
6 在世界史擔任從屬角色的非洲和太平洋——343

第9章 邁向全球化的時代——347

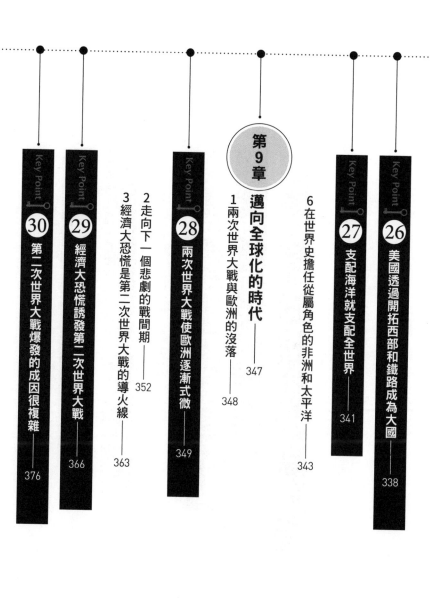

1 兩次世界大戰與歐洲的沒落——348
Key Point 28 兩次世界大戰使歐洲逐漸式微——349
2 走向下一個悲劇的戰間期——352
3 經濟大恐慌是第二次世界大戰的導火線——363
Key Point 29 經濟大恐慌誘發第二次世界大戰——366
Key Point 30 第二次世界大戰爆發的成因很複雜——376

4 成為世界通行貨幣的美元與冷戰的影響——377

Key Point 31 美蘇冷戰使第三勢力抬頭——380

Key Point 32 世界經濟劇變的一九七〇年代——387

5 全球化與「虛擬」的地球新時代——389

Key Point 33 經濟全球化所引起的經濟不安定——395

Key Point 34 虛擬空間推動世界經濟——398

Key Point 35 終於得以成為世界史中心的「太平洋」——406

前言

近年，報紙或電視新聞都在報導現在的世界正處於情勢混亂的時代。

歐洲景氣的低迷、歐盟（EU）內部的北歐與南歐的對立，自從二〇一〇年末發生「阿拉伯之春」（Arab Spring）以來，中東和非洲的情勢更加混亂，俄羅斯苦於石油價格的低迷和烏克蘭內戰，中國的經濟成長與貧富差距的擴大，以及中國過於強勢的海洋策略……。

現今的世界情勢是歷經什麼樣的過程而形成的？

第二次世界大戰後，日本曾經有一段時間對歷史研究非常熱衷，無論是古老的中國史或是歐洲自我意識強烈的西洋史，這段期間特別偏好以發展階段論為基礎的世界史。

之後，日本就把重心轉移到各國歷史、區域史或斷代史，著重於蒐集數量龐大的歷史細節，對世界史的興趣也愈來愈薄弱。

其實，愈是想透過蒐集細節來拼湊全貌，只會愈看不清楚事物的整體。但是，仍有多數人認為由許多部分歷史拼湊而成的才是世界史。

我辭去大學教職後，在文化中心（Culture Center，類似終身學習機構）等場所對一些擁有豐富社會經驗的民眾講述世界史。對於要如何向普通民眾和商業人士講述世界史，我也摸索了好一段時間。

經由這段經驗，**我開始想要寫一本與以往的歷史書不一樣的，可以輕鬆閱讀的，可以像快速播放影片一樣瀏覽歷史全貌的歷史書，所以寫了這本書。**

首先，透過設定「35個歷史關鍵」（Key Point）為探尋歷史的路標，並根據「35個歷史關鍵」書寫簡潔的內容，並插入適當的「主題」和「解讀歷史」。「解讀歷史」著重說明歷史事件的意義，並從現代的觀點來解讀歷史。

本書史實的排列是以能夠輕鬆閱讀為原則，不強調「記憶」，而是重視「理解」和「思考」，也就是像指南書一樣。為了協助讀者理解地理位置，進入本文前和書中裡都附有簡單的圖表。

在進入本文前的第二一頁將世界史的脈絡整理成圖表「世界史的脈絡——本書的歷史編排」，先簡單介紹本書的內容摘要。

首先，從「第1章／世界史的起源」、「第2章／四大文明的出現」、「第3章／各個區域的帝國群起並立的時代」到「第4章／歐亞大陸一體化所出現的文明大交流」是記述到蒙古帝國時代為止的一連串的歐亞大陸世界史，這段歷史的脈絡很單純，也很容易理解。

其次，「第5章　歐亞大陸重新洗牌」、「第6章／拓展世界史疆域的大航海時代」、

「第7章／大西洋孕育出資本主義和民族國家」是將同一時期發展的歐亞大陸的「陸地世界史」（小世界史）和全球規模的「海洋世界史」（大世界史）以對照的方式做概觀的介紹。

「第8章／由英國領導的『歐洲時代』」記述以英國為中心的「海洋世界史」逐步併吞「陸地世界史」的過程。

「第9章／邁向全球化的時代」是二十世紀、二十一世紀的世界史，描述歐洲在第二次世界大戰後沒落，接著在美國的主導下邁向全球化的過程。

許多人可能會質疑「世界史的脈絡有這麼簡單嗎？」不過，我認為歷史脈絡的大綱沒有必要過於複雜，應該愈簡單愈好。

歷史脈絡的整理方式有很多種，但是根據我長久以來接觸世界史的經驗，如此簡潔的大綱更有助於讀者理解世界史發展重心移轉的情形，以及掌握住不斷變化的世界史的關鍵。

一般民眾應具備的歷史涵養，與艱深專業的歷史知識無關，也與升學考試無關。只要能夠瞭解歷史的大綱、變化過程、對現代世界有何影響，以及藉由解讀歷史培養出能夠預測世界未來走向的能力即可。

請看距今兩百年前的歷史地圖。

歐亞大陸當時是由俄羅斯帝國、鄂圖曼帝國（土耳其）、大清帝國（中國）以及一般人比較陌生的蒙兀兒帝國（印度）支配大部分的土地。在大西洋的周邊地帶，則是由歐洲主導的資本主義經濟和民族國家體制所形成的「大世界」逐漸嶄露頭角。美國當時是剛獨立成功的國家，澳洲和加拿大都還是英國的殖民地。

在兩百年的變化中，隨著歐亞大陸四大帝國的分崩離析，各地也都陷入混亂。主導近代發展的歐洲也逐漸走向沒落。

美國、國家內部矛盾不斷的中國，及日本、亞洲新興國家所在的「太平洋」近年來逐漸占據世界史的主導地位。

本書期望讓讀者瞭解世界史雖然仍不斷變化中，但是它連成一脈的歷史軌跡與現代的世界情勢是密不可分的。

二〇一五年三月

宮崎正勝

圖說世界的歷史與地理

進入本文前，我們先透過圖片大致確認世界的歷史是如何發展變化的，以及歷史的脈絡和歷史的舞臺。

以下介紹：

・世界各區域的名稱

・本書的大綱（請一定要先瀏覽一遍）

・各時代的要點

・世界史對照簡略年表

・世界的地理與氣候

只要先看過這些圖表，就能更快速理解本書的內容。譬如，本書頻繁出現的「小亞細亞」（安那托利亞）、「東亞」、「西亞」等區域名稱，或是「伊比利半島」等地理名稱，如果不清楚其地理位置時，請參照圖表就可以瞭解。

西歐、東歐、小亞細亞、西亞、東亞……等等。首先要對地球上的區域分布有大致的概念。

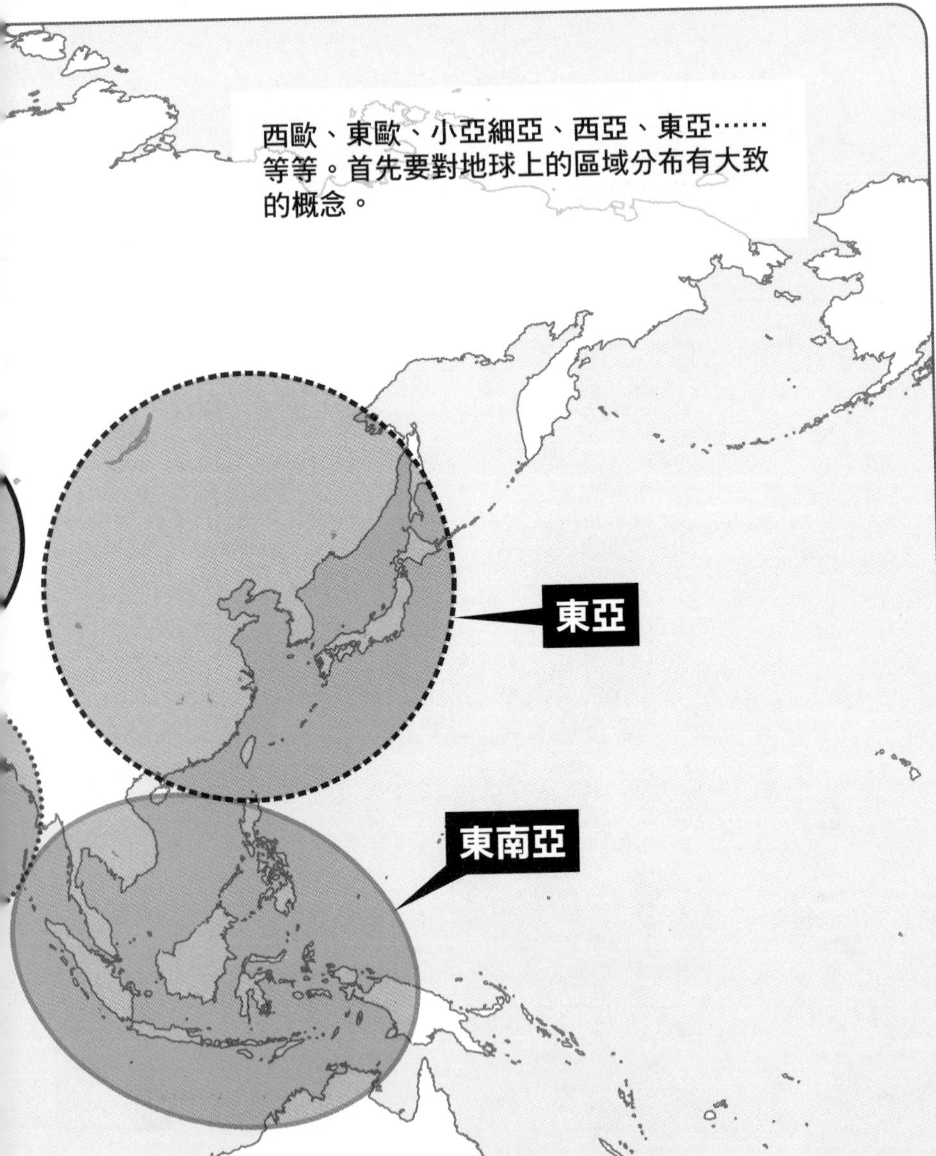

世界各個分區的名稱

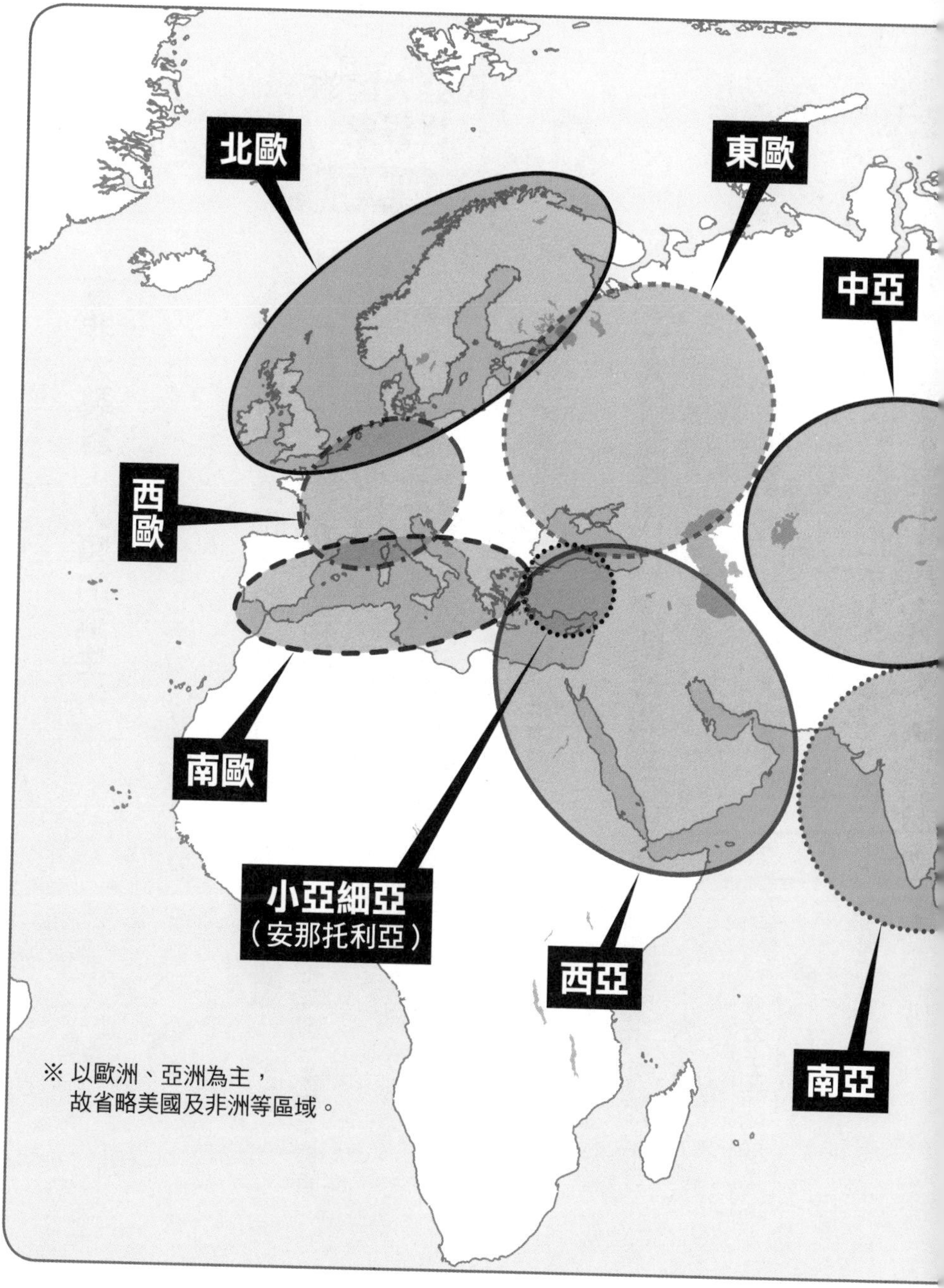

北歐
東歐
中亞
西歐
南歐
小亞細亞
（安那托利亞）
西亞
南亞
※ 以歐洲、亞洲為主，
故省略美國及非洲等區域。

前史

東非大裂谷：人類的誕生

⓪ →

歐亞大陸的世界史

小世界史

1 「農業．畜牧」的出現（約一萬年前）↓四十九頁

2 「都市．國家的出現」（四大文明）（約五千年前）↓五十四頁

3 「帝國」的出現（前六至前一世紀）↓八十頁

西亞：波斯帝國　地中海：羅馬帝國

南亞：孔雀王朝　東亞：秦漢帝國

4 「歐亞大陸帝國」的成立（文明的東西交流）（七至十四世紀）↓一三四頁

・伊斯蘭帝國↓土耳其帝國↓蒙古帝國

① →

各大洲的世界史

大世界史

1 「大航海時代」（空間擴張到全世界）（十五至十六世紀）↓二一八頁

・征服南美洲（西班牙）

・征服北美洲（美國）

・大西洋三角貿易

⇦ 資本主義的成長

2 「工業革命」（十八至十九世紀後半）↓二七五頁

・都市的成長↓英國邁向「世界的工廠」

3 歐洲的近代化（十八、十九世紀末）↓二八九頁

・美國獨立・法國大革命↓維也納體制↓民族國家時代

海洋…

4 「第二次工業革命」（重化工業）（十九世紀後半）↓三三六頁

・德國、美國經濟的發展

⇦

帝國主義時代：世界走向分裂

② ←

③ 全球世界史

全球的世界史

1 **第一次世界大戰**（一九一四至一九一八年）↓三四八頁

・歐洲沒落⇩美國崛起

2 **經濟大恐慌**（一九二九年）↓三六三頁

・德國納粹崛起、日本引發九一八事變・中日戰爭

3 **第二次世界大戰**（一九三九至一九四五年）↓三六六頁

・美元成為世界通用貨幣⇩經濟全球化（轉變為單一經濟）

・歐洲的沒落與「第三勢力」的出現

・美蘇冷戰

4 **一九七〇年代的轉變（亞洲各國的崛起）**↓三八五頁

・石油危機↓美元危機↓資訊革命

　　　　　└轉向浮動匯率制

5 **「冷戰」結束（蘇聯解體）**↓三八七頁

・中國轉向社會主義市場經濟

・區域整合（EU、ASEAN）

・網際網路重整世界秩序

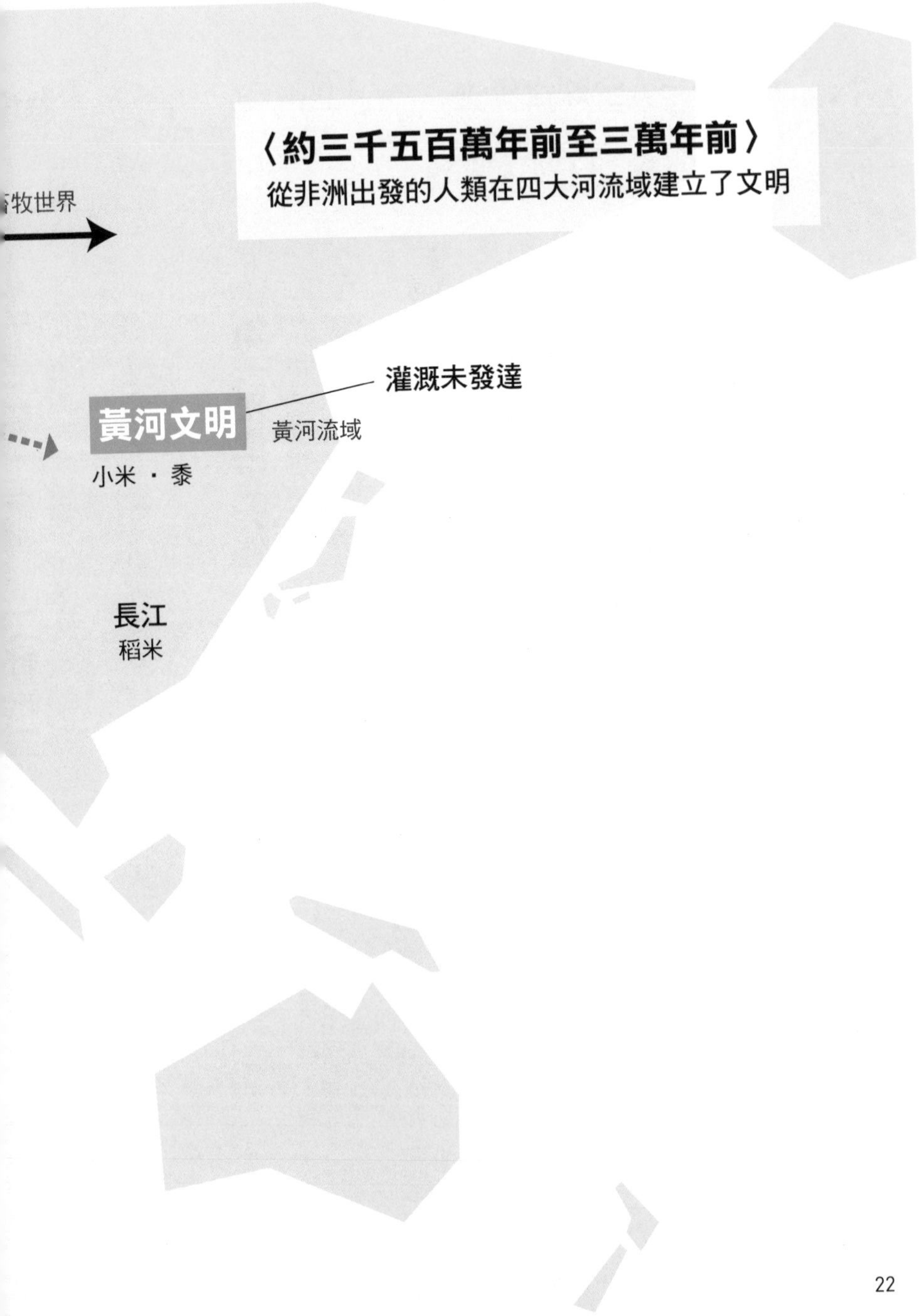
〈約三千五百萬年前至三萬年前〉
從非洲出發的人類在四大河流域建立了文明
牧世界
灌溉未發達
黃河文明
黃河流域
小米・黍
長江
稻米

由東非大裂谷誕生出四大文明

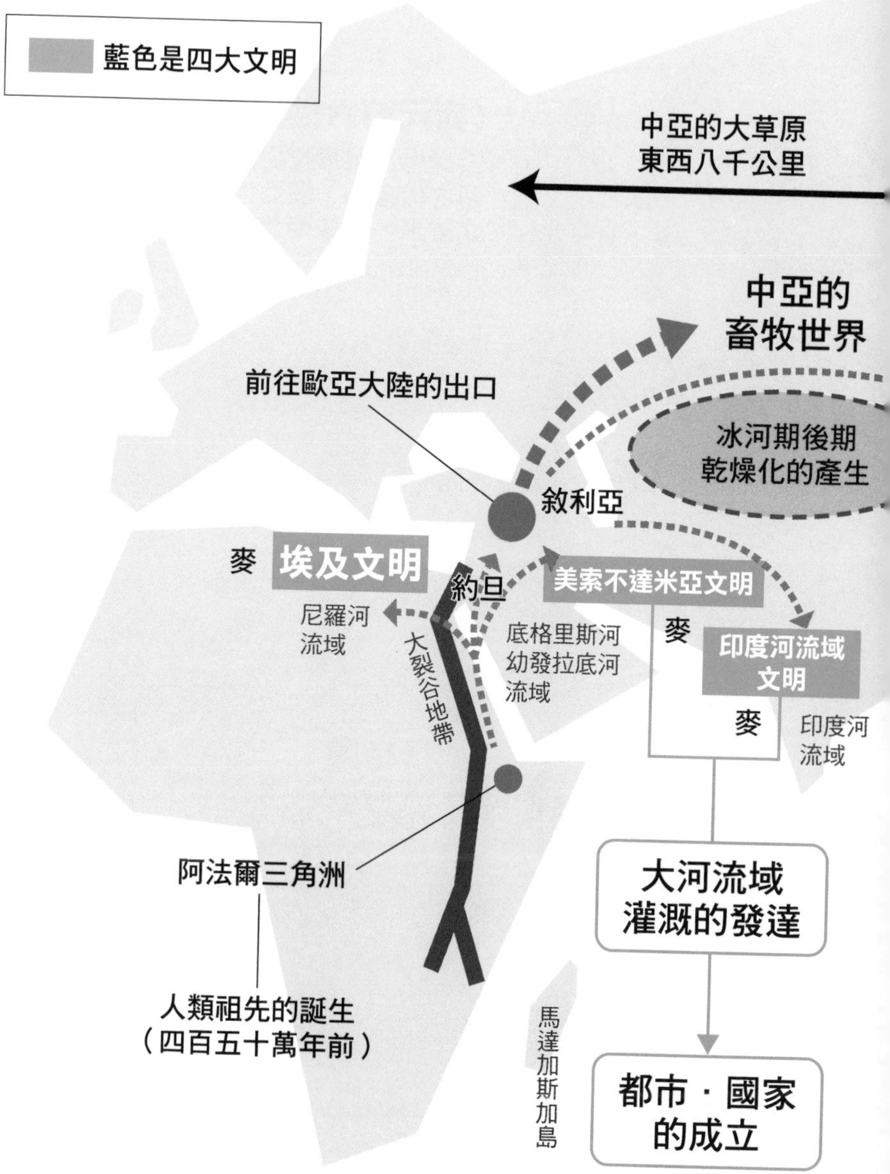

藍色是四大文明
中亞的大草原
東西八千公里
中亞的
畜牧世界
前往歐亞大陸的出口
冰河期後期
乾燥化的產生
敘利亞
麥
埃及文明
約旦
美索不達米亞文明
尼羅河
流域
大裂谷地帶
底格里斯河
幼發拉底河
流域
麥
印度河流域
文明
麥
印度河
流域
阿法爾三角洲
大河流域
灌溉的發達
人類祖先的誕生
（四百五十萬年前）
馬達加斯加島
都市・國家
的成立

〈西元前六世紀至西元四世紀〉

透過馬和戰車產生區域統合，形成四個古代帝國。歐亞大陸史分成南經濟北軍事，形成南北對立的局勢。

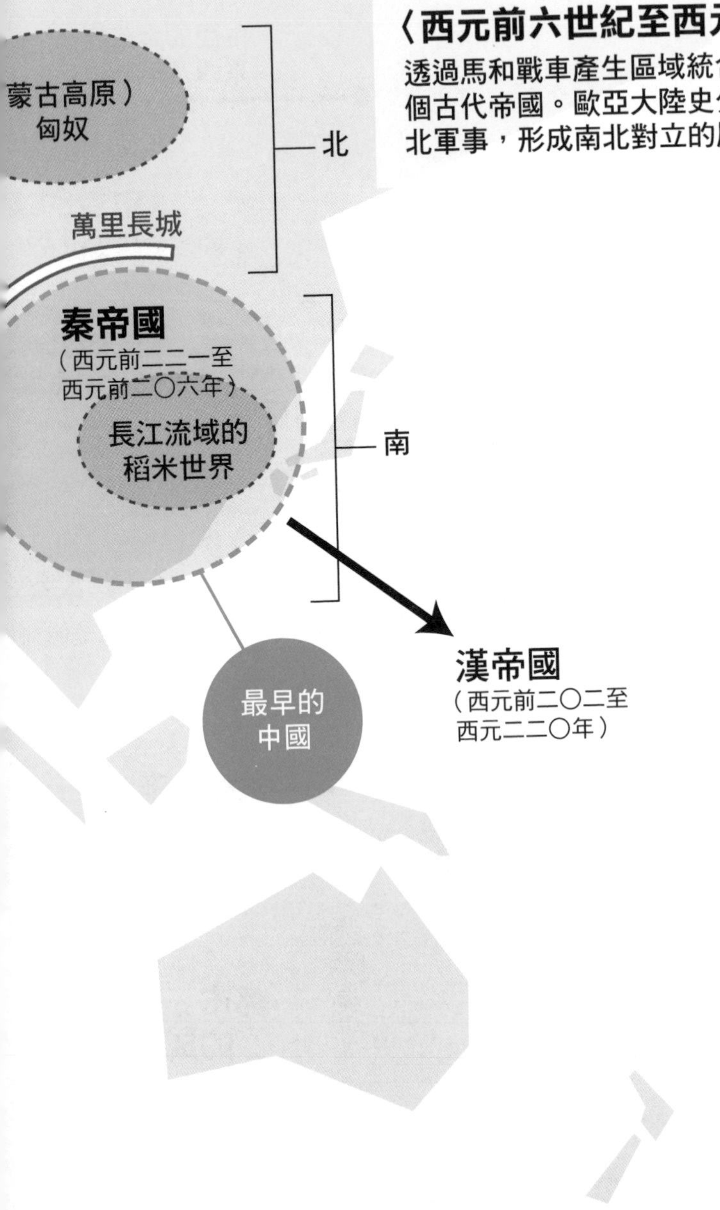

大草原
斯基泰人（烏克蘭）
羅馬帝國
（西元前一至西元四世紀）
阿契美尼德王朝
（波斯帝國）
（西元前六至前四世紀）
阿利安人
印度
喜馬拉雅
孔雀王朝
（西元前四至
前二世紀）
地中海帝國
（世界最早的
海洋帝國）
世界最早
的帝國
重建波斯帝國
安息帝國
（西元前三至西元三世紀）
薩珊王朝
（西元三至七世紀）
世界最早
的稻米帝國

蒙古人擊敗花剌子模王國
和阿拔斯王朝（納入蒙古帝國）

史上最大的超級帝國出現

蒙古帝國
（西元一二〇六至
一二七一年）

↑ 統合中國（納入蒙古帝國）

征服金國和南宋（西元一二七九年）

↑

金國在北方建國（西元一一二五年）
宋往南遷稱南宋（西元一一二七年）

↑

宋朝

〈十一世紀至十三世紀〉

西元七世紀，從阿拉伯半島拓展勢力的伊斯蘭帝國打倒拜占庭帝國和薩珊王朝，掌控了地中海和西亞地區。伊斯蘭帝國隨後為土耳其人所奪取，土耳其人又敗給蒙古人，從而產生了巨大的超級帝國（蒙古帝國）。

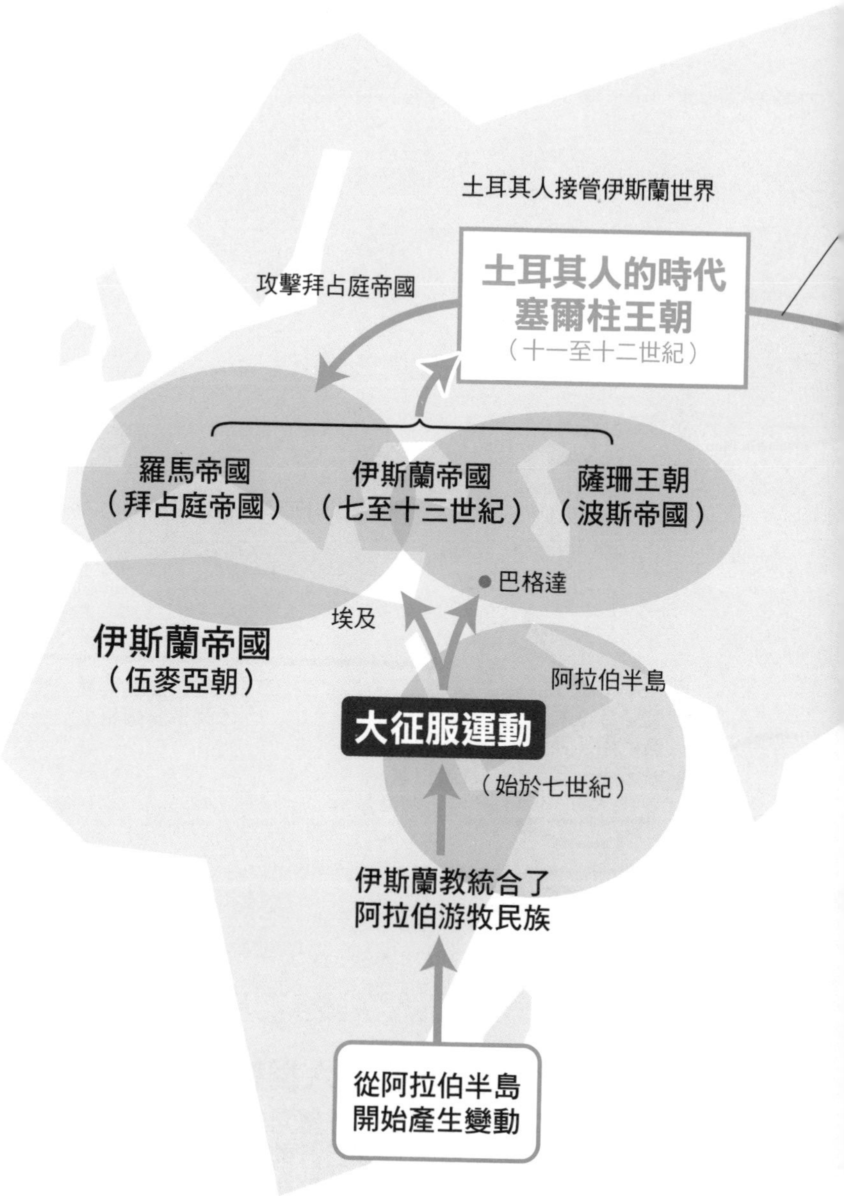
土耳其人接管伊斯蘭世界
攻擊拜占庭帝國
土耳其人的時代
塞爾柱王朝
（十一至十二世紀）
羅馬帝國
（拜占庭帝國）
伊斯蘭帝國
（七至十三世紀）
薩珊王朝
（波斯帝國）
巴格達
埃及
伊斯蘭帝國
（伍麥亞朝）
阿拉伯半島
大征服運動
（始於七世紀）
伊斯蘭教統合了
阿拉伯游牧民族
從阿拉伯半島
開始產生變動

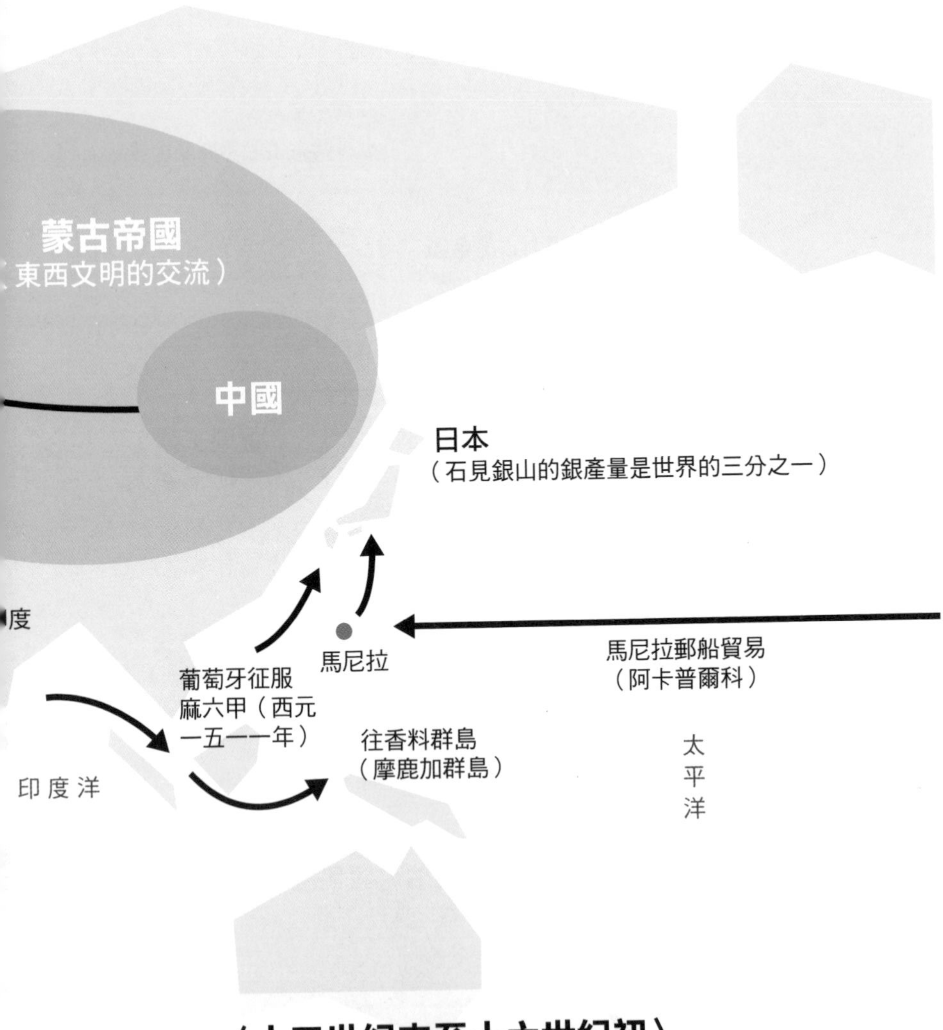

〈十五世紀末至十六世紀初〉

越過非洲大陸南端的好望角的印度航線開通之後，哥倫布原本打算西行前往亞洲，最後抵達加勒比海的島嶼。接著麥哲倫則越過南美的南端發現了太平洋。一四九〇年代的三十年間一口氣拓展了全球規模的「海洋世界」。

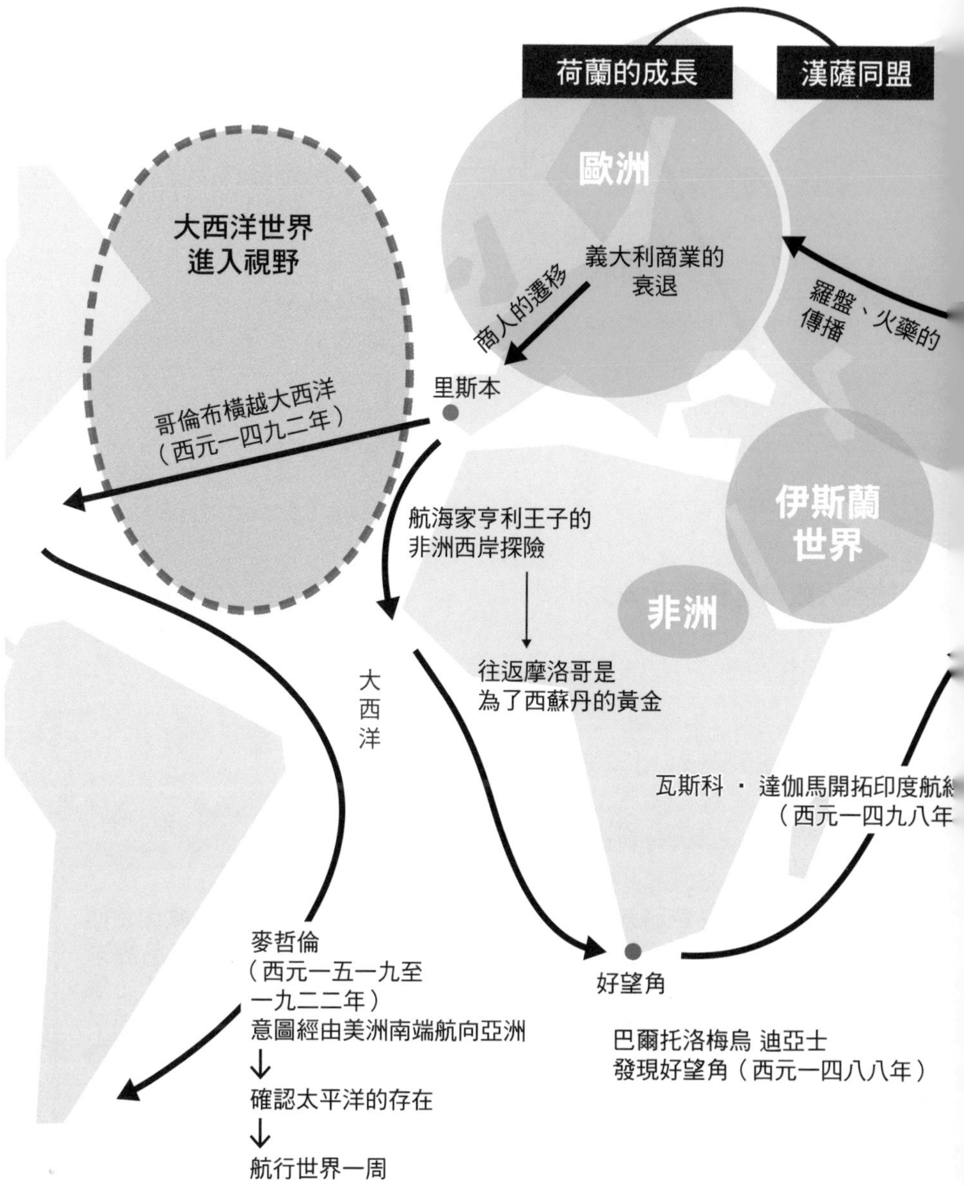
荷蘭的成長
漢薩同盟
歐洲
大西洋世界
進入視野
義大利商業的
衰退
商人的遷移
羅盤、火藥的
傳播
里斯本
哥倫布橫越大西洋
（西元一四九二年）
伊斯蘭
世界
航海家亨利王子的
非洲西岸探險
非洲
往返摩洛哥是
為了西蘇丹的黃金
大
西
洋
瓦斯科 · 達伽馬開拓印度航
（西元一四九八年
麥哲倫
（西元一五一九至
一九二二年）
意圖經由美洲南端航向亞洲
確認太平洋的存在
航行世界一周
好望角
巴爾托洛梅烏 迪亞士
發現好望角（西元一四八八年）

從大西洋貿易邁向工業革命

大西洋三角貿易（始於十七世紀中葉）→砂糖生產擴大（始於十八世紀）→三角貿易規模擴大→歐洲的毛紡織品需求漸減，貿易平衡瓦解→英國投入棉布（印度產）事業（廣受歡迎）→一七六〇年代約翰·凱發明了織布道具，棉紗逐漸供不應求→紡紗道具的開發→紡紗機器的發明→開發蒸氣機做為動力→工業革命（始於西元一七六〇年）

北美洲
北美十三殖民地
黑人奴隸的糧食
砂糖
大西洋
加勒比海
做為勞動力的黑人奴隸
（英國人、法國人為雇主）
為礼
種植
巴西

〈十八世紀後半〉

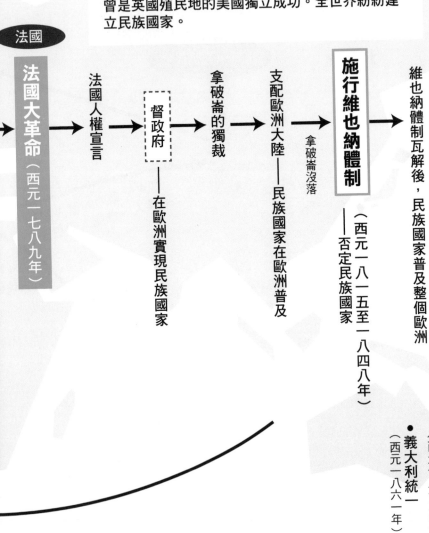

曾是英國殖民地的美國獨立成功。全世界紛紛建立民族國家。

法國

法國大革命（西元一七八九年）→ 法國人權宣言 → 督政府——在歐洲實現民族國家 → 拿破崙的獨裁 → 支配歐洲大陸——民族國家在歐洲普及 → 拿破崙沒落 → **施行維也納體制**（西元一八一五至一八四八年）——否定民族國家 → 維也納體制瓦解後，民族國家普及整個歐洲

- 德意志帝國成立（西元一八七一年）
- 義大利統一（西元一八六一年）

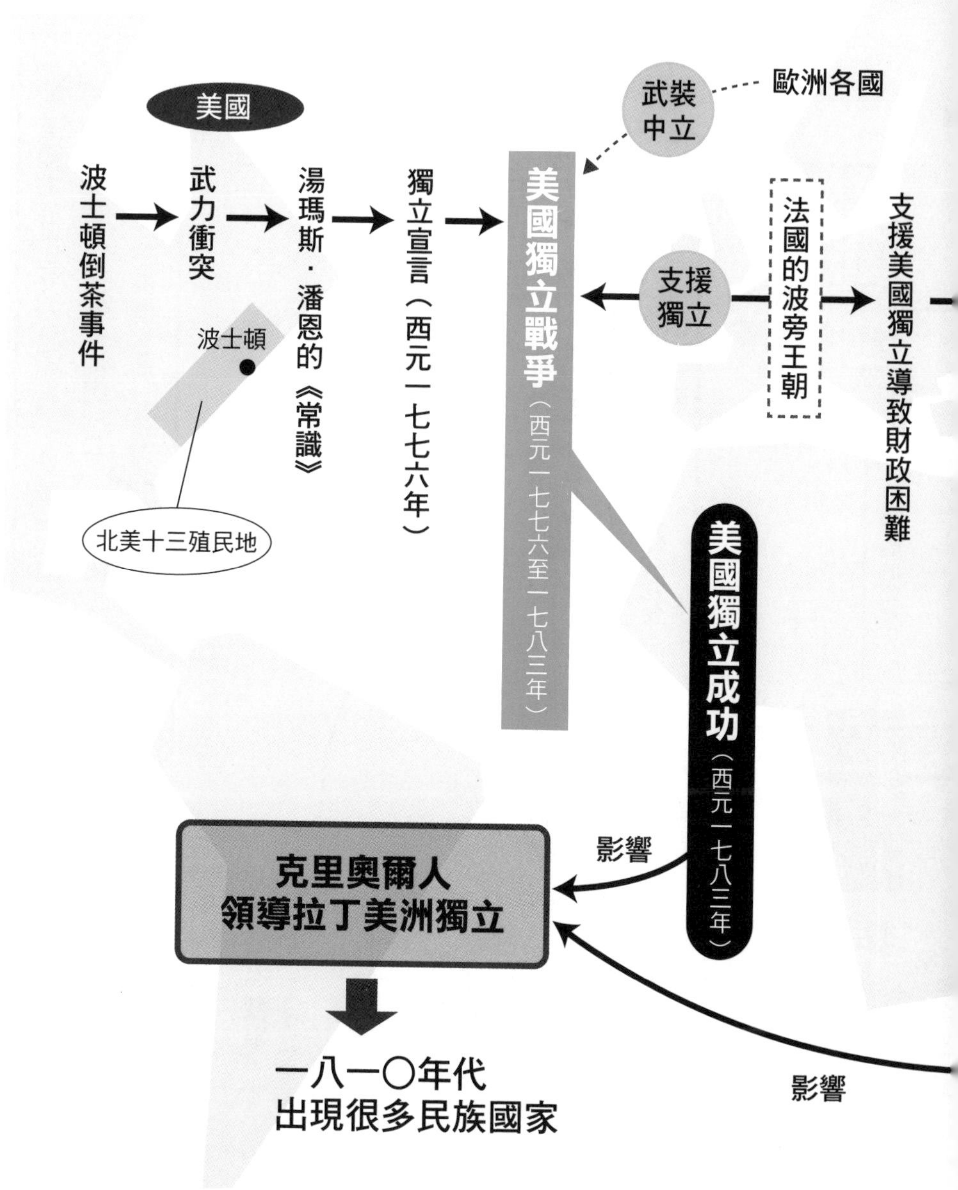
美國
波士頓倒茶事件
武力衝突
湯瑪斯．潘恩的《常識》
獨立宣言（西元一七七六年）
美國獨立戰爭（西元一七七六至一七八三年）
波士頓
北美十三殖民地
武裝中立
歐洲各國
支援獨立
法國的波旁王朝
支援美國獨立導致財政困難
美國獨立成功（西元一七八三年）
影響
克里奧爾人領導拉丁美洲獨立
一八一〇年代出現很多民族國家
影響

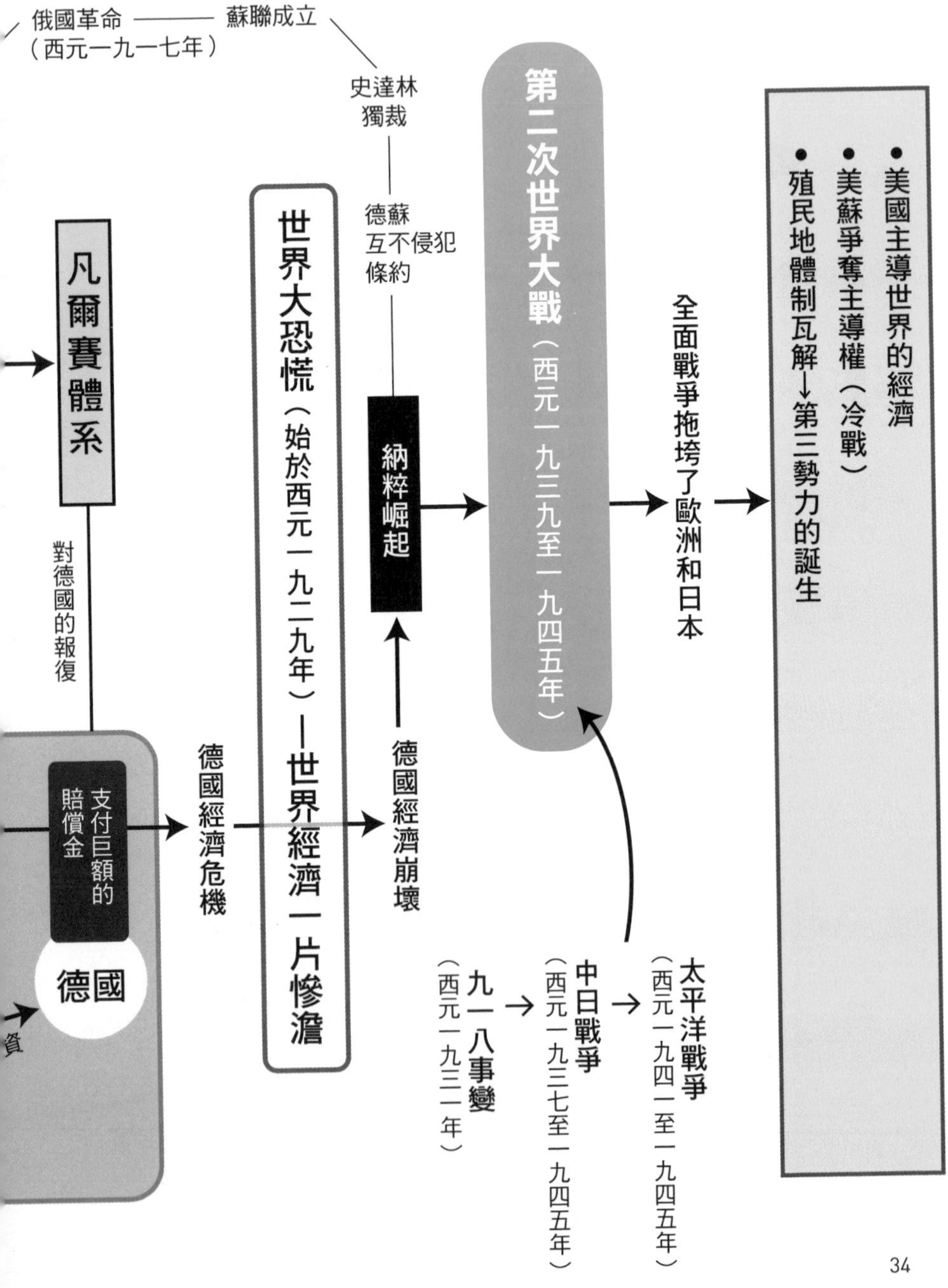

俄國革命（西元一九一七年）
蘇聯成立
史達林獨裁
德蘇互不侵犯條約
凡爾賽體系
對德國的報復
德國
支付巨額的賠償金
德國經濟危機
世界大恐慌（始於西元一九二九年）－世界經濟一片慘澹
德國經濟崩壞
納粹崛起
第二次世界大戰（西元一九三九至一九四五年）
全面戰爭拖垮了歐洲和日本
●美國主導世界的經濟
●美蘇爭奪主導權（冷戰）
●殖民地體制瓦解→第三勢力的誕生
九一八事變（西元一九三一年）
中日戰爭（西元一九三七至一九四五年）
太平洋戰爭（西元一九四一至一九四五年）

兩次世界大戰造成歐洲時代的結束

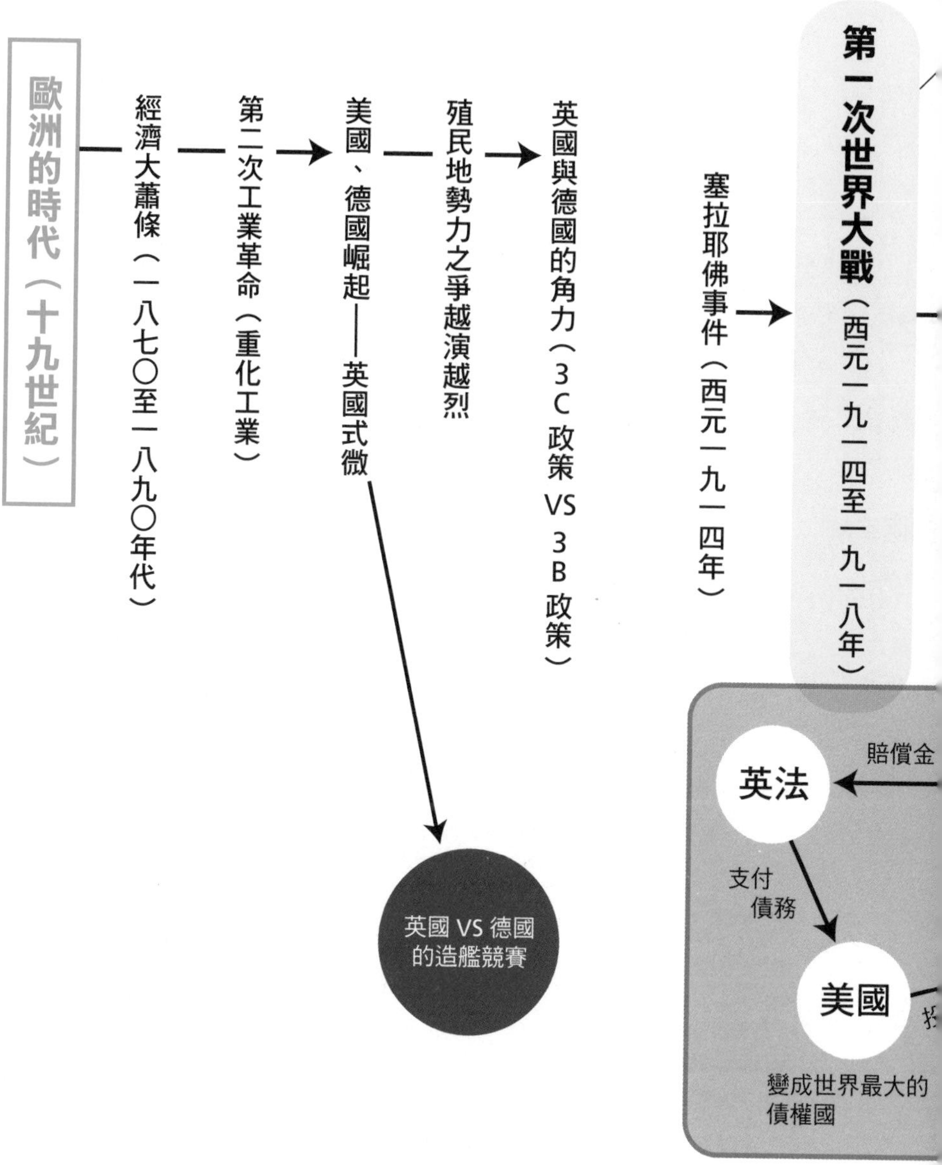
歐洲的時代（十九世紀）
經濟大蕭條（一八七〇至一八九〇年代）
第二次工業革命（重化工業）
美國、德國崛起——英國式微
殖民地勢力之爭越演越烈
英國與德國的角力（3C政策VS 3B政策）
英國VS德國的造艦競賽
塞拉耶佛事件（西元一九一四年）
第一次世界大戰（西元一九一四至一九一八年）
賠償金
英法
支付債務
美國
變成世界最大的債權國

動匯率制
（西元一九七三年）

走向單一的全球經濟

- 避險基金等投資衍生出投機
- 全球企業的擴張
- 透過網際網路的金融、物流和資訊交換

世界的不安定化及流動化

- 俄國的能源——成為大國
- 中國透過社會主義市場經濟急速成長
- 歐盟的區域統合及其勢力擴及東歐
- 美國成為金融帝國

轉換為全球經濟

第二次世界大戰後

↓

美國的霸權

- 美元成為世界通用貨幣，
  IMF 體制（美元與各國貨幣之間採用固定匯率制）
- 組成聯合國（給予五大國否決權）維護國際秩序

—— 與蘇聯冷戰

—— 亞非各國的獨立（第三勢力）

↓

- **越戰**（西元一九六〇至一九七五年）
- **第四次中東戰爭**（西元一九七三年）—— 擁有石油等資源的國家之富裕化

美國經濟衰退 ⇨ 轉向浮

IMF 體制的瓦解

世界經濟走向長期的停滯性通貨膨漲

↓

- 全球銀行、全球企業的擴張
- NIES（韓國、臺灣、香港、新加坡等國）的崛起
- 透過網際網路形成全球規模的網路空間
- 冷戰瓦解（一九九〇年代）

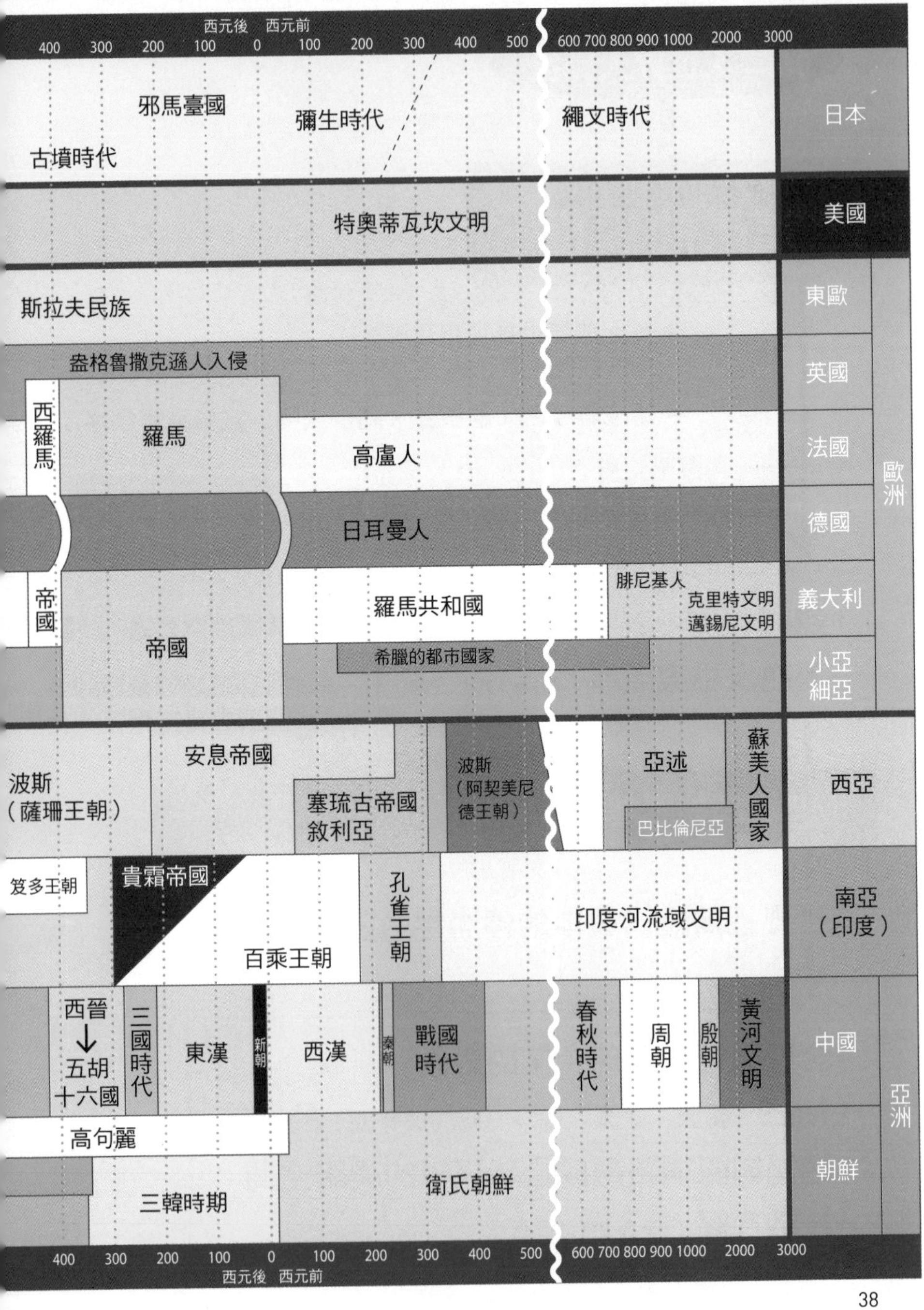
西元後 西元前
400 300 200 100 0 100 200 300 400 500 600 700 800 900 1000 2000 3000
邪馬臺國
彌生時代
繩文時代
古墳時代
日本
特奧蒂瓦坎文明
美國
斯拉夫民族
東歐
盎格魯撒克遜人入侵
英國
西羅馬
羅馬
高盧人
法國
歐洲
日耳曼人
德國
帝國
帝國
羅馬共和國
腓尼基人
克里特文明
邁錫尼文明
義大利
希臘的都市國家
小亞細亞
安息帝國
波斯（薩珊王朝）
塞琉古帝國
敘利亞
波斯（阿契美尼德王朝）
亞述
巴比倫尼亞
蘇美人國家
西亞
笈多王朝
貴霜帝國
百乘王朝
孔雀王朝
印度河流域文明
南亞（印度）
西晉
↓
五胡十六國
三國時代
東漢
新朝
西漢
秦朝
戰國時代
春秋時代
周朝
殷朝
黃河文明
中國
亞洲
高句麗
衛氏朝鮮
三韓時期
朝鮮
400 300 200 100 0 100 200 300 400 500 600 700 800 900 1000 2000 3000
西元後 西元前

世界史對照簡略年表

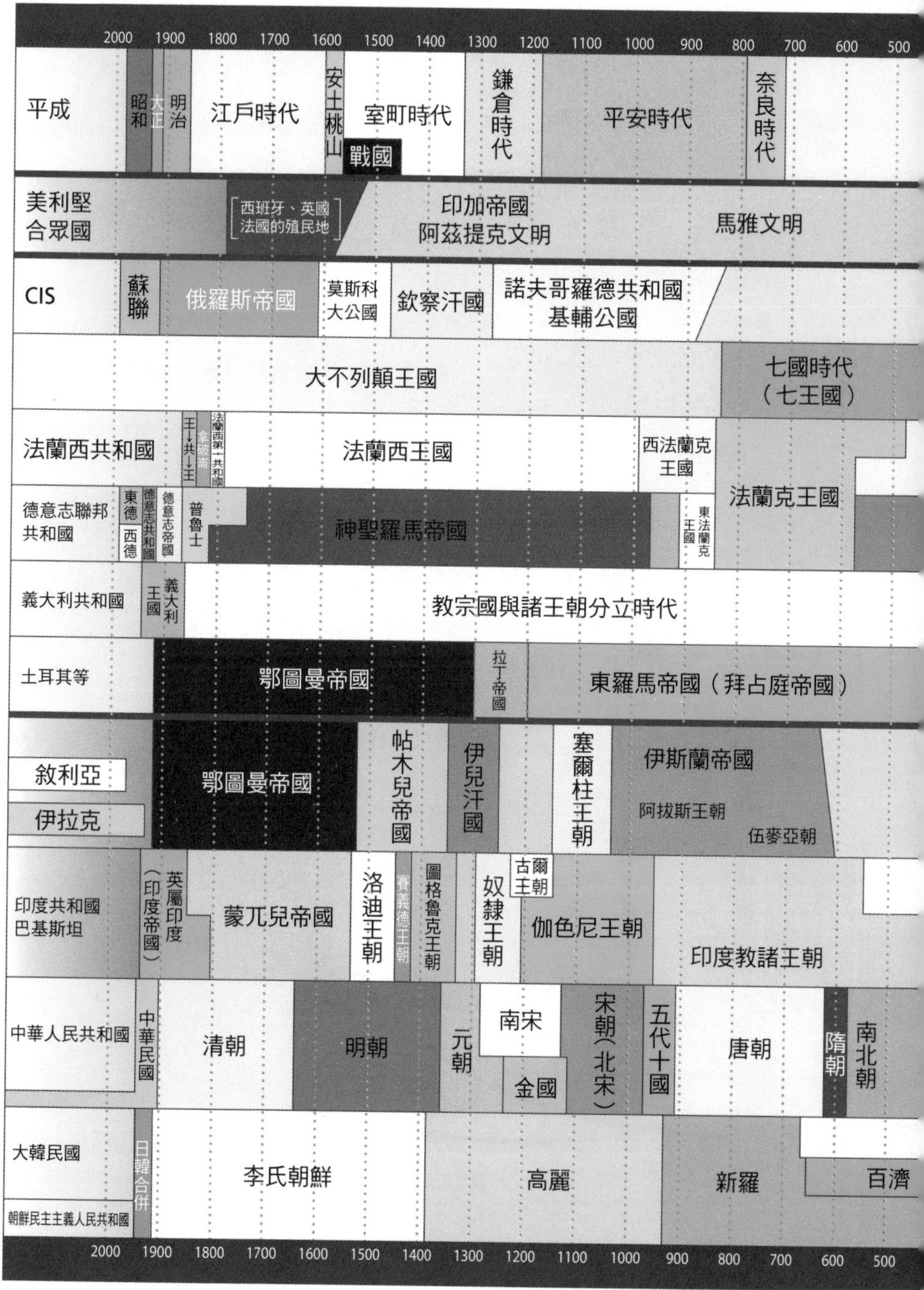

2000 1900 1800 1700 1600 1500 1400 1300 1200 1100 1000 900 800 700 600 500
平成
昭和
大正
明治
江戸時代
安土桃山
戰國
室町時代
鎌倉時代
平安時代
奈良時代
美利堅合眾國
西班牙、英國法國的殖民地
印加帝國
阿茲提克文明
馬雅文明
CIS
蘇聯
俄羅斯帝國
莫斯科大公國
欽察汗國
諾夫哥羅德共和國
基輔公國
大不列顛王國
七國時代（七王國）
法蘭西共和國
王→共→王
拿破崙
法蘭西第一共和國
法蘭西王國
西法蘭克王國
法蘭克王國
德意志聯邦共和國
東德
西德
德意志共和國
德意志帝國
普魯士
神聖羅馬帝國
東法蘭克王國
義大利共和國
義大利王國
教宗國與諸王朝分立時代
土耳其等
鄂圖曼帝國
拉丁帝國
東羅馬帝國（拜占庭帝國）
敘利亞
伊拉克
鄂圖曼帝國
帖木兒帝國
伊兒汗國
塞爾柱王朝
伊斯蘭帝國
阿拔斯王朝
伍麥亞朝
印度共和國
巴基斯坦
（印度帝國）
英屬印度
蒙兀兒帝國
洛迪王朝
賽義德王朝
圖格魯克王朝
奴隸王朝
古爾王朝
伽色尼王朝
印度教諸王朝
中華人民共和國
中華民國
清朝
明朝
元朝
南宋
金國
宋朝（北宋）
五代十國
唐朝
隋朝
南北朝
大韓民國
朝鮮民主主義人民共和國
日韓合併
李氏朝鮮
高麗
新羅
百濟
2000 1900 1800 1700 1600 1500 1400 1300 1200 1100 1000 900 800 700 600 500

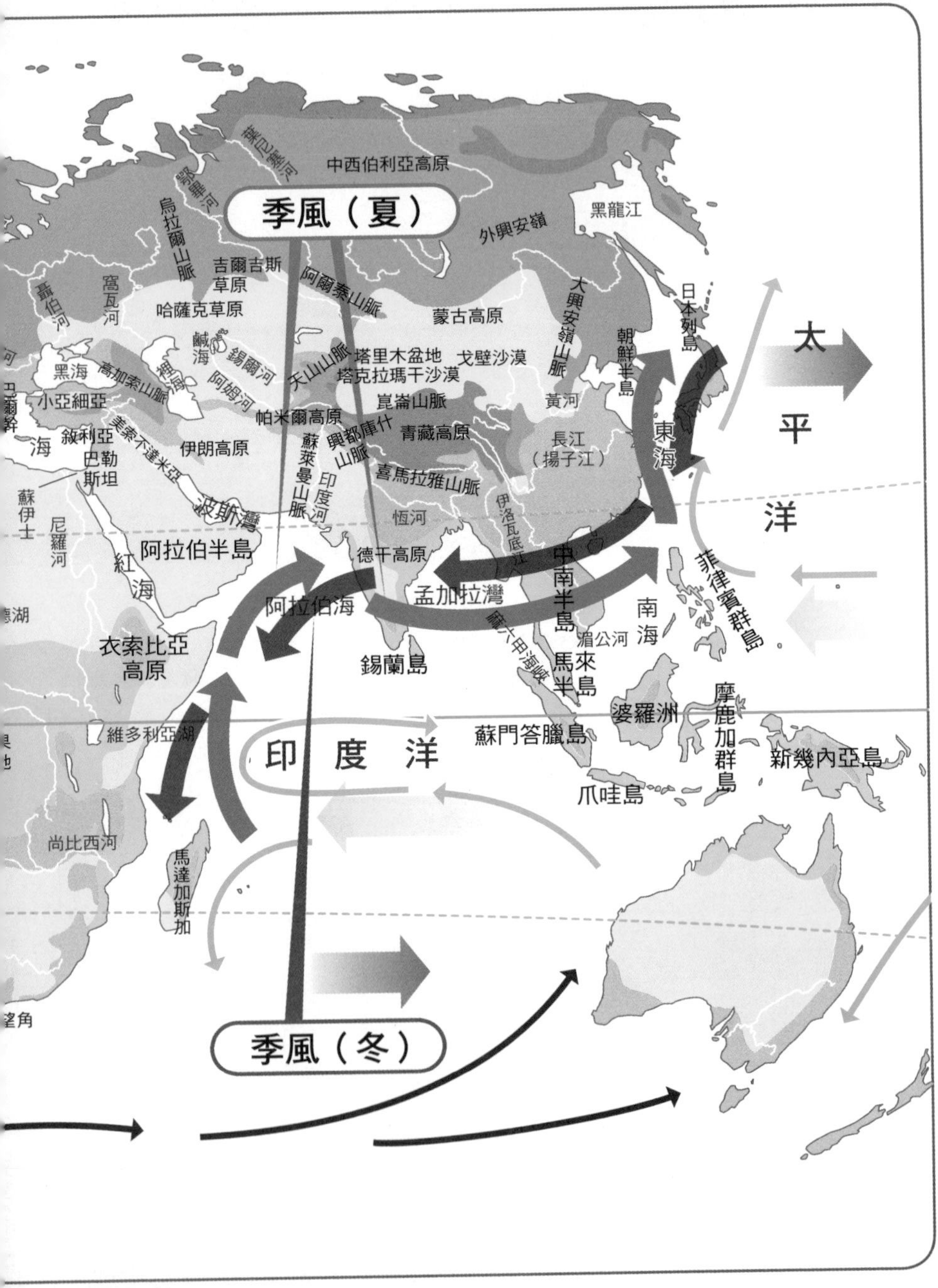
季風（夏）
季風（冬）
中西伯利亞高原
葉尼塞河
鄂畢河
烏拉爾山脈
黑龍江
外興安嶺
吉爾吉斯草原
阿爾泰山脈
聶伯河
窩瓦河
哈薩克草原
大興安嶺山脈
蒙古高原
日本列島
朝鮮半島
鹹海
黑海
高加索山脈
裏海
錫爾河
阿姆河
天山山脈
塔里木盆地
塔克拉瑪干沙漠
戈壁沙漠
小亞細亞
崑崙山脈
黃河
帕米爾高原
美索不達米亞
敘利亞
興都庫什山脈
青藏高原
長江
（揚子江）
東海
伊朗高原
巴勒斯坦
蘇萊曼山脈
印度河
喜馬拉雅山脈
伊洛瓦底江
蘇伊士
尼羅河
波斯灣
恆河
阿拉伯半島
紅海
德干高原
中南半島
菲律賓群島
阿拉伯海
孟加拉灣
南海
麻六甲海峽
湄公河
衣索比亞高原
錫蘭島
馬來半島
婆羅洲
摩鹿加群島
維多利亞湖
蘇門答臘島
新幾內亞島
印度洋
爪哇島
尚比西河
馬達加斯加
太
平
洋

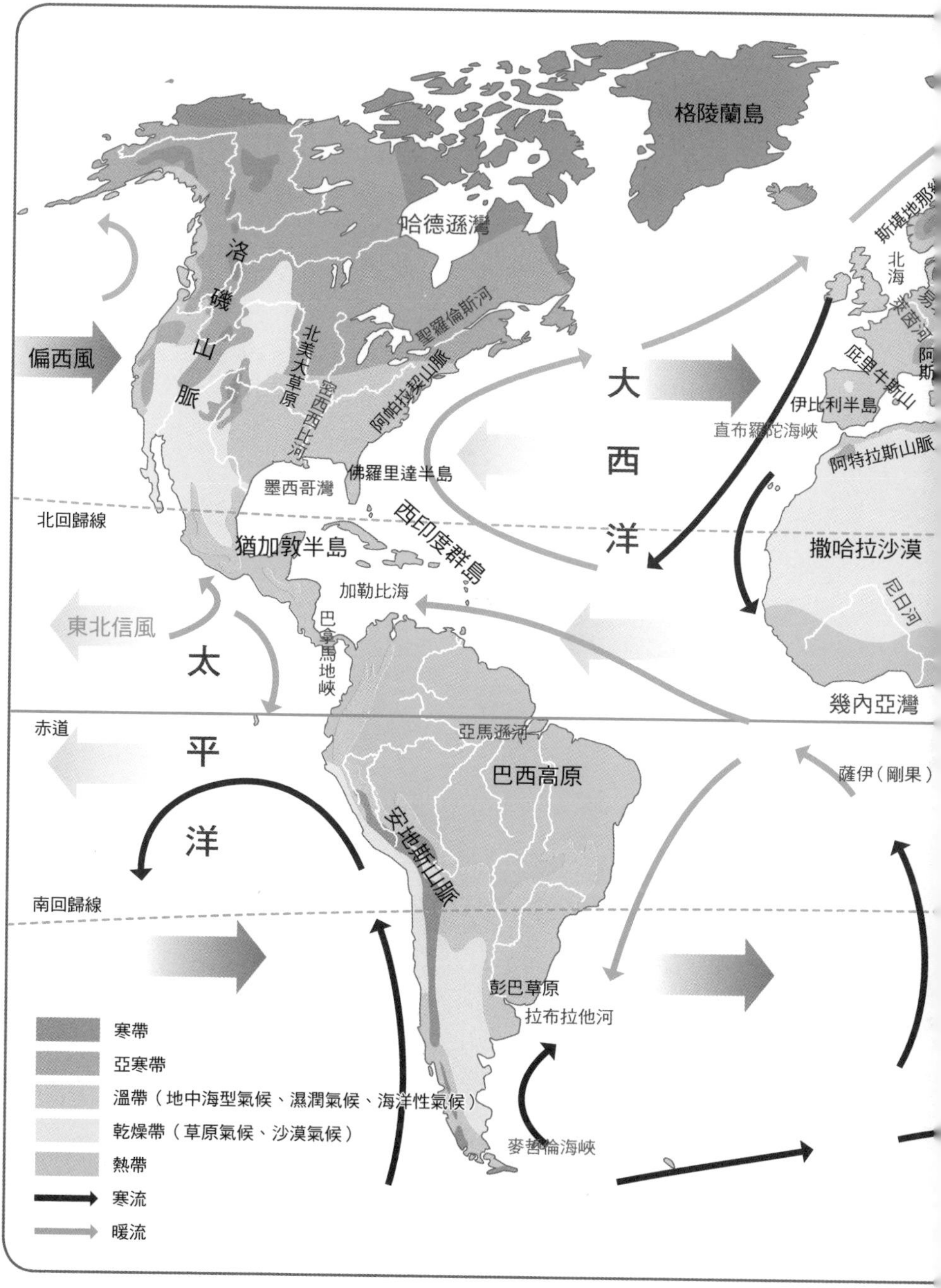
格陵蘭島
哈德遜灣
洛磯山脈
北美大草原
密西西比河
聖羅倫斯河
阿帕拉契山脈
偏西風
大
西
洋
伊比利半島
直布羅陀海峽
阿特拉斯山脈
北海
庇里牛斯山
佛羅里達半島
墨西哥灣
北回歸線
西印度群島
猶加敦半島
撒哈拉沙漠
尼日河
加勒比海
巴拿馬地峽
東北信風
太
平
洋
赤道
幾內亞灣
亞馬遜河
巴西高原
薩伊（剛果）
安地斯山脈
南回歸線
彭巴草原
拉布拉他河
麥哲倫海峽
寒帶
亞寒帶
溫帶（地中海型氣候、濕潤氣候、海洋性氣候）
乾燥帶（草原氣候、沙漠氣候）
熱帶
寒流
暖流

第1章

世界史的起源

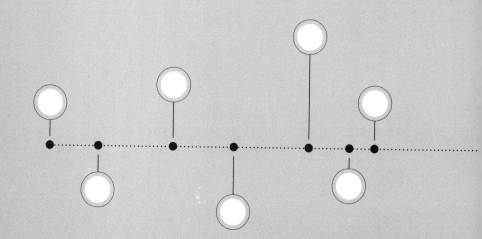

1 從「東非大裂谷」出發

人類的故鄉在哪裡？

說起來有點不可思議，不過根據最有力的說法，地球上所有人類，都起源自縱貫東非南北的**東非大裂谷**（二三頁圖）。

根據研究，人類的歷史有百分之九十九以上是在東非大裂谷度過的，一直到最近，也就是距今約三萬年前，人類的足跡才遍及全世界。

東非大裂谷南起馬達加斯加島對岸的尚比西河口，北上經過衣索比亞及紅海，直抵敘利亞，長七千公里，寬三十公里到六十公里。

「東非大裂谷」最低的區域位於東北部海拔負一五三公尺的阿法爾三角洲盆地（二三頁圖）。大約在四百五十萬年前，這裡出現了最早用兩腳直立行走的人類祖先「始祖地猿」（Ardipithecus ramidus）。

距今約兩百六十萬年前的冰河時期，海平面下降的冰河期和溫暖的間冰期交替循環，在嚴苛的環境中陸續出現了南方古猿（學名 Australopithecus）、直立人（Homo erectus）和尼安德塔人（Homo neanderthalensis）。**距今約二十萬年前，又出現了現代人類的祖先智人（Homo sapiens，意思是「有智慧的人」）**。

解讀歷史

在適應嚴苛的自然環境的過程中，東非大裂谷出現了用兩腳直立行走的始祖地猿後，人類祖先的足跡才開始逐漸遍及全世界。這個事實超越了人種和民族的框架，為所有人類共有的歷史根源。

【現代人之母——粒線體夏娃（Mitochondrial Eve）】大約二十萬年前，東非大裂谷出現了現代人類的祖先「智人」。美國加州大學柏克萊分校的研究學者蕾貝卡·肯恩（rebecca cann）使用粒線體遺傳DNA做研究，發現人類的祖先是一位二十萬年前非洲的女性智人，因此把她取名稱為「粒線體夏娃」。這項研究結果，為人類起源於東非大裂谷的「非洲單一起源說」，提供了有力的證據。

【從東非大裂谷出發】三萬五千年到三萬年前期間，地球上的氣候寒冷，一部分智人從東非大裂谷北邊（今敘利亞）出發，開始了一段稱為「人類旅程」（The Great Journey）的偉大遷徙。當時地球表面有將近四分之一都覆蓋在冰河之下，在赤道以外區域的氣溫比現在還要低十五度。大約一萬五千年前開始，隨著地球暖化的影響，草原開始縮小，人類的祖先也因此加快遷徙的腳步。

從非洲出發的人類祖先，在遷徙的過程中，都過著狩獵和採集生活。如果他們的一生可以遷徙十公里，那麼從東非大裂谷到中國為止的距離，大約需要花費兩萬多年的時間。歷經令人頭暈目眩的漫長時光，人類的足跡終於遍及世界各個角落。

順帶一提，**冰河時期的海平面比現在低約一百三十公尺左右。因此，當時的西伯利亞和阿拉斯加，是連成一片的廣大土地，日本海也只是一片巨大的湖。**人類的祖先就是在這樣的地理條件下，逐步擴大遷徙範圍，由非洲到歐亞大陸、南北美洲，並遠至澳洲。

2 世界史的下一個舞臺是「廣大的乾燥地帶」

「乾燥」建構了世界史的基礎？

距今約一萬年前，隨著冰河期的結束，以北緯三十度為中心，北緯四十度到二十度的範圍，相當於歐亞大陸的南部地區逐漸變成嚴苛的乾燥區域。

西亞、北非的廣大區域都變成沙漠或草原（半乾旱氣候），於是人類的祖先必須在嚴苛的乾燥氣候中求生存。

這段時期，像日本列島一樣有雨水滋潤的區域仍然可以維持和平的狩獵和採集生活。在乾燥的西亞地區，由於偶然在東非大裂谷北方出口的約旦河谷發現極為耐旱的大麥種子，之後種子往東傳到美索不達米亞，往西傳到埃及，因此形成以麥類為糧食的特殊農業社會。

也就是說，缺水和糧食不足的問題使人類發展出新的生活型態。

解讀歷史

世界歷史起源於人類的祖先在東非大裂谷的北方出口區域，與乾燥氣候對抗的過程中，進而發展出農業和畜牧業。雨水豐富的日本列島當時仍然在世界史的外圍（因為自然環境的緣故）。

【什麼是廣大的乾燥地帶】世界史始於人類的祖先與乾燥氣候（惡劣環境）對抗的過程。乾燥和文明的產生有密不可分的關係。由於地球的大氣環流，在赤道終年蒸發的大量水蒸氣（積雨雲）上升到一萬公尺以上的高空，空氣中攜帶的大量水分化為雨水，降下大雨，剩餘的乾燥空氣則下降到北非到西亞的中緯度地帶，因而形成廣大的乾燥地帶。也就是說，地球大規模的大氣環流造就了「乾燥」的產生。

乾燥地帶由沙漠和草原所組成。沙漠的年降雨量為二五〇毫米以下，草原則是降雨二五〇到五百毫米的區域，但是埃及和美索不達米亞的年降雨量卻都低於一百毫米以下。冰河期結束後，隨著乾燥情形的漸趨嚴重，人類的生存環境也愈來愈惡劣。舉例來講，撒哈拉區域原本是草原，大約在四千年前左右才變成沙漠。

自從人類開始將耐旱的麥類種子（穀物）當作糧食後，才有「田地」的產生，由於在穀物收成前必須待在固定的區域，因此逐漸演變成定居的型態。這就是距今約九千年前發生的

農業革命（譯注：或稱新石器革命）。

解讀歷史

麥類、小米是乾燥地區的糧食，稻米和玉米則廣泛種植於雨季和乾季交替的區域，作為乾季時期的糧食。「新石器革命」是指人類由逐水草而居轉變為定居，使人類社會型態在短時間內產生了大轉變。

Key Point

1

農業和畜牧的出現

距今約一萬年前，冰河時期結束後，人類在歐亞大陸廣大的乾燥地帶適應惡劣乾燥氣候的過程中發展出農業和畜牧，揭開了世界史的序幕。

畜牧社會的形成

大約九千年前，人類在**肥沃月灣**（相當於巴勒斯坦到伊拉克的區域）開始種植麥類作物。少雨的中國內陸地區則是依賴種植小米和黍類作物發展出農業社會。麥類作物從西方傳到中國，則是在漢代以後。濕潤的長江流域自古以來都產稻米，但一直到唐朝，稻米才成為中國的主食。

對於野生動物來講，田地是最好的覓食場所。許多山羊和綿羊都會聚集在人類的田地覓食，於是人類開始瞭解這些動物的特性，進而管理這些動物作為重要的蛋白質來源，這就是畜牧的開始。經過漫長的歲月，畜牧的主要場所逐漸由田地轉移到擁有豐沃草地的北部草原地帶。

人類將慣於群居（雌性圍繞雄性）的綿羊、山羊、牛、馬和駱駝等**偶蹄目動物「群聚」起來飼育，使得畜牧開始普及**。人類不再像以往那樣很快就將動物宰殺食用，而是將動物成群管理，因此也逐漸發展出繁殖的技術。由於只要管控雄性的數量就可以方便管理動物群，雄性都被優先宰殺食用，不配種的雄性就予以去勢結紮。

至於不會反芻食物而無法餵食纖維質草類的豬，只適合專門飼養在農耕社會的環境裡。

解讀歷史

伊斯蘭教和猶太教一樣都禁食豬肉。或許是因為畜牧民族不飼養豬，農耕民族才飼養豬的緣故。雖然基督教最早也很排斥豬，但是到了森林眾多的西歐，大家就對豬予以包容。各個文化產生的原因都有它的歷史背景。

第2章

四大文明的出現

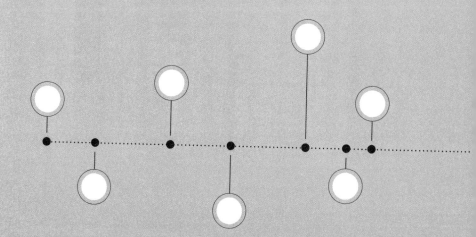

1 因「灌溉」而誕生都市和國家

「文明之母」都市的誕生

乾燥地區由於無法確保充足的水源，最後人類就沿著大河流域建立了大規模的田地。大河流域的周邊自然而然成為最早人口密集的地帶，不過，為了確保充足的水源，人類仍然必須修築堤防、水路和蓄水池等大規模工程。

五千年前，在乾燥地帶的埃及、美索不達米亞（現在的伊拉克）和印度河西北部流域（現在的巴基斯坦）發展出興盛的**灌溉（將河水引到農地使用）農業**。至於雨量不多的黃河（現在的中國陝西省）流域，就沒有發展出進步的灌溉建設。

由於**灌溉的發展，大河流域因此出現了管理水源和農地的「都市」。以都市為中心而發展出來的複雜文化，便造就了「文明」**（四大文明）。

Key Point

2 灌溉設施的完備

乾燥地帶的大河流域由於灌溉設施的完備，五千年前開始就出現了人口聚集的大農地。這就是四大文明的起源。

國家誕生的背景

在大河流域，通常要由幾個特定部族運用官僚力量支配人力才得以完成開拓大規模農地的工作。在開拓農地的中心，人類才逐漸發展出擁有王、神官、官僚體制的都市。最古老的都市是大約一萬年前建立在約旦河流域的耶律哥（Jericho，七一頁圖）。五千年前，隨著麥作物種植的普及，西亞的大河流域因此出現許多都市。

不過，田地稀少糧食不能自給的都市，則需要大量拓展道路和水路才能夠從農村獲得足夠的糧食。

因此，都市逐漸發展出官僚制、宗教組織、軍隊和法律等制度，也產生傳達資訊的文字，以及用於維護秩序和財產的「印章」。**都市為了克服糧食無法自給的弱點，遂發展出一套由法律、軍隊、官僚制度組成，用來支配農村的體制。這就是「國家」的由來。**

Key Point

3

都市與國家的出現

在大河流域，無法自給糧食的都市建立了確保糧食的支配體制，這是最早的國家原型。

解讀歷史

有關國家形成的原因，各區域有不同的說法。有些如前所述，是透過農業灌溉而興起，另外有些都市則是因軍事、宗教或交易等而成立。接下來的時代會開始出現許多軍事都市、宗教都市和經濟都市等，因為不同的因素而成立的都市。

2 特別豐饒的埃及尼羅河流域

每年「定期氾濫的洪水」孕育了理想的穀倉地帶

首先，我們先來瞭解最古老的埃及和美索不達米亞的文明。不同的社會有不同的特性。埃及和美索不達米亞雖然都是農業社會，性質卻完全不同。如果我們能夠在某種程度上理解由文字敘述歷史背後所蘊含的「文明特性」，就代表我們解讀歷史的能力已經有所提升。

衣索比亞高原定期的降雨使埃及尼羅河長期規律的氾濫，每年皆提供肥沃的土壤，因此尼羅河流域成為古代最豐饒的農耕地帶。這也是埃及能夠成為擁有眾多珍貴遺跡和古物寶庫的原因。不過，在開羅郊區的吉薩三大金字塔地區，其年降雨量只有大約二五毫米至二六毫米，屬於沙漠地帶。因此，希臘歷史學家希羅多德曾讚歎：「埃及是尼羅河的贈禮。」顯示了尼羅河在埃及文明中占有非常重要的地位。

尼羅河每年從六月開始氾濫，到了十月，其水位與枯水期相比可以高出十一至十二公尺。從河川氾濫出來數公里的「水」洗去田地的鹽分，留下大量的腐葉土，每年都為耕種提供了肥沃的土壤。**尼羅河以自然的灌溉力養育了一五〇萬到兩百萬的眾多人口。**

古埃及人根據多次的經驗發現在尼羅河開始氾濫的時期，當天天狼星會和太陽一樣在東方升起，於是就把那一天訂為元旦，並制定了一年有三百六十五天的陽曆曆法。這是現在世界通行的曆法之起源。

自從美尼斯王在西元前三十世紀統一了尼羅河流域以後，一直到西元前五二五年被波斯帝國征服為止，由法老王支配的埃及王朝總共維持了二千五百年。埃及的王朝可分成「古王國」（西元前二七至前二二世紀）、「中王國」（西元前二一至前一八世紀）和「新王國」（西元前一五六七至前一〇八五年），共二十六個王朝。這段漫長的歷史歲月相當於日本從彌生時代到現代日本的歷史期間。

法老王在尼羅河流域的重要據點設置尼羅河丈量儀（Nilometer）管理尼羅河的洪水，包括供給民眾使用儲備水在內，收取約二成的物品稅。流經沙漠的尼羅河是當時的運輸中樞，也掌握在法老王的手中。古埃及將「麥」做為貨幣來使用，維持著複雜的自然經濟。因此，在埃及古王國的末期，居然需要多達一千六百種職位的行政官員才能夠維持整個王國體制的運作。此外，由於維持整個社會的運作需要龐大的文書系統支持，因此也帶動象形文字（記載在「莎草紙」）的發展。

解讀歷史

埃及能夠擁有大量豐富的古蹟文物，是拜灌溉普及所賜。古代是非常依賴自然環境的時代。

3 部族關係緊張的美索不達米亞

依賴雪水的文明

美索不達米亞是由希臘語的 meso（正中央）和 potamos（河川）兩個單字所組成的，意思是介於底格里斯河和幼發拉底河之間的「河間地帶」。文明的中心是在今波斯灣內側的美索不達米亞南部區域（蘇美地區），而非在季風降雨的行經路線上。位於這個區域的巴格達，其年降雨量也不超過一二〇毫米。

因此，位於兩條河川下游的**蘇美地區的農業**，**必須仰賴土耳其東部的高山地帶不穩定的雪水**。身為文明推手的蘇美人為了應付乾燥氣候而修築了水道和蓄水池等水利設施，烏爾和烏魯克等都市國家也為了水源問題而爭戰不休。此外，由於邊境的畜牧民族不斷進犯的緣故，這裡也發展出擁有堅固城牆的都市群落。

【黏土造就的文明】蘇美人將河邊的黏土晒乾製成黏土板（tablet），並在上面刻上楔形文字，他們發明圓筒印章刻上神像等圖象，透過滾動印章製作契約文書。目前我們所使用的一天二十四時制、一年十二個月、一打十二支、圓周為三六〇度的六十進位制、透過月亮的圓缺所推算出的陰曆、轆轤（利用輪軸原理製成的汲水裝置）和車輪等，都是蘇美人發明的。由於底格里斯河和幼發拉底河的水量和氾濫的時期每年都不一樣，在夏季極端缺水的自然環境，特別需要發展出高度的灌溉技術來維持生活所需。

部族的對立和共存所衍生的「法律」

在美索不達米亞，約三十公里就有一個都市，他們經常為了爭奪「水源」發生衝突，生活在周邊的沙漠、草原和荒地的畜牧民族，除了在綠洲區透過交易獲得穀物外，偶爾也會跑來滋擾都市。**美索不達米亞的地理條件與封閉的埃及不同，其農耕部族與畜牧民族之間經常發生紛爭。為了維護部族之間的和平，法律也因此產生。**

美索不達米亞的蘇美人長期與從北方入侵的阿卡德人發生戰爭，在前十九世紀，新的入侵者亞摩利人在幼發拉底河中游建立了巴比倫都市，並成立第一個巴比倫王國（古巴比倫王國，約西元前一八九四至前一五九五年）。

第六代國王漢摩拉比最後統一了美索不達米亞，且用「以眼還眼，以牙還牙」的「同態復仇」原則，根據貴族、平民、奴隸的身分等級制定了全文二百八十二條的**《漢摩拉比法典》**。他制定明確的社會規則，也清楚規定刑罰的對象，由國家代替部族實施刑罰，維持嚴正的社會秩序。

前十六世紀，安那托利亞（現在的土耳其）的西臺人以馬和戰車滅掉古巴比倫王國，美索不達米亞再次因為使用馬和戰車的游牧民族挑起戰爭，而陷入戰亂和混亂的時代。

解讀歷史

農耕民族和游牧民族混居的美索不達米亞經常發生戰亂，部族間經常處於緊張對立的情勢。西亞地區的宗派對立和部族對立問題至今也仍未獲得解決。（審訂注：兩河流域的民族戰亂除爭奪水源外，也因四周缺乏天然屏障，而使政權更迭頻繁。）

4 印度半島和東亞的文明

與美索不達米亞同根源的印度河流域文明

印度河流域文明誕生在相當於現在的巴基斯坦的地區（二三頁圖）。喜馬拉雅山和興都庫什山的雪水和季風帶來的水氣造就了**印度河流域文明，其依賴自然灌溉維生的特性與古埃及文明相當相似。**

不過，由於從遺跡出土的滑石印章上的印度河流域文字，到現在都還未解讀完成，印度河流域文明至今仍然是神祕未知的狀態。

此外，印度河流域文明的神祕也與其盛產棉布有關，因為用於記載文書的棉布容易分解消失，使當時的文獻資料都沒有保存下來。不過，巴林島等波斯灣沿岸的區域曾經出土大量的印度河印章，可以推測這些地區之間有很密切的關聯。

解讀歷史

印度河流域文明擁有鮮明的商業性格，根據推測很可能是從美索不達米亞文明所衍生出來的。不過，即使印度河流域文明曾遭受阿利安人入侵，也與現代的印度沒有直接的關聯。

【不重權力的現代風都市】 印度河流域文明的中心在兩大城市，一個是在全盛時期有三萬人口、擁有完整都市規劃的摩亨佐達羅，另一個是擁有城塞和眾多穀倉的哈拉帕（七一頁圖）。兩個都市皆由同一規格的磚瓦建設而成，也都非常重視商業，雖然擁有完備的上下水道系統，卻沒有興建象徵權力集中的巨大宮殿和神殿。他們最主要的宗教建築物是浴場，以天然的焦油施作防水，占地廣大有如游泳池。

印度河流域文明由於：①上游地帶的地震導致水流阻塞，造成印度河河道的改變；②氣候的變遷不再受惠於季風等理由，約西元前一八〇〇年急速走向衰微。這個時期相當於西亞制定《漢摩拉比法典》（六〇頁）的時期。

之後，由於阿利安人從阿富汗以馬和戰車入侵印度河流域，印度河流域文明在約西元前一五〇〇年宣告終結。

黃河的小米文明與長江的稻米文明

遠離小麥文明圈的東亞，同時出現了乾燥地帶的黃河文明和濕潤地帶的長江文明（二三頁圖），這兩個文明以北方的黃河文明較為繁盛。

黃河在中游區域形成一個大彎曲流經黃土高原，由於挾帶大量的黃土，黃河變成泥沙含量比水還多的特殊大河。黃土高原形成的原因是世人很熟知的黃沙，在早春時節從戈壁沙漠飛到這裡，經年累月堆積而成。

在黃河中游流域，人們利用黃土臺地的地下水，在相對不易受到洪水侵害的支流的丘陵地帶栽種小米。小米的熟成大約只需要三到五個月，由於小米非常細小，所以比較適合煮成粥食用。**與埃及文明和美索不達米亞文明不同，黃河文明的特色是沒有大規模的灌溉系統。**因此，在廣大的黃河流域上只有許多小規模的聚落散落（古代叫做「邑」，城市的意思），對祖先的崇拜成為維繫聚落社會的中心。隨著黃河的支流——渭河流域——的發展，在渭河盆地和黃河中游都形成了以大型邑為中心的邑群落，就是「殷」和「周」。

另一方面，仰賴青藏高原水源的長江中、下游也出現了稻米文明。稻米雖然需要多水的環境，但是由於收穫量很大又耐蟲害，是非常理想的農作物。高溫多濕的長江下游出現許多直接引水灌溉的「水田」。

解讀歷史

由於黃河下游每隔二至三年都會發生大洪水，灌溉未發達的原因使黃河流域只能形成小規模的聚落，這是黃河文明的特色。因此，這區域後來出現強大的勢力並非灌溉發達，而是透過戰爭。

延續至今的中華思想的起源是什麼？

從「中華人民共和國」、「中華民國」的國名，可以看出**中國將自己視為天下（世界）的中心，其封閉的世界觀一直延續下來**。這觀念已經有三千年以上的歷史，從商朝到周朝的改朝換代期間就開始形成這樣的觀念。這種中華思想綿延至今仍有很大的影響力，在研究中國史之前，最好能夠先對中華思想的根本有所理解。

【最早認為太陽有十個】商朝認為有十個太陽（取名為甲、乙、丙、丁……癸）每天輪流照耀大地。商王被認為是這些太陽神的子孫。由於太陽以十天為一單位輪流一次，這個單位稱為「旬」。現在所使用的上旬、中旬等名詞有三千數百年的歷史。十個太陽稱為「天干」，與後來從西亞傳過來的「十二支」結合以後成為「地支」，被用來表示時間和方位。曆的週期也以天干和十二地支的最小公倍數六十為基準。

因此，六十年便稱為「還曆」。還曆是中國文明和西亞文明交流所產生的世界性的融合觀念。

被視為神族子孫的商王每十天會透過燒烤龜腹部的殼和牛的肩胛骨，占卜下一個期間的吉凶，並把占卜的結果刻在骨頭上。刻在骨頭上的文字就是中國文字的祖先「甲骨文」。殷王雖然以神的名義統領眾多的邑，但是最後還是被黃河中游的新興勢力「周」所滅亡。

由於周王是以普通人的身分掌權，沒有神族子孫的光環加身，他極力主張自己是上天（天帝）所選的王，藉以合理化他的統治。這就是中國一直到二十世紀都流傳下來的**「天命說」**。

【天帝、天子和天下】古代中國認為在北極星旁有一個宮殿叫做「紫微垣」，住著掌管自然和人類世界的天帝，所有的星都圍繞著它運轉。紫微垣是指外觀微紫的宮殿的意思。天帝會挑選有才德的優秀之人擔任天子（王或皇帝），讓奉承天命的天子作為自己的代理人治理天下（世界）。繼承天帝完全的支配權的就是王（後來的皇帝）。這就是東亞古老傳統的縱向社會倫理（重視上下尊卑有別的倫理）。

將「歷史」用於政治的中國

中國的縱向社會深信王（皇帝）統治人民的權力是由天帝（神）賦予的，以神權背景做支撐，只有特權階層才可以治理國家，一般人民則不得參與政治。

中國的歷史常與宗教結合在一起，有別於一般人民，王（皇帝）和他的從屬官員是屬於特權階層。中國認為自己是「天下的中心」，**中國的歷史就是世界史**。也可用社會變遷、改朝換代來說明其歷史。

王的統治如果違反天帝的意志，天帝就會另外選擇祂的代言人（改變天命），讓下一位天子改朝換代（易姓）。

以武力滅掉商朝的周朝，就是以商朝的末主紂王「酒池肉林」（廣設酒宴，以酒為池，樹林裡掛滿肉）的荒唐奢侈行為，以及實施殘忍的刑罰為由，主張天命已改，商朝已不再具有統治天下的正當性。周朝將象徵權威的兩耳三足青銅鼎分賜給自己的族人（諸侯），讓他們統治各地，並實施以宗法制度為依據而建立的封建制度。

從此以後，中國歷代的王朝要統治天下都必須證明自己是「天命所歸」。王朝統治的正當性要透過歷史來證明，只要獲得民眾的認可，王權就得以穩固。

因此，「歷史」就變成可以加油添醋的「故事」，配合政治的需要被任意修正。歷史就像為權力效命一般，**每次只要有新王朝成立，當朝編纂「正史」時，就會以對自己有利的方式修正前朝的歷史，藉以強調新王朝統治的正當性**。歷史被賦予證明新王朝乃「天命所歸」的義務。為了配合王朝更替而被反覆修纂的正史甚至多達二十四部。

解讀歷史

中國、韓國等國的「歷史」具有強烈的政治性，都被賦予強調統治者正當性的任務。中國的民族主義不分國內、世界的觀念，也是根據天子（皇帝）支配天下（世界）的思想基礎所建立的。

Key Point

4

中國所有的權力由天子掌控

中國一貫的宗教性政治思想認為天下由天帝任命的天子（王或皇帝）偕同特權官員共同統治，王朝的改朝換代取決於天命的改變。

5 歐亞大陸主要的宗教和知識的根源

世界性宗教、哲學在同時期出現的原因

概觀歷史地圖時，有時可能會有意外的發現。德國哲學家雅斯貝爾斯（Karl Jaspers，一八八三至一九六九年）就有重大的發現。

他在其著作《歷史的起源與目標》中指出，**西元前七至前四世紀期間，歐亞大陸出現了現在的基督教和伊斯蘭教的前身猶太教，佛教、儒學、希臘哲學等宗教和哲學思想也都相繼出現。**他把這個時代稱作世界史的「軸心時代」（Achsenzeit）。要能夠發現這個歷史偶然並進一步探討其背後隱藏的共通要因，需要具備相當程度的歷史力。

歐亞大陸幾乎在同時期出現重要的宗教和文化思想，與各地都市的發展成熟有關。這個現象被稱作「**思想革命**」。

歷史研究者都知道的西亞大宗教

西元前七世紀中葉，阿富汗北部的所羅亞斯德（查拉圖斯特拉，西元前七至前六世紀）在三十歲時受到阿胡拉・馬茲達（Ahura Mazda）的啟示，建立了視火為神聖之物的所羅亞斯德教（審訂注：拜火教，又稱祆教）。他以日夜規律交替為啟示，說明世界的變化係源自於善神（光明神）阿胡拉・馬茲達和惡神（黑暗神）阿里曼鬥爭的過程。善神和惡神的勢力互有消長，每三千年會由另一方占優勢，直到第九千年或第一萬二千年的最終決戰時，終於由善神獲得勝利。

解讀歷史

所羅亞斯德教勉強可以說是「草原」地區的宗教。初期的宗教思想大都深受自然環境的影響。

【照亮世界的馬茲達燈泡（Mazda Lamp）】愛迪生將他發明的白熾燈泡取名叫做馬茲達（Mazda），是取自光明神所代表的絕對的光明。日本的東芝馬茲達燈泡也是

「沿用愛迪生的命名。近年來，雖然大家逐漸改用LED燈泡，但是古代的光明神一直以來都以白熾燈泡的形式照亮文明社會的夜晚。」

所羅亞斯德教認為，眾神在最終的決戰後會舉行「最後的審判」，選擇跟隨光明神阿胡拉・馬茲達的信徒可以前往天國。伊朗東北部的波斯（伊朗）人尊崇所羅亞斯德教，在西元前六世紀時，大帝國阿契美尼德王朝更將所羅亞斯德教視為國教，他們的王表示他的統治權力來自於阿胡拉・馬茲達的恩賜。在伊斯蘭教盛行之前的約一千年間，所羅亞斯德教一直是西亞的代表性宗教。

在沙漠地帶「神」是人們的心靈支柱

敘利亞和巴勒斯坦位於東非大裂谷的北方出口附近，是非常荒涼的沙漠地帶。這裡的居民飽受饑餓和乾燥的摧殘，他們以商業營生，雖然羨慕埃及和美索不達米亞的繁榮，但是身處隨時都可能遭遇災難的沙漠地帶，他們得全心信奉唯一的真神才能夠生存下去。

相信「最後審判說」的沙漠宗教**猶太教**篤信一神信仰。沙漠的生活和嚴格的神有密不可分的關聯。生活在嚴苛環境下的人們只有依附嚴格的一神信仰才能夠獲得內心的平安。

■文明和宗教的發源地

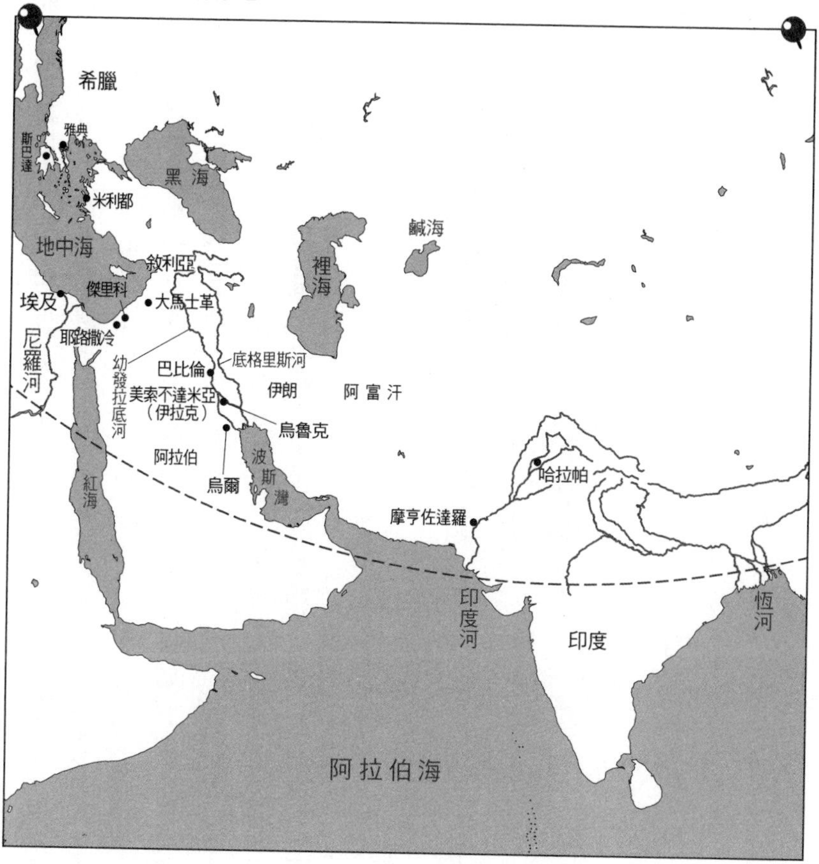
希臘
雅典
斯巴達
米利都
黑海
鹹海
地中海
敘利亞
裡海
傑里科
埃及
大馬士革
耶路撒冷
尼羅河
幼發拉底河
巴比倫
底格里斯河
美索不達米亞
（伊拉克）
伊朗
阿富汗
烏魯克
阿拉伯
波斯灣
烏爾
哈拉帕
紅海
摩亨佐達羅
印度河
印度
恆河
阿拉伯海

【民族的試煉孕育出猶太教】位於埃及和美索不達米亞中間的敘利亞和巴勒斯坦是駱駝沙漠交易的中心，也處於強盛帝國軍隊的行經路線上。在西元前六世紀，美索不達米亞的新巴比倫王國正處於全盛時期，為了興建高九十公尺的七層樓通天塔（巴別塔）等建設，多數的希伯來人貴族和平民都被強制帶到當時的首都巴比倫。這就是所謂的「巴比倫之囚」（西元前五八六至前五三八年）。面臨這種民族苦難的時期，陸續出現了許多「先知」（Charisma）。因此，以創造天地之唯一真神耶和華（「我是那我是」的意思）與希伯來人之間的契約為基礎，「猶太教」因此誕生。

解讀歷史

以駱駝維生的沙漠商業中心地區形成了猶太教，由猶太教衍生的新興宗教基督教廣傳到地中海，伊斯蘭教則傳播到沙漠、綠洲和草原地區。目前約有超過百分之五十的世界人口信仰這兩個宗教。

【先知與救世主】「先知」在希臘語的意思是「擁有傳達神的旨意之特殊能力的人」，也就是巫師。希伯來人的先知預言在世界末日會出現「救世主」（Messiah，希臘語是 Christ），並預言忠實遵守與神之間契約的希伯來民族是上帝的選民（選民思想），將獲得拯救。西元前十至前一世紀之間所彙集而成的猶太教經典就是《舊約聖經》。一神教的猶太教將耶和華視為唯一真神，跳脫了本土的神明信仰，才得以成為廣為全世界接受的普遍信仰。基督教和伊斯蘭教都是後來從猶太教衍生出來的宗教，耶穌和穆罕默德都以「救世主」自居。「救世主」的希臘語就是「基督」。

敘利亞由於位在埃及和美索不達米亞的樞紐地帶，因此猶太教深受諸文明的影響。猶太教的教義融合了美索不達米亞的同態復仇法律及洪水說，以及中亞所羅亞斯德教的「最後的審判」等周邊地區的各種思想。

闡述從「苦難」中獲得解脫的佛教

位於季風地帶的恆河流域，其氣候高溫多濕並盛產稻米，這種環境條件孕育出重視和諧共生的多神教。

恆河流域隨著都市國家的發展，開始講究思辨的功夫。以往的婆羅門教重視與神明溝通的儀式和祭典，現在則演變為重視探究宇宙與自然的根本原理的奧義哲學（Upanishad，「奧義書」的意思，約兩百本以上書籍的總稱）。因此，發展出探索宇宙真理、追求頓悟和解脫的思想體系。

解讀歷史

佛教與日本「八百萬神」的多神信仰一樣，同是屬於濕潤農耕社會的信仰，具有重視共存並立的特色，此點與排他的一神教不同。

【季風與輪迴】奧義哲學的中心思想是「輪迴」（samsāra）和「業」（karma）。印度由於冬季和夏季季風的變遷，形成猛烈的雨季和乾季交替變換的氣候，使印度人意識到苦的連續和循環，並進一步認為個人的「業」就是導致苦難循環不休的原因。為了結束「業」進而跳脫輪迴，因此衍生出瑜伽等各種修行方式。從印度人執著追求「解脫」的思想，也說明印度的自然環境是非常嚴酷且令人難以忍受的。

恆河流域的都市國家發展完成的西元前六至前五世紀，出現了釋迦牟尼（Buddha，佛陀，西元前五六三至前四八三年，年代眾說紛紜）的**佛教**和筏馱摩那（Vardhamana，約西元前五四九至前四七七年，年代眾說紛紜）的**耆那教**。

兩種教義都教導人們如何獲得「解脫」的修行法。創立佛教的釋迦牟尼最早是主張無神論。佛教注重修行，是追求哲思的都市型宗教。

為權力服務的諸子百家

中國在「春秋時代」（西元前七七〇至前四〇三年）末期到「戰國時代」（西元前四〇三至前二二一年）期間，列強之間為了統併領土，曾迎來一段戰爭激烈的時代，各地的國主都講求「富國強兵」的治國原理。因此，**出現了一群周遊於列國之間，提出各種治國或富國之術的各家學者（諸子百家）**。

這些學者的先驅當推儒教（儒家）的創始者孔子（西元前五五一至前四七九年），他尊崇祖先，提倡以家族愛為本，之後才能談社會的建立。因為當時人民賴以為生的小米是以小家族為單位栽種的作物，於是把家族視為建立社會的基礎單位。

孔子的基本理念為仁（愛），指的就是家族愛，雖然許多掌權者往往因此為了維護自己家族的利益而變得墮落腐敗。所謂「齊家、治國、平天下」，乃是將國家或世界視為家族的延伸。相較於儒家，法家則重視以嚴刑峻法確立國家的秩序。

主張「兼愛」，無差別的愛的墨子（約西元前四八〇至前三九〇年），正好從本質上攻擊了儒家思想的弱點。

之後，儒家分成兩個流派，分別為主張「性善說」的孟子（約西元前三七二至前二八九年）和主張「性惡說」重視「禮」的荀子（約西元前二九八至前二三五年）。

主張「自然無為」的老子（生歿年不詳）和主張萬物皆同的「萬物齊一說」的莊子（約西元前四世紀）合稱為道家，相對於熱衷權力而入世的其他學說，道家表現出知識分子超然物外的態度。諸子百家的思想為往後中國的諸多思想奠定了重要基礎，儒教尤其成為長期支撐中華帝國的重要思想。

解讀歷史

中國將如何突破家族、部族的框架來建立國家視為最大的課題，因此偏好現實、政治傾向強烈的學問思想。

以直觀思考自然和社會的希臘哲學誕生

希臘在八世紀以後逐漸形成以海上貿易和農業為重心的城邦，並發展出國際性的文化。當時，以小亞細亞的米利都為中心（七一頁圖），流行將萬物的根源（arkhē）視為是一種物質的自然哲學。

解讀歷史

夏季缺乏雨水滋潤的希臘必須仰賴商業維生，因此發展出視野開闊、重視思辨的學問。

【萬物的根源是水】活躍於米利都的哲學家泰勒斯（約西元前六二四至前五四六年）重視水可以轉換成液體、氣體和固體的特性，他提出大地是浮在水上的，地球上所有的存在都是由水變化而成的理論。他曾經準確地預測了西元前五八五年的日蝕。

西元前五世紀前半，波希戰爭之後出現蘇格拉底、柏拉圖和亞里斯多德等著名的哲學家。蘇格拉底（約西元前四六九至前三九九年）批判雅典由於商業發達所形成的利己主義，他向雅典的青年提倡「無知之知」和喚起「德性」的理論，最後卻在群眾的投票下被判處死刑。柏拉圖（西元前四二七至前三四七年）對蘇格拉底被判處死刑感到失望，他主張「理型論」，認為混沌的現實世界外另有一個完全真實的世界叫做「理型（idea）世界」。柏拉圖的弟子亞里斯多德（西元前三八四至前三二二年）則否定柏拉圖「混沌的現實背後隱藏有真實」的理論。

距今兩千五百年前，廣大的歐亞大陸在宗教和學問上都有顯著的發展。

Key Point

5 宗教與知識在前四、五世紀出現

距今約一萬年前，冰河時期結束後，人類在歐亞大陸廣大的乾燥地帶適應惡劣乾燥氣候的過程中發展出農業和畜牧，揭開了世界史的序幕。

第3章

各區域的帝國群起並立的時代

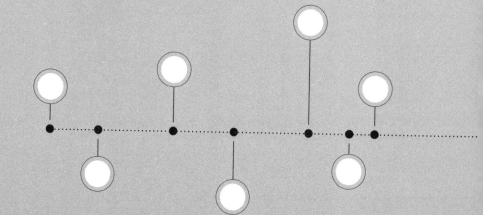

1 馬和戰車促使「帝國」的產生

馬促進世界版圖的擴張

世界史終於進入帝國的時代。**大河流域的農地和周邊的草原、荒地都透過「馬」被統合為一。**

距今約三千五百年前，全球的寒冷化使中亞的游牧民族憑著馬和戰車南下到西亞、北印度和東地中海。隨著由兩匹馬拖曳的兩輪戰車（Chariot）的普及化，區域勢力透過頻繁的軍事活動不斷擴大版圖，最後形成了「帝國」。由於帝國有統一的文字、度量衡、宗教、法律和行政組織，因此為日後的地中海世界、西亞世界、南亞世界和東亞世界等諸世界勢力奠定了基礎。

貧窮的游牧民族在征服了豐饒的大河流域農耕地帶後，為了穩固勢力而建立了帝國。周圍的區域勢力也紛紛利用軍事的力量擴大自己的版圖，因此出現了許多像羅馬帝國一樣的

「海洋帝國」。

四個古代帝國

主要的古代帝國有四個，從西方排序分別是羅馬帝國、阿契美尼德王朝（波斯帝國）、孔雀王朝和秦帝國（二五、九三頁圖）。

其中，在前六世紀時，游牧民族的波斯人征服了埃及、美索不達米亞和印度河流域後，建立了版圖涵蓋伊朗高原和小亞細亞的最古老帝國「阿契美尼德王朝」（西元前五五〇至前三三〇年）。**在前六世紀至前四世紀期間，阿契美尼德王朝是世界上唯一的帝國。**

阿契美尼德王朝的國祚超過兩百年，但是仍然由於交通未發達及內部紛爭等原因逐漸走向衰微，最後亡於希臘北部的馬其頓共和國的二十多歲年輕帝王亞歷山大三世（亞歷山大大帝）之手。

亞歷山大之後曾經遠征到印度，間接導致濕潤的恆河流域出現了孔雀王朝。亞歷山大大帝在東地中海的要地埃及和敘利亞所建立的亞歷山大帝國不久就一分為二，分裂成波斯人的安息帝國和前一世紀成立的「羅馬帝國」。

相對於西方的三個帝國（阿契美尼德王朝、孔雀王朝和羅馬帝國）之間有千絲萬縷的連

繫，建立於前三世紀的「秦帝國」是自成一格的帝國。歷經長期的戰爭時代（春秋戰國時代），最終獲得「天命」、統一亂局的就是秦帝國。

解讀歷史

最早的帝國阿契美尼德王朝的滅亡是促成地中海、波斯（西亞）和印度三個帝國出現的起點。

歐亞大陸分成南經濟北軍事

歐亞大陸的南邊是大河流域的灌溉農地，是經濟的中心；游牧民族居住的北邊草原則是軍事的中心。南北日常的交流都是透過綠洲的交易市集。

由於游牧民族必須透過販賣家畜換取麥子，歐亞大陸的南北兩地平時都透過商業互有往來。其中，**游牧民族的軍事活動是推動歐亞大陸歷史變遷的重要因素。**

西臺人由於獨擁戰車軍團和鐵製武器，在西亞稱霸了超過兩百年（前十四世紀是鼎盛期）。直到約前六世紀時，烏克蘭的斯基泰人在馬的前齒和後齒之間加上馬銜（骨片或金屬片）並戴上馬轡，使控制馬的技術更進一步，也發明了使用短弓的馬上騎射戰術，高機動性的騎馬軍團因此產生。

騎馬技術沿著中亞的大草原往東西傳播出去，因此也出現匈奴族等龐大的軍事勢力（游牧民族的第二次活動時期）。

歐亞大陸以南大河流域的經濟中心與以北草原地帶的軍事中心之間的南北對立越演越烈，只要南邊的農業帝國有衰微的跡象，北邊的游牧民族就會大舉入侵。

解讀歷史

歐亞大陸的世界史基本上是建立在「南北關係」的勢力消長。

Key Point

6

馬是推動帝國產生的一大助力

帝國形成的背景與使用馬的軍事技術提升有關。距今約兩千五百至兩千年前期間，西亞→印度→中國→地中海依序成立了「帝國」。

對世界史的發展有重大影響的兩個帝國

西亞、地中海、印度和中國的四個帝國中，主導世界史發展的是彼此對立的西亞波斯帝國和地中海羅馬帝國。

從整個世界史的發展角度來看，古印度帝國由於受到喜馬拉雅山、興都庫什山和蘇萊曼山的阻隔，中國則是受到蒙古高原和青藏高原的阻擋，使得這兩個帝國因此被孤立於乾燥地帶之外，沒有成為主導世界史發展的要角。

恆河流域和長江的濕潤地帶由於生產大量的稻米，使印度和中國的人口都急速成長。在之後約一千年期間，世界的財富和一半以上的人口都集中在印度和中國。不過，**印度和中國雖然人口眾多，實際上卻沒有主導整個世界史的變化。**

以往日本大都將中國視為世界史的中心，不過，過於重視中國會看不清楚整個世界史的發展脈絡。對於中國唯我獨尊的特性有所瞭解也是解讀歷史的重要能力。

在乾燥地帶的波斯帝國（大陸帝國）和其邊緣的羅馬帝國（海洋帝國）的主導下，世界史的發展從「帝國時代」邁入「歐亞大帝國時代」。波斯帝國與羅馬帝國之間在長期的戰爭下兩敗俱傷，之後大部分的版圖盡數掌握在伊斯蘭帝國的手中。伊斯蘭帝國到蒙古帝國的時代是歐亞大陸邁向一體化的時代。

Key Point

7

歐亞大陸的一體化

中國和印度由於地理屏障的因素沒能夠主導世界史的發展，而是由地中海、西亞和中亞推動世界史邁入「歐亞大帝國」時代。

解讀歷史

當時中國和印度是人口眾多的「封閉」大國。地中海、西亞和中亞的廣大的乾燥地帶才是世界史發展的舞臺。

2 西亞（伊朗）出現最早的大帝國

最早使「貨幣」流通的波斯人帝國

「阿契美尼德王朝」成立於伊朗高原的西南部，在第三代君王大流士一世（西元前五二二至前四八六年在位）的領導之下，利用由戰車、騎兵和步兵所組成的軍團建立起大帝國。其勢力遍及埃及、美索不達米亞、敘利亞和印度河流域，人口也多達五千萬人。

「阿契美尼德王朝」的君王自稱「諸王之王」，以所羅亞斯德教的光明神馬茲達的代理人自居，藉以賦予自己正當的統治權力。大流士將國土分成二十個行政區（省），並任命波斯人為省長（總督），讓他們以王的代理人治理各省。

各地的省長收取大量的銀作為稅金（一說為一年三十六萬七千公斤），再由首都統一將銀鑄造成大量的銀幣，開啟了貨幣的流通。由於「阿契美尼德王朝」的安定有賴於各行政區省長的管理能力，為了加強統治各省，君王不僅由中央派遣軍司令官輔佐省長，更派遣祕密的監察官員作為「王之耳目」巡視各省。

「阿契美尼德王朝」歷經了十一代兩百三十年的統治後，在西元前三三〇年，希臘邊境馬其頓王國的年輕帝王亞歷山大三世（西元前三五六至前三二三年）以重裝步兵和騎兵組成遠征軍，令士兵手持約六公尺的長槍密集攻打「阿契美尼德王朝」，「阿契美尼德王朝」最終不堪分裂走向滅亡。

亞歷山大帝國（西元前四世紀為止）為之後出現的地中海帝國奠定了基礎（九七頁）。

解讀歷史

因為要維持龐大的帝國需要很完善的經濟網絡。徵收銀為稅金、國內銀幣的大量流通，以及沙漠的商業民族阿拉姆人的語言成為帝國的共通語言等，都是維繫「阿契美尼德王朝」非常重要的因素。

使波斯帝國起死回生並壓制羅馬帝國的「安息帝國」和「薩珊王朝」

西元前三世紀中葉，伊朗系的游牧民族在西亞再一次建立了波斯人的帝國「**安息帝國**」（又稱阿薩息斯王朝，中國稱安息，約西元前二四八至西元二二六年）。羅馬的前三頭政治裡，有一位騎士階級的克拉蘇，他在與安息帝國的對戰中兵敗身亡，並使數萬的羅馬士兵都成為俘虜。

西元二二四年，在阿契美尼德王朝的故土，伊朗高原南部所出現的**薩珊王朝**（西元二二四至六五一年）滅掉了安息帝國。薩珊王朝信奉所羅亞斯德教，是強調君權神授的農業帝國。新興的薩珊王朝與時值「軍人皇帝時代」（西元二三五至二八五年，九九頁）興盛不再的羅馬對戰並獲得勝利，使得羅馬皇帝和七萬羅馬士兵都成為俘虜，海洋帝國羅馬被壓制得無法翻身。

【羅馬的密特拉教與佛教的彌勒信仰】薩珊王朝的國教所羅亞斯德教在伊斯蘭教出現之前的一千年期間，都是西亞主要信奉的宗教。光明神「密特拉」的信仰輾轉傳播到羅馬帝國，成為與基督教並立的最大宗教（密特拉教）。密特拉以未來佛「彌勒」的形象受容於大乘佛教，並遠播到日本。密特拉信仰能夠廣傳各地，也可以看出當時薩珊王朝的強大。

薩珊王朝後來有一段時間由於遭受中亞的游牧民族嚈噠人的入侵而陷入混亂。

薩珊王朝鼎盛時期的君王霍斯勞一世（西元五三一至五七九年在位）曾聯合中亞的土耳其人（突厥）滅掉嚈噠族。不過，在西元六世紀後半以後，薩珊王朝與查士丁尼一世重整地中海世界後所建立的拜占庭帝國（一〇七頁）之間經常發生激烈的戰爭。

到了西元七世紀前半，薩珊王朝由於內部爭奪王位的紛爭而逐漸衰微，終於在西元六五一年遭受伊斯蘭教徒的入侵而滅亡（一四六頁）。之後，就進入由伊斯蘭帝國主導世界史發展的時代。

3

東地中海的發展與最早的海洋帝國羅馬

商業繁榮的東地中海的中心「克里特文明」

羅馬帝國是由商業民族的希臘人和羅馬城的軍力兩者合作的結晶。東地中海的繁榮商業則成就了海洋帝國羅馬。

在夏季無雨、土地貧瘠的東地中海，由於田地歉收，居民只能依賴海洋的商業維生。埃及、敘利亞和小亞細亞環繞的東地中海，由於在夏季的三個月都風平浪靜，航路簡直是暢行無阻，可以說是大航海時代的縮小版。

約西元前兩千年，在愛琴海最南端的克里特島（供給埃及銅礦，面積約八千三百多平方公里）上，米諾斯人以克諾索斯為中心發展出海洋文明（克里特文明）。克諾索斯兼具行政、工藝作坊、糧倉和神殿等多樣機能，還建立了擁有一千五百間宮室的壯麗王宮，人口據推測也多達約八萬人。

解讀歷史

地中海東岸是連結敘利亞與東地中海的海陸經濟中心，具有超乎想像的重要性。

【改變世界史的大海嘯】西元前一六二八年，愛琴海南端的提拉島（源於島的守護聖人「Santa Irene」之名，也被稱作聖托里尼島）附近的巨大海底火山爆發，噴發出約六十一立方公里的岩漿，島的大部分都被摧毀。該次火山爆發的規模是過去五千年來數一數二的，所引發的大地震和一百五十公尺高的大海嘯帶給提拉島南端的克里特島毀滅性的衝擊，造成克里特文明的急速滅亡。繼承克里特文明的邁錫尼文明也在約西元前一千兩百年遭受「海民」的侵略而滅亡。希臘哲學家柏拉圖以提拉島的火山爆發為靈感，創造出一夜之間沉沒於大西洋海底的高度文明亞特蘭提斯的故事（亞特蘭提斯傳說）。

由腓尼基人和希臘人帶動交易的熱潮

西元前十一世紀以後，在邁錫尼文明消失後，東地中海以平地稀少的沿海地區黎巴嫩（地中海東岸）的腓尼基人最為活躍。腓尼基人以泰爾和賽達等港口都市為中心，用黎巴嫩杉（喜馬拉雅杉的一種）來建造船頭有馬頭裝飾的船，結合地中海中央相連的諸島，**開闢了堪稱「地中海海上公路」的東西航線**。

【古代地中海的雜貨商】腓尼基人在經濟要地建立了許多殖民都市，他們進行各種交易，可以說是世界最早的雜貨商，並使西亞的文明傳遍整個地中海。由於與眾多的民族交易，腓尼基人為求便利，發明了有別於繁雜的象形文字和楔形文字的「腓尼基字母」。腓尼基字母由二十二個子音組成。希臘人和拉丁人之後都沿用腓尼基字母，最後形成了東西歐的文字。腓尼基人在北非突尼西亞所建立的殖民都市迦太基，長期以來都是開發西地中海的據點。

受到腓尼基人的影響，愛琴海（日本多島海瀨戶內海的約九．八倍大）的希臘人也開始熱中於商業活動。因此，西元前八世紀以後，出現了許多都市國家（城邦）。

城邦一般是由人口數百人到數千人形成的小規模城市，人口增加了以後就移住到其他地方建立殖民都市。因此，**雅典的哲學家柏拉圖把沿海建立的眾多城邦比喻為「在池塘周圍聚**

■阿契美尼德王朝與羅馬帝國

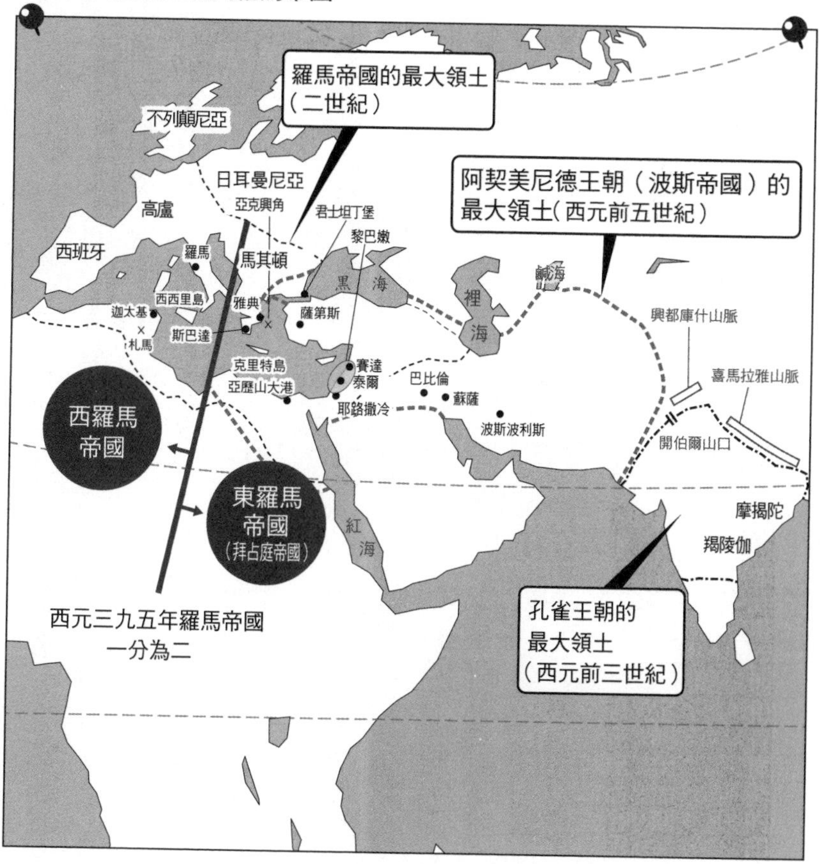
羅馬帝國的最大領土
（二世紀）
不列顛尼亞
日耳曼尼亞
高盧
西班牙
亞克興角
君士坦丁堡
黎巴嫩
羅馬
馬其頓
黑　海
鹹海
裡
海
阿契美尼德王朝（波斯帝國）的
最大領土(西元前五世紀)
迦太基
西西里島
雅典
薩第斯
札馬
斯巴達
興都庫什山脈
克里特島
賽達
泰爾
亞歷山大港
巴比倫
蘇薩
耶路撒冷
波斯波利斯
喜馬拉雅山脈
開伯爾山口
西羅馬
帝國
東羅馬
帝國
(拜占庭帝國)
紅
海
摩揭陀
羯陵伽
西元三九五年羅馬帝國
一分為二
孔雀王朝的
最大領土
（西元前三世紀）

集的青蛙」。希臘的年降雨量不及日本的四分之一，由於農業不興只好仰賴商業維生。全盛時期的雅典擁有市民十五萬人和奴隸十萬人，由此可知雅典並非是自給自足的農業社會。雅典是以陶器、武器生產和礦山經營為主的城邦。

希臘人透過共通的語言和四年舉行一次的奧林匹亞祭典（近代的奧林匹克）來加強民族的團結性。

解讀歷史

腓尼基人將世界最大的「內海」地中海統合為大經濟圈。亞歷山大三世把東地中海變成「希臘人之海」後，其重心就轉移到埃及的亞歷山大港（西元前三三二年建成），直到羅馬帝國征服迦太基和亞歷山大港之後，又將重心轉移到羅馬。從歷史的角度來看，腓尼基人的商業活動將地中海變成經濟圈，為羅馬帝國崛起的基礎。

「波希戰爭」是海陸對決的戰爭

西元前五世紀初，阿契美尼德王朝（波斯帝國）在越過愛琴海、黑海攻打黑海北部的游牧民族斯基泰人期間，小亞細亞地區的希臘人城邦群起叛亂，為了彰顯帝國的威勢，阿契美尼德王朝數度攻打這些「城邦小國」（**波希戰爭**，西元前五百至前四四九年）。換言之，這是**大陸帝國進攻「海洋諸小國」的戰爭**。

希臘諸城邦以雅典為首，採取重裝步兵的密集戰法迎戰波斯人，在「馬拉松戰役」（西元前四九〇年）中，希臘城邦聯軍戰勝了波斯軍隊。十年後，二十萬到三十數萬人的波斯遠征軍隊將希臘諸城邦打得落花流水，甚至連雅典也被攻陷，郊外的橄欖樹被砍倒，木造的神殿也付之一炬。

【雅典奇蹟的勝利】雅典的名將地米斯托克利（約西元前五二八至前四六二年）號召能夠參戰的雅典市民搭上三百七十艘軍船與波斯軍隊進行最後的決戰。決戰的地點是在介於薩拉米斯島和雅典之間的薩拉米灣（薩拉米斯海戰，西元前四八〇年），雖然當時波斯率領了兩倍的軍艦迎戰，但是由於地米斯托克利運用了巧妙的戰法，加上熟悉海流的優勢，居然奇蹟地戰勝了波斯大軍。雅典當時只損失了四十艘軍船，波斯軍卻折損了半數的軍船。希臘人在此次戰役中維護了海洋世界的自立。

內戰不斷而逐漸衰微的希臘城邦諸國

波希戰爭後，雅典為了繼續對抗波斯軍隊，遂聯合約兩百個城邦組成軍事同盟（提洛同盟）擴大勢力。全盛時期的領導者伯里克里斯（約西元前四九五至前四二九年）挪用同盟的基金在雅典建造大理石的帕德嫩神廟，他更對國家的勞動階層市民發放津貼，實現了「民主政治」。

不過，由於雅典對於諸城邦的統治過於高壓，一部分城邦在斯巴達的領導之下組成伯羅奔尼撒同盟對抗雅典。西元前五世紀後半，**雅典和斯巴達之間爆發了「伯羅奔尼撒戰爭」（約西元前四三一至前四〇四年），使城邦的勢力從此一分為二**。

伯羅奔尼撒戰爭由於疫病的流行和眾愚政治（或稱暴民政治）的影響，導致雅典敗北。之後，希臘世界的戰亂紛起，逐漸走向衰微。直到西元前四世紀後半，希臘北方的馬其頓出兵攻打希臘諸城邦（喀羅尼亞戰役，西元前三三八年），由馬其頓大獲全勝，希臘諸城邦因此納入馬其頓的管轄。

亞歷山大建立世界大帝國的野心

西元前三三四年，希臘北方邊境的馬其頓年輕帝王亞歷山大三世（亞歷山大大帝，西元前三三六至前三二三年在位）率領馬其頓希臘聯軍遠征波斯帝國。師承大哲學家亞里斯多德的亞歷山大，他的宏願是滅掉阿契美尼德王朝並成為世界的霸主。

亞歷山大在遠征的過程中，徹底摧毀了腓尼基人的中心都市泰爾，使東地中海的主導權轉而掌握在希臘人之手。西元前三三一年，亞歷山大在「高加米拉戰役」擊敗了波斯王大流士三世。當時受控於波斯的埃及因為尼羅河水位低下而發生饑荒，他們不僅將戰勝波斯的亞歷山大視為救星，甚至還授予他法老的稱號。

獲得埃及豐富的穀糧援助的亞歷山大軍隊簡直如虎添翼，終於在西元前三三〇年滅掉了波斯帝國。之後的三百年期間，歷史上稱之為**「希臘化時代」**。

西元前三三二年，亞歷山大在埃及的尼羅河口修建亞歷山大港，成為希臘人新興的交易大據點。亞歷山大港在當時極為繁榮。

【「做了才知道」的典型】翻轉歐亞大陸西部歷史的亞歷山大三世，他率領步兵約三萬人、騎兵約五千人規模的軍隊踏上東征之途（西元前三三四至前三二四年），但是他卻只攜帶可供大軍食用三十天份量的糧食而已。他的軍隊成員有商人、貧民和奴隸，可以說是由城市民兵組成的隊伍。亞歷山大以這種條件進行東征大計似乎過於草率，不過，波斯帝國卻出乎意料地很快就趨於瓦解。其實從埃及將亞歷山大視為救星，並熱烈地歡迎他的態度來看，可以推知各民族對波斯帝國的不滿已經日積月累，這才是導致波斯帝國快速滅亡的潛在原因。隨著波斯帝國的滅亡，世界史開啟了截然不同的新局勢。

解讀歷史

地中海和波斯帝國面臨轉折點的時機，正好成就了亞歷山大東征的成功。有時候，世界史也會因為一些草率的行事而產生不可預知的變化。

從邊陲出發逐步邁向大羅馬之路

義大利半島中部臺伯河的渡河地點興建了一個都市國家「**羅馬**」。「羅馬」最初在西元前七五三年是由三個部族合住一處所建立而成的都市，後來成為地中海的第一個帝國。

羅馬的第六代君王塞爾維烏斯（推測為西元前五七八至前五三五年在位）組成了「百人

團」（Centuria），除了要求持有財產的市民須履行兵役義務外，亦賦予其參政的權利，這種制度為軍事國家的羅馬打下穩固的軍事基礎。

羅馬軍隊以農民組成的重裝步兵為主，騎兵只是輔助軍，負責支援軍隊的兩翼。**相對於著重馬的機動性的波斯、印度和中國，羅馬軍隊仰賴重裝步兵的團體戰法建立起截然不同的軍事勢力。**

羅馬利用重裝步兵軍團和巧妙的同盟政策，使義大利半島的各都市都臣服於他，並征服了由希臘人建立的南義大利地區的殖民都市，在西元前二七二年實質統一了整個義大利半島。

擊破迦太基、希臘和埃及，統一地中海！

為了爭奪僅次於埃及穀倉地帶的西西里島的支配權，希臘人與腓尼基人在殖民都市迦太基發生了衝突，羅馬出兵支援希臘，在西元前二六四至前一四六年期間，羅馬與掌控西地中海的迦太基之間總共發生了三次「布匿克戰爭」。

第二次「布匿克戰爭」時，羅馬面臨迦太基的猛將漢尼拔穿越阿爾卑斯山的攻擊，戰況曾經一度膠著，但是最後在迦太基的西南地區以「扎馬戰役」反敗為勝，羅馬將迦太基夷為平地。經過此役，羅馬取得礦產資源豐富的伊比利半島的支配權，乃至於整個西地中海的支配權，建立起強大的海軍勢力。

布匿克戰爭期間，羅馬對處於分裂狀態的東地中海的希臘化諸城邦發動戰爭，在西元前三〇年，屋大維（奧古斯都，西元前六三至西元一四年）在「亞克興角戰役」中擊敗埃及的克麗歐佩特拉聯軍，滅掉埃及的最後王朝托勒密王朝（西元前三〇四至前三〇年）。**羅馬透過征戰成功統合迦太基和亞歷山大港兩大商圈，成為世界最早的海洋帝國。**

解讀歷史

以宏觀的角度來看，羅馬帝國是由希臘人的商業和羅馬（拉丁）人的軍力兩者合作的結晶。也就是說，如果沒有希臘人的商業力相助，就沒有羅馬。

【征戰與奴隸】羅馬透過不斷的征戰使帝國日益強大，並將戰俘都變成奴隸。建立羅馬帝國的過程中，義大利百分之三十五以上的人口都成為羅馬的奴隸。羅馬的領土擴張到極限時，光是要維持廣大領土所需的龐大軍事費和安置失業士兵的公共事業，就得花掉羅馬帝國財政的半數經費。因此，羅馬只得向地中海沿岸的農民課以重稅。

大權在握的凱撒黨

羅馬稱霸地中海後，地中海沿岸的殖民地都歸羅馬所管。權勢者在勝戰所取得的領土上經營大農場變得富裕，原本擔任重裝步兵幫羅馬打天下的中小農民卻由於長期的從軍而沒落，無產市民的數量頓時暴增。

為了解決無產市民的問題，護民官格拉古兄弟曾經提出將土地再分配給無產市民的土地改革法，也曾規劃重組民兵，最後都以失敗告終。羅馬在之後的一世紀進入百年內亂時期（從西元前一三三年開始約一百年）。地中海海盜的不斷增加、角鬥士斯巴達克斯領導十萬奴隸的反抗起義（西元前七三至前七一年）等事件都對羅馬造成莫大的威脅。

羅馬的官僚體制趕不上它急速擴張的速度，權勢者得以不擇手段大肆搜刮殖民地的穀糧和財富，再對無產市民略施小惠鞏固自己的權力，也就是施行**「麵包和馬戲」**（panem et circenses，提供糧食和娛樂）的愚民統治手段。西元前六十年，由代表元老院派的龐培、平民派的凱撒（約西元前一〇〇至前四四年）和騎士階級的克拉蘇共同組成前三頭政治。

不過，三頭之一的克拉蘇在與安息帝國的對戰中身亡（八七頁）。剩下的兩位彼此之間的爭權奪利越演越烈。凱撒征服了高盧（現在的法國）、不列顛尼亞（現在義大利的一部分）後，被元老院和龐培要求撤回羅馬，凱撒認為這是決定權力鬥爭結果的最佳時機，他高呼「骰已擲出」（alea iacta est），公然違反不得帶兵渡過盧比孔河（現在位置不明）的禁令率軍渡過盧比孔河，占領了羅馬成為獨裁者。不過，西元前四四年，凱撒卻在元老院裡的龐培像前被布魯圖斯刺殺身亡。

凱撒逝後，凱撒派系的三位權勢人物安東尼、屋大維（凱撒的養子）和雷必達在西元前四三年組成後三頭政治。不久，屋大維擊敗了與克麗歐佩特拉合謀的安東尼後，於西元前二七年從元老院獲得「奧古斯都」（尊嚴者）的稱號，正式確立他是獨裁者凱撒的後繼者（內亂紛爭的一世紀自此結束）。屋大維雖然以「第一公民」（元老院首席議員）自稱，實際上卻是實施皇帝政治（元首制）。

【被賦予皇帝稱號的凱撒】羅馬帝國成立後，死於非命卻身為羅馬創立者的凱撒（caesar）被追封為皇帝。「英雄凱撒」的形象逐漸被神話化。德語表示「皇帝」的 der Kaiser 和俄語的 Tsar，都是源自於羅馬帝國皇帝的凱撒之名。

由軍團支撐的羅馬帝國

屋大維（西元前二七至西元一四年在位）一邊維持羅馬傳統的共和制度的同時，也開始著手建立軍事獨裁體制。拉丁語的帝國是「imperium」，屋大維權力的來源就是來自於Imperator（最高軍司令官）的稱號，意思是他有軍力支配權。他在各行省都配置約五千人的軍團，加強統治各地。

一連串的軍事征戰使羅馬帝國的版圖愈來愈大，**羅馬帝國讓拉丁人（羅馬人）擔任政治和軍事的要職，讓希臘人負責管理經濟，建立起龐大的海洋帝國**。軍事征戰時期結束後，羅馬進入「五賢帝時代」（西元九六至一八〇年），迎來羅馬帝國的全盛時期。這段維持約兩百年的繁榮時期被稱為**「羅馬和平」（羅馬治世）**。

軍事征戰時期結束後，為了解決士兵失業問題等原因，在義大利半島、高盧和伊比利半島建立了長達八萬五千公里的直線軍用道路，這條道路之後成為羅馬的陸上大動脈。不過，羅馬帝國的糧食還是經由海路運送，每年都從埃及、西西里亞和北非等地輸入五十萬噸以上的小麥。其中，羅馬帝國四個月分的糧食都是由埃及供給的。

解讀歷史

羅馬雖然透過軍事征戰建立起龐大的帝國，但是在時代風潮逐漸轉移到「經濟時代」的過程，羅馬卻由於沒有及時建立起廣域經濟的體制而走向衰微。要從社會變動的浪潮中生存下來，從來都不是容易的事。

Key Point

8 地中海大帝國羅馬的誕生

由埃及、敘利亞的周邊崛起的腓尼基人和希臘人所建立的商業圈，造就了世界最早的海洋帝國羅馬。

羅馬成為基督教帝國

在沒有土地可供繼續征戰掠奪的時期，羅馬帝國邁入了衰退期。衰退期經常伴隨著內亂紛爭。在混亂的國勢中，奴隸和貧民對救贖的渴求急速助長了**「基督教」**的興起。

【從困苦生活中孕育出來的民眾宗教】巴勒斯坦在歷經了羅馬一個世紀的嚴苛統治，產生了以耶穌（約西元前七年／約西元前四年至西元三〇年）為救世主（希臘語稱基督）的基督教。巴勒斯坦以低於海平面四百公尺的死海為中心，處於非常荒涼的乾燥地帶。耶穌的直系弟子十二使徒也大都出身於生活貧苦的漁民。耶穌對貧苦的民眾宣揚道德至上和死後救贖的思想，卻遭到猶太教司祭領袖們的忌恨，他們向羅馬總督告發耶穌是謀逆者。約西元三〇年，耶穌被帶到耶路撒冷郊外的各各他山丘處刑。耶穌的弟子們深信耶穌會再度「復活」，因此產生將耶穌視為救世主的信仰。這就是「基督教」的由來。

耶穌的信徒以耶穌的言行錄「福音書」為中心編成《新約聖經》。基督教雖然被視為拒絕崇拜皇帝的危險宗教而屢遭打壓，但是仍然在下層民眾之間廣為流傳。

在許多市民從羅馬移居到地中海沿岸期間，卡拉卡拉皇帝於西元二一二年敕令行省所有的自由人都會被給予完整的羅馬公民權。結果，羅馬都的地位就變得相對下降，各行省的軍團於是各自擁立皇帝並彼此相互征戰。這就是為期約五十年更替了二十六位皇帝的「軍人皇帝時代」（西元二三五至二八四年）。在國勢紛亂中，羅馬帝國也急速衰退。

羅馬在征戰時代結束後，由於戰俘（充當奴隸）的人數愈來愈少，為了補足勞動力的不足，被認可結婚恢復自由身的奴隸和沒落的自由公民都變成佃農，這種自給自足農業的普及也加速了羅馬的分裂。

直到西元三世紀末，軍人皇帝的戴克里先皇帝（西元二八四至三〇五年在位）將帝國一分為四，開始了由軍隊和官僚統治的君主專制時代。下一位皇帝君士坦丁大帝（西元三〇六至三三七年在位）放棄了荒廢的羅馬都，將帝都遷往位於黑海入口的君士坦丁堡（意思是君士坦丁之城），並於**西元三一三年制定《米蘭詔令》，令基督教合法化並納入帝國的祭禮**。

【教義尚未完備的基督教】由於基督教最初是下層民眾信仰的宗教，又飽受迫害，導致基督教信仰因地區而異，沒有確立統一的教義。因此，君士坦丁大帝在西元三二五年從羅馬帝國召集了三百名主教在小亞細亞的尼西亞召開大公會議，確立了以耶穌為神的亞他那修教派（神、基督、聖靈為一體的三位一體說）為正統的基督教教義，並駁斥視耶穌為人的阿里烏教派為異端派別。羅馬帝國也因此奉亞他那修教派為主流。

西元三九二年，狄奧多西大帝（西元三七九至三九五年在位）奉基督教為國教，禁止整個羅馬帝國的人民信奉其他宗教。結果，基督教在羅馬帝國皇帝的加持下成為唯一的宗教信仰。不過，**西元三九五年，隨著狄奧多西大帝的死亡，羅馬帝國以地中海正中為界，一分成東羅馬帝國和西羅馬帝國**，從此沒有再統一過（九三頁圖）。

倖存於東地中海的東羅馬帝國

西元四世紀後半，由於亞裔游牧民族匈人開始西進到黑海北岸，迫使西哥德族不得不在西元三七五年開始往西歐遷移。日耳曼民族也因此陸續移住到羅馬帝國西部，歷史上稱為**「日耳曼民族大遷移」**。

日耳曼民族的入侵使羅馬帝國的軍事費用暴增，軍事所需甚至占歲入的五成到七成。羅馬帝國為了應付財政的危機而鑄造大量的劣幣，引發了嚴重的通貨膨脹，使帝國的經濟每況愈下。

西元四七六年，目標統一東西羅馬帝國的日耳曼傭兵隊長奧多亞塞（西元四三四至四九三年），最後卻滅亡了西羅馬帝國。此外，由於支撐羅馬帝國的輸水網絡和穀糧的供給線逐漸萎縮，到了西元六世紀時，往日人口多達一百萬的帝都羅馬也只剩下三萬人而已。

以君士坦丁堡為首都的**拜占庭帝國**（東羅馬帝國，西元三九五至一四五三年）開始讓匈人和日耳曼人傭兵組成的騎馬軍團擔任主要的軍力，由於順應了騎馬時代的潮流，東羅馬帝國的國祚比往昔的羅馬帝國多出一倍以上，存續了超過千年的歲月。

西元六世紀的查士丁尼大帝（西元五二七至五六五年在位）曾經一度征服日耳曼諸部族，成功收復了地中海沿岸的大筆失土。查士丁尼大帝還在君士坦丁堡修建壯麗的聖索菲亞大教堂，彰顯他是基督教的守護者。不過，到了西元六世紀中葉左右，鼠疫經由埃及、巴勒斯坦傳播到君士坦丁堡（由於查士丁尼大帝也感染鼠疫，此疫也被取名叫做「查士丁尼大瘟疫」）。當時的鼠疫造成約一半人口的死亡，查士丁尼大帝統一整個地中海的豪願因此無疾而終。光輝的歷史也就此落幕。

西元六世紀末，拜占庭帝國與薩珊王朝（八七頁）之間屢次發生激烈的戰爭，西元七世紀中葉，伊斯蘭勢力遂利用這個時機發動軍事征戰（大征服運動），從拜占庭帝國手中奪得埃及和敘利亞。

解讀歷史

稱霸地中海的羅馬帝國，最後還是回歸到仰賴東地中海的商業為基礎的狀態（拜占庭帝國），也因此再次與沙漠的商業民族產生衝突。阿拉伯半島的游牧民族依循往日亞歷山大大帝東征的模式發動大征服運動，最終建立起新的帝國（伊斯蘭帝國）。歷史的舞臺由此轉換。

4 世界最早的濕潤地帶帝國

游牧民族阿利安人創造出種姓制度

被喜馬拉雅山等巨大山脈隔絕於歐亞大陸之外的印度次大陸，不受歐亞大陸歷史的影響發展出獨自的歷史（一一一頁圖）。**印度世界的重心逐漸由乾燥地帶的印度河流域移往東部濕潤的恆河流域，並開始依賴稻米維生。**

印度受到季風的影響，北部為乾季雨季交替循環的氣候，南部的德干高原則為乾燥氣候。來自阿富汗的民族曾經穿過高達一〇七〇公尺的開伯爾山口入侵印度的旁遮普（五川）地區，之後就定居在豐饒的半島區，印度次大陸從此發展出複雜形態的社會。白人的游牧民族阿利安人征服了創造印度河流域文明的達羅毗荼人，並進一步建立將人種、民族差別化的體制。

【婆羅門為最高階級】白人的阿利安人征服了創造印度河流域文明的黑皮膚的原住民達羅毗荼人（現在的泰米爾人），建立了由婆羅門（祭司）、剎帝利（軍人貴族）、吠舍（平民）和首陀羅（奴隸）組成的後來被稱為「種姓」的階級制度。「種姓」（caste）一詞源於葡萄牙語「血統」的意思，是後來才使用的稱謂，古印度則叫做「瓦爾那」（Varṇa，意思是「顏色」，以膚色不同區分的階級制度）。阿利安人認為自然萬物都有神性，擔任祭司的婆羅門可以支配眾神，他們信奉的婆羅門教以對諸神的贊歌（《吠陀經》）和祭祀為中心。

稻米社會的帝國——孔雀王朝

印度次大陸最肥沃的地方就是濕潤的恆河流域。自從印度河流域文明受到自然環境變化的影響而沒落後，約西元前一千年開始，阿利安人開始從旁遮普地區遷移到恆河流域定居，他們使用鐵製的斧頭開墾多雨地帶的密林。因此，古印度歷史的重心從此由西部的乾燥地帶移往東部的濕潤地帶，並開始依賴稻米維生。

西元前六世紀左右，恆河的中游發展出拘薩羅、摩揭陀等都市國家。西元前六至前五世

■孔雀王朝與東南亞世界

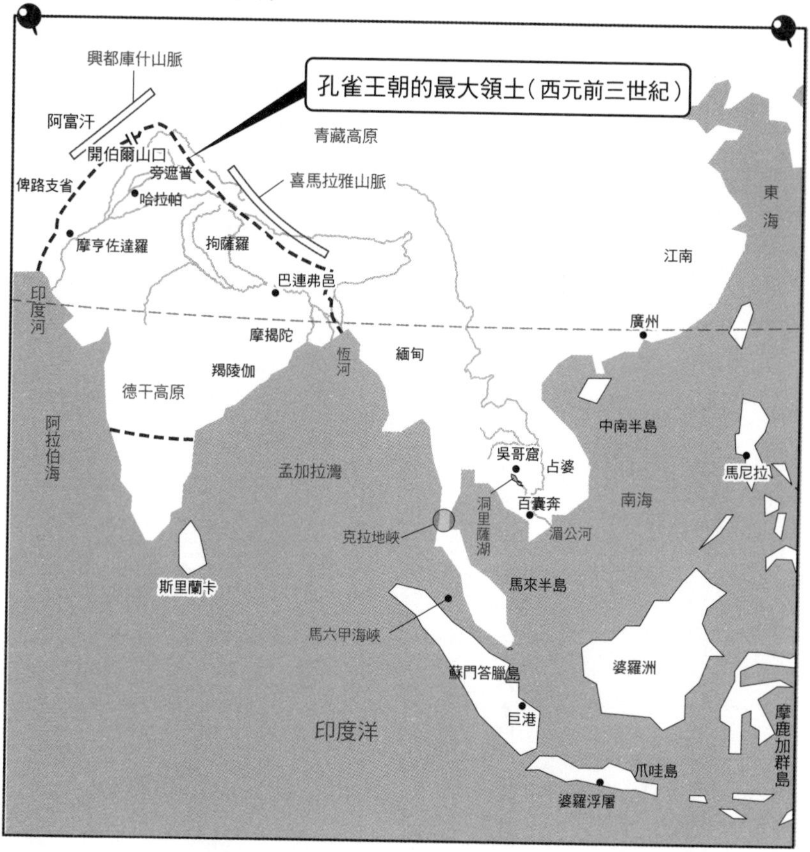
孔雀王朝的最大領土（西元前三世紀）
興都庫什山脈
阿富汗
開伯爾山口
俾路支省
旁遮普
哈拉帕
摩亨佐達羅
拘薩羅
青藏高原
喜馬拉雅山脈
巴連弗邑
印度河
摩揭陀
恒河
羯陵伽
緬甸
德干高原
東海
江南
廣州
中南半島
阿拉伯海
孟加拉灣
吳哥窟
占婆
洞里薩湖
百囊奔
湄公河
馬尼拉
南海
克拉地峽
斯里蘭卡
馬來半島
馬六甲海峽
蘇門答臘島
婆羅洲
巨港
印度洋
爪哇島
婆羅浮屠
摩鹿加群島

紀期間，出現了佛教和耆那教。佛教的創始者是釋迦牟尼，他把雨季乾季無限交替循環的現象視為苦海無邊的「輪迴」，並提倡從「輪迴」解脫出來的修行方法。

解讀歷史

中華世界的江南和印度世界的恆河流域，都是在古代世界史最早發展出文明的稻米地區。

恆河流域中游的摩揭陀國（位於現在的比哈爾邦）受惠於肥沃的農地和豐富的礦產資源而急速崛起。在亞歷山大進攻北印度的計畫告吹後，摩揭陀國的武將旃陀羅笈多（約西元前三一七至前二九六年在位）於西元前三二二年領導為了抵禦亞歷山大入侵所集結的六十萬步兵、三萬騎兵、九千頭戰象和數千戰車的卓越大軍統一了北印度一帶，並創建了**「孔雀王朝」**（約西元前三一七至前一八〇年）。（一一一頁圖）

孔雀王朝第三代國王阿育王（約西元前二六八至前二三二年在位）征戰孟加拉沿岸的強國羯陵伽，使羯陵伽國死傷甚鉅最終臣服，阿育王得以統一整個印度。**孔雀王朝是印度半島上第一個建立的帝國。**

【阿育王與佛教】阿育王歷經與羯陵伽國的慘烈戰爭後皈依佛教，宣告「眾民皆我子」，並利用佛法統治國家。阿育王是極少數不透過軍事力而是透過理念治理世界帝國的君王。

阿育王雖然設置王族出身的總督治理帝國的四個行政區，但是實際上施行統治的都是當地出身的長官，每四至五年才由中央派遣監察官前往監督視察。此外，阿育王還派遣佛教的傳教使到印度各地、中亞、斯里蘭卡和緬甸傳教。他除了派遣取締官員前往各地調查佛法（以佛法之名行政治統治之實）的實施狀況外，還為了宣揚布教在各地設置刻有磨崖法敕和佛法的石柱。

阿育王讓他的兒子摩哂陀到斯里蘭卡布教，奠定了斯里蘭卡佛教的基礎。不過，孔雀王朝實施這種和緩的統治政策也帶來了後患，使孔雀王朝在阿育王逝後約半個世紀就走向滅亡。

Key Point

9

遠離世界史中心的古印度帝國

印度世界的重心轉移到濕潤地帶的恆河流域後，建立了第一個帝國孔雀王朝。印度很早就遠離了「廣大的乾燥地帶的世界史」。

印度將「八百萬神」（多神信仰）系統化

自從孔雀王朝滅亡後，恆河流域陷入混亂的時期，從中亞遷移到北印度的土耳其裔游牧民族建立了貴霜帝國；南印度的德干高原則由達羅毗荼人建立了百乘王朝。一直到西元四世紀初，恆河流域才再度出現了強盛的**「笈多王朝」**（約西元三二〇至五五〇年）。

笈多王朝結合傳統的庶民信仰婆羅門教和佛教，將傳統的八百萬神信仰加以系統化，創立了宇宙萬物輪迴說的**「印度教」**。

解讀歷史

正如歐洲被稱作基督教世界，東亞被稱作儒教世界一樣，印度則是印度教的世界。印度教是印度、泰國和柬埔寨等國家的文明底蘊。

【毗濕奴神和濕婆神】印度教雖說是信奉八百萬神的多神教，但是其信仰的中心是創造天地的三位神明，創造神「梵天」創造了世界萬物，保護神太陽神「毗濕奴」則專司保護眾生，破壞神「濕婆」則專司破壞和再生。不過，在宇宙建立完成後，創造神的地位就不再重要，梵天神的信仰也漸趨衰微。因此，印度教逐漸演變成以毗濕奴神和濕婆神為中心的系統化的多神信仰。《摩奴法典》裡詳細規範印度教教徒的生活倫理；《摩訶婆羅多》和《羅摩衍那》則是以宗教的角度描述毗濕奴神和濕婆神的故事的兩大史詩。印度多樣化的社會風情可說盡數濃縮在印度教的信仰裡。

由於提倡跳脫輪迴的「佛教」是屬於重哲思的宗教，與民眾的連結比較薄弱，佛教的創始者佛陀於是被視為毗濕奴神的化身受容於印度教。

笈多王朝研究浩瀚的宇宙觀和自然觀的學問非常發達，他們從「空」中思考出「零」的觀念。「零」於是成為一個數詞被納入數字位數中。目前世界廣泛使用的阿拉伯數字，其實也是起源於印度。

笈多王朝後來被中亞入侵的游牧民族嚈噠人奪去西邊的國土而逐漸衰微，並於西元五五〇年走向滅亡。**之後，印度各地紛紛築起作為要塞的軍事都市，進入眾多勢力互相征戰的戰亂分裂時代。**

連帶繁榮起來的印度世界邊境地區的東南亞

以乾燥的德干高原為中心的印度中部的百乘王朝（案達羅王朝，西元前一世紀至西元三世紀）積極地將恆河文明傳播到南印度。

印度商人由於對丁香、肉桂、沉香和金子等物品有需求，於是穿過孟加拉灣，在與恆河流域處於相同氣候帶的東南亞各地設置交易據點。**隨著印度商人的商業活動，印度洋和孟加拉灣的交易愈來愈活絡，也逐漸形成一個印度文字圈的廣域世界。**在古代，東南亞被歸屬於印度的邊境地區。

印度商人從孟加拉灣經由馬來半島的克拉地峽（馬來半島的最狹窄地帶）進入泰國灣，分別在湄公河下游（現在的柬埔寨）建立扶南國（西元一世紀至七世紀），以及在越南南部建立占婆國（西元二世紀末至一七世紀）。扶南國受惠於巨大的洞里薩湖（面積約與日本神奈川縣相同），在乾季也不愁無水可用，於是成為東南亞最豐饒的農業地帶。

麻六甲海峽的海路開通後，海峽沿岸的馬來人都市在七世紀以蘇門答臘的巨港為中心聯合建立了三佛齊國，掌控了整個麻六甲海峽的商業交易。八世紀時，和三佛齊國有血緣關係的夏連特拉王朝（西元八世紀中葉至九世紀前半）將勢力延伸到爪哇島西北部，其交易圈亦擴及香料產地的摩鹿加群島。透過夏連特拉王朝在爪哇島中部所興建的大乘佛教的石造大佛塔婆羅浮屠，可以窺知當時夏連特拉王朝的繁盛景象。

高棉人在中南半島湄公河下游的柬埔寨建立了廣大的農業社會，西元十二世紀是吳哥王朝的鼎盛時期。吳哥王朝（約西元八〇二至一四三二年）所興建的印度教古蹟吳哥窟和城市古蹟吳哥城，是亞洲享譽世界的壯麗古蹟。

解讀歷史

印度與東南亞的關係和中國與朝鮮、日本的關係很類似，東南亞的文字和許多語言都來自印度。不過，東南亞的文明交流很頻繁，他們也深受伊斯蘭文明和歐洲文明的影響，這點和東亞區域的情況有很大的差異。

5 獨自形成內陸帝國的中國

「周朝」以後，中國陷入超過五百年的大混亂時代

中國從商朝就開始使用由馬拖曳車輪的大型戰車，周朝甚至制定天子兵車萬乘，大諸侯兵車千乘的軍事制度。周朝衰微以後，中國進入長期分裂超過五百年的**「春秋戰國時代」**。**諸國之間圍繞著「天命」彼此征戰不斷**。

春秋時代（西元前七七〇至前四〇三年）末期，江南地區的吳國發明了將加熱至約一千四百五十度的滾燙鐵液倒入鑄型的製鐵技術。鐵器傳播到北方後，有了鐵製的鋤具和牛的協助，得以進行更大規模的灌溉農業。

戰國時代（西元前四〇三至前二二一年）末期，「戰國七雄」的秦、楚、趙三國的人口將近五百萬人，齊、燕、韓、魏四國的人口據推測在兩百萬人到三百萬人左右。由此可知，國家的規模都有大幅擴大的趨勢。被稱作「戰國七雄」的七大國，都是擁有數十萬到一百萬

步兵軍力的軍事大國。

建立東亞最早的帝國的秦始皇

西元前二二一年，秦王政兼併「戰國七雄」的六國統一了天下（世界），建立了**「秦」帝國**（西元前二二一至前二〇六年）。秦王嬴政認為自己豐功偉業堪稱「得兼三皇、功過五帝」，自稱始皇帝（西元前二二一至前二一〇年在位）。首都設於咸陽。

秦始皇對人民施行苛政，他動員七十萬餘人力，花費三十六年為以神自居的自己修建巨大的陵墓（秦始皇陵）。**在皇帝的眼裡，人民是為了侍奉絕對權力者的皇帝而存在。**

【成為帝國根基的郡縣制】秦始皇將廣大的國土視為直轄地，施行從中央派遣官員治理各地的郡縣制，建立了超越部族範疇的國家。雖同為帝國，秦帝國卻沒有阿契美尼德王朝（波斯帝國）那樣帶有游牧的特性。秦帝國根據陰陽五行學說認為自己是「水」德的王朝，數字以「六」為尊，因此，帝國領土設有三十六郡（後來是四十八郡），其下再分設數千百個縣。從首都派遣到各郡縣的官員，以漢字寫成的文書進行管理統治和徵稅的工作。縣是帝國最基礎的行政單位，有「繫於首都」的意思，中央的官員在地方權勢者的協助下進行徵稅和維護治安的工作。郡是由數個縣合併而成的行政單位，郡和軍的讀音相似，也意思是郡乃受中央所派遣的軍隊所管轄。郡也有單純是由數個縣集結而成的意思。

秦帝國為了連結廣大的國土，需要完善的幹線道路網。因此，秦帝國首都與各地的大都市、北方的軍事據點之間都建有寬七十公尺的馳道，總長達七千五百公里，並於一定的間隔設有驛站。完備的馳道連結廣大的國土，供皇帝視察、官員往來和戰時軍隊行進時使用。為了便於馬車疾馳，他們甚至還預先挖置好深刻的轍跡。以現代話來講，馳道就相當於高速公路網。

解讀歷史

在中國，天帝為絕對支配者的觀念根深柢固，支配機構的無限擴張和人民的權利受到漠視是理所當然的結果。

巍峨的「萬里長城」是為何而建

中國的大課題就是「黃河氾濫的治水」和「如何阻止從蒙古高原入侵的游牧民族」。

■建立中國統治基礎的秦帝國

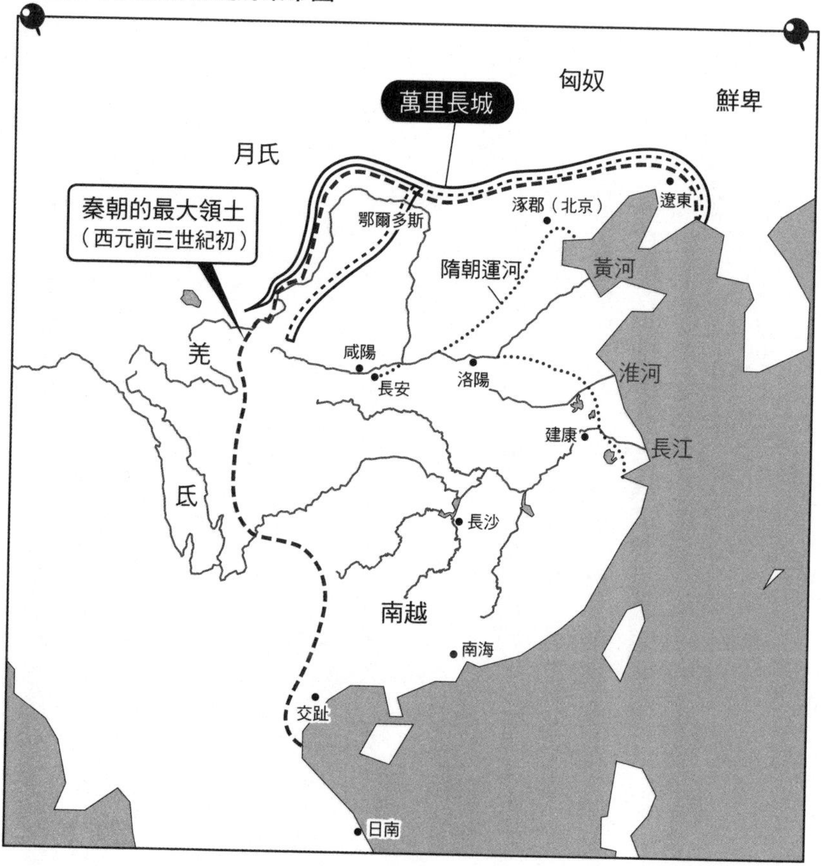

戈壁沙漠居中的**蒙古高原由於地勢平緩斜入中國，使游牧民族得以毫無屏障地入侵中國**。每逢「天高馬肥之秋」的收穫時期，就是游牧民族入侵掠奪的時期。由於在乾燥廣大的邊境區域長期駐軍也不是長久之計，秦始皇於是把戰國時期已經建好的長城加以修築增建，連結成完整的**「萬里長城」**。

解讀歷史

現在看來壯麗卻好似無用的「萬里長城」，曾是體現中國存在價值的重要建築物。也可以看出當初的中國是如何忌憚游牧民族的威脅。

【農耕地帶的防線——萬里長城】古時的人認為大地是方形的，每一邊都有萬里（無限長的意思）。沿著北邊興建的「萬里長城」，在修建和維護上花費甚鉅。中國與蒙古高原騎馬民族的戰爭，從地緣政治學上來講原本就是不可規避的宿命課題。不過，藉由「萬里長城」的屏障，秦帝國做了自守農耕地帶的選擇。

秦朝崇尚遵循皇帝意志的法家思想，皇帝的意志透過法律施行到全國，文字、貨幣和度量衡也獲得統一。不過，由於秦朝將人民視為工具，無視人民的疲弊，無限驅使人民大興土木工程和發起戰爭，終使人民的生活無以為繼。因此，在秦始皇逝後不久，約有農民九百人以陳勝、吳廣為首起義作亂，其他諸勢力也乘勢而起，秦帝國建國僅短短十五年就輕易走向滅亡。

國祚綿延四百年的漢帝國

秦帝國滅亡後，楚國貴族項羽的勢力與沛縣農民劉邦的勢力激烈相爭，最後由劉邦（高祖）獲得最後的勝利，建立了**「漢」帝國**。

漢帝國（分為西漢：西元前二〇二至西元八年，東漢：西元二五至二二〇年）施行郡國制，一部分國土由皇帝直接管轄，一部分國土則是由分封的諸侯實施自治，透過封建制度，周邊區域可以脫離中央的直接管轄。也就是說，漢帝國乃是採取和緩的聯邦制。

「西漢」鼎盛時期的漢武帝（西元前一四一至前八七年在位）一心投入與游牧民族匈奴之間的征戰。武帝為了和被匈奴從蒙古高原驅趕到巴克特里亞定居的大月氏合作，遂派遣使節張騫前往大月氏。雖然張騫出使大月氏交涉失敗，卻意外發現安息帝國（八七頁）的存在，並開通了可以獲得西域資訊的絲綢之路（絲路）。武帝接著不僅開通了連接絲路的河西走廊，並征服了南越和朝鮮北部（設置樂浪郡等四個郡）。不過，武帝在晚年時面臨國家財政困窘的難題，鹽、鐵、酒的專賣也為人民帶來沉重的負擔，最終導致西漢的衰微。地方豪族的勢力也有坐大的趨勢。

外戚王莽奪得西漢的政權後，立國號**「新」**（西元八年至二三年），但是其復古的政權很快就出現破綻，不久就被滅於打著復漢之名的「赤眉起義」（西元一八至二七年）。

劉秀（光武帝，西元二五至五七年在位）接著建立**「東漢」**（西元二五至二二〇年），他放棄因戰亂頻仍而荒廢的長安（位於渭水盆地），改建首都在洛陽（黃河流域中游）。

東漢由於地方豪族勢力抬頭而陷入分裂狀態，於是意圖透過儒教教育加強官僚制度的建立。班超（西元三二至一〇二年）擔任西域都護治理綠洲諸國以後，**絲路**（一七九頁圖）的交易日漸興盛，連帶也獲得許多來自天竺（印度）和大秦（羅馬）等地方的各種詳細資訊。

遭受游牧民族入侵「中原」而變遷的東亞

漢帝國由於地方豪族勢力坐大，中央又有宦官、外戚和黨派互相爭權奪利，內亂頻仍下終於在西元二二〇年滅亡。中國歷史接著進入華北的魏、江南的吳和四川的蜀三國爭霸的**「三國時代」**。這就是魏國曹操（西元一五五至二二〇年）、吳國孫權（西元一八二至二五二年）、蜀國劉備（西元一六一至二二三年）和軍師諸葛亮（西元一八一至二三四年）活躍的《三國志》時代。

西元二八〇年，司馬炎（武帝，西元二六五至二九〇年在位）最後以下克上滅掉魏國建立晉朝（西晉，西元二六五至三一六年），結束了三國時代統一中國。不久，晉武帝逝後晉惠帝（西元二九〇至三〇六年在位）即位，不僅外戚弄權，各地諸王手下擁權的胡人騎兵亦經常爆發激烈的爭鬥，最終引發了「八王之亂」（西元二九一至三〇六年）。

匈奴首領劉聰以數代和漢室有姻親關係為由，名正言順地占據了洛陽，在西元三一一年滅掉西晉（審訂注：是為「永嘉之禍」）。匈奴、鮮卑等「五胡」也乘機在黃河中游相繼建國，史稱**「五胡十六國時代」**（西元三〇四至四三九年）。

解讀歷史

在游牧民族大舉入侵中華世界，漢人大規模遷移的這段期間，不僅是佛教傳入的文化交流時代，也是中華世界游牧化、開拓江南、東亞區域進行大規模交流的時代，對日本產生很深遠的影響。

【東亞的大混亂時代】騎馬戰鬥技術的普及改變了往昔以戰車和步兵為主軸的傳統戰法，馬和馬具、褲裝、皮製長靴、胡床（折疊式椅子）等游牧民族的風俗習慣（胡風文化）也廣傳到東亞世界。此外，西元四世紀時，廣傳西域的「大乘佛教」也在龜茲人僧侶佛圖澄、鳩摩羅什的宣揚下傳播給游牧民族，並在中國打下根基。寇謙之（西元三六三至四四八年）為了對抗佛教，創立了融合中國傳統信仰的「道教」。自從北部的乾燥地帶被游牧民族占據後，農民紛紛往南遷移到長江流域、朝鮮半島和日本列島等地。濕潤地帶的江南因此獲得開發，東晉更以江南的健康（現在的南京）做為首都。當時的中華世界一分為二，以北是游牧色彩濃厚的北朝，以南是以稻米維生豐饒的南朝。同個時期的日本列島正處於動盪的「古墳時代」。

五胡十六國時代持續了約一百四十年後，鮮卑族統一了華北建立了北魏（西元三八六至五三四年），第六代皇帝孝文帝（西元四七一至四九九年在位）**力行漢化政策，使游牧民族加速漢化，游牧民族的加入使中國社會的範圍更加擴大**，漢人社會也因此帶有濃厚的游牧色彩。漢人的王朝在江南的稻米地帶得以延續，中國進入華北、江南各立王朝的**「南北朝時代」**。

在朝鮮半島北部，通古斯族系的高句麗（約西元前一世紀至西元六六八年）在西元三一三年滅掉由中國人統治的樂浪郡自立為王，並將黃河流域的騎馬戰術和佛教傳播到朝鮮半島和日本列島（古墳時代）。隨著騎馬戰術的傳入，朝鮮半島南部和日本列島也相繼建立了百濟、新羅和大和王朝。佛教也隨著漢字、儒教和道教一併經由朝鮮半島傳播到日本列島。

隨著華北豪族帶著農民和奴婢大舉移居到江南地區，黃河流域文化也傳播到江南地區，貴族文化和佛教文化也因此興盛起來。

安定內陸帝國局勢的大運河

歷經兩百數十年混亂的南北朝時代，**「隋」**朝（西元五八一至六一八年）的隋文帝（楊堅，西元五八一至六〇四年在位）統一了淮河以北黃河流域的游牧民族勢力（植麥地帶）和淮河以南的長江流域（稻米地帶），他削弱各地豪族的勢力，將農地收歸皇帝所有並實施均田制。隋和唐合稱隋唐帝國，兩者都是游牧色彩濃厚的帝國。

西元六世紀末到七世紀初期間，隋朝**完成了連結黃河流域和長江流域的世界最長的大運河，長達一千九百公里的運河成為連結南北經濟的大動脈**。產量豐足的稻米透過大運河支撐了整個中華帝國。

隋朝的第二位皇帝隋煬帝（西元六〇四至六一八年在位）強化統治江南地區，為了使南北物流更加活絡，他動員了包含女性在內多達一百萬的農民修築大運河，最終完成了連結穀倉地帶的江南、政治軍事中心的長安和軍事中心的涿郡（現在的北京），總長達二千五百公里的Y字形大運河（一二一頁圖）。江南地區充足的稻米從此得以穩定輸送到華北地區，也可以在短時間內調動龐大的軍隊。

唐朝是疆域擴及游牧世界的大帝國

李淵（高祖，西元六一八至六二六年在位）和李世民（太宗，西元六二六至六四九年在位）所建立的**「唐」帝國**（西元六一八至九〇七年）實施人民和土地公有化政策，使國家更加富強。第二任皇帝唐太宗以「天可汗」之名使土耳其裔游牧民族的突厥稱臣，**除了農耕世界外，他還將中亞的游牧世界也納入統治的範圍**。

唐朝沿襲隋朝的均田制，使全國的農地和人民都收歸皇帝所有。農民向皇帝承租土地，為折抵租稅必須負擔租庸調（譯注：以布疋、穀物或服役抵稅）。此外，唐朝實施府兵制在各地方設置折衝府對六十萬農民課以兵役。

解讀歷史

土地的公有化（均田制）使中央權力強大，但是從人民的角度來看，均田制是苛酷的制度。

【強化皇帝權力的均田制】因襲游牧民族的軍事統治習性，皇帝實施將土地和人民收歸己有的均田制（最有利於掌權者的制度），雖然均田制也有傳播到朝鮮半島和日本列島，但是由於地方豪族勢力過大而以失敗告終。

瓦解於慾望和野心的唐朝

每個帝國的皇帝都有「公」「私」不分的問題。由於擁有絕對權力的掌權者能夠隨心所欲地將政治私有化，皇帝如果不知節制，往往容易因為貪欲或無能等原因使體制生出弊端，最嚴重還會引起農民起義等叛亂而亡國。

第六代皇帝唐玄宗開創了唐朝的鼎盛時期（開元之治），不過在其晚年卻有農地不足和農民逃兵役的問題，使均田制無以為繼。由於唐朝在邊境地帶雇用外族擔任警備兵（募兵），因此還得從中央派遣節度使監視這些外族的警備兵。

運勢不濟時總會碰上雪上加霜的情況。唐玄宗由於痛失常伴身側的皇后，移情於荳蔻年華的楊貴妃（西元七一九至七五六年），並毫無節制地沉溺在溫柔鄉。在皇帝的寵溺下，深受寵愛的楊貴妃與其楊氏一族基本上可以說是予取予求。

深懷野心的粟特裔節度使安祿山（西元七〇五至七五七年）利用眾人對楊氏一族的不滿

發起「安史之亂」（西元七五五至七六三年），經歷此亂後，唐朝的國勢就開始走下坡。蜂起的亂民占領了首都長安，華北的秩序陷入混亂，節度使以軍閥之姿割據各地。

亂局之中，有勢的地主開始將土地收為己有。按現代的話講就是瓜分國有財產。以往的均田農民都變成有勢地主的佃農。因此，朝廷在節度使擁兵自重的華北收不到稅收，唐朝的財政只能仰賴江南地帶的稻米和鹽的專賣收入。鹽的販賣收入尤其占的比重甚大，唐朝因此埋下質變的種子。

西元九世紀後半，販賣私鹽謀得巨利的鹽商勢力愈來愈大。其中，黃巢（？至西元八八四年）率領叛軍流竄各地作亂（黃巢之亂，西元八七五至八八四年），更加速了社會荒廢的情況。西元九〇七年，節度使朱全忠（西元八五二至九一二年）滅掉唐朝建立後梁。各地的節度使乘勢紛紛自立，中國進入各派軍事勢力爭立的**「五代十國時代」**（西元九〇七至九七九年）。

解讀歷史

當國家主要的歲入來源由租（農作物稅）的收入被鹽稅的收入取代，農業帝國的疲態就會顯露出來。所得稅和消費稅是截然不同的徵稅方式。

【無根系的武人社會】站在「身體髮膚受之父母」的儒教觀點，經常傷害身體的武人是違反「孝道」且受輕視的。身為軍閥的節度使往往與武人部下僅維持一代的從屬關係，並沒有發展出像日本那樣的主公與武人的從屬關係（世襲制，武人形成「武士」階級，土地的支配權也是世襲的封建制度）。由於這個差異，日本與中國和韓國的歷史有完全不同的發展。

安史之亂後的五代十國歷經了約兩百年的大混亂時代，最終由「宋」（西元九六〇至一二七九年）打下了休止符。宋朝將精銳軍力集中於首都，藉以削弱節度使的勢力，更透過科舉制度建立起文官政治（文治主義）的君主獨裁體制（一七〇頁）。

解讀歷史

在中華世界，宗教的權威和傳統的官僚權力大過於武人的軍事力。中華世界的官尊民卑思想是超乎想像的根深蒂固。

Key Point

10

游牧民族融入中華世界

游牧民族占領黃河中游的「南北朝時代」，中華世界加速開發濕潤的江南地區。比起秦漢帝國，隋唐帝國帶有極濃厚的游牧色彩。

第4章

歐亞大陸一體化所出現的文明大交流

1 游牧民族所造就的歐亞大陸時代

歐亞世界邁向統一的過程

接下來簡單敘述由「四個帝國分立的時代」邁向「歐亞大陸的大部分統一的時代」的過程。

羅馬帝國、波斯帝國、古印度帝國和中華帝國四個代表性的大帝國之中，受到北邊喜馬拉雅山的阻隔，和歐亞大陸切隔開來的古印度帝國，以及周圍被戈壁沙漠、蒙古高原、塔克拉瑪干沙漠和青藏高原所環繞的中國，兩者各自依賴境內的恆河流域與江南地區的稻米地帶養活國內不斷成長的人口。這兩個帝國由於地理條件的因素成為封閉的大帝國，其人口雖然眾多，卻與歐亞大陸歷史舞臺的發展幾乎無緣。

另一方面，在開放的地理環境之下，長期產生對立和征戰不斷的羅馬帝國和波斯帝國，都在西元六世紀末走向衰亡。

在這種局勢下，阿拉伯半島的阿拉伯人乘勢而起，其勢力範圍從地中海南部擴及到西亞和中亞，最終建立了「伊斯蘭帝國」。**世界的舞臺從此轉換。在伊斯蘭帝國的統治下，發展出歐亞規模的大商業網絡，文明的東西交流也有長足的發展。**

沒有游牧民族就沒有世界史

西元七至十四世紀期間，游牧民族從「飛地」（譯注：意指在某個地理區境內有一塊隸屬於他地的區域。）的阿拉伯半島前往「主場」的中亞大草原，開始醞釀建立一個超級大帝國。戰爭、社會落差懸殊、內亂等因素使海陸兩大帝國瀕臨崩潰，正好為阿拉伯游牧民族提供了崛起的大好機會。

比起以步兵為主力的龐大沉重的帝國軍隊，游牧民族團體的機動性高、可以自由高速奔跑、可以遠程射箭攻擊的特性，預告了游牧民族支配歐亞大陸的時代已經到來。**以往在乾燥地帶的北半部都是游牧民族的世界，游牧民族善於御馬的特性使他們在軍事上擁有壓倒性的優勢。**

解讀歷史

游牧民族的征戰活動拓展了歐亞大陸的歷史舞臺，世界史也邁入一個全新的階段。大範圍空間的一體化為東西文明的交流提供了契機。

【西元四世紀至五世紀局勢的激變】西元三世紀和五世紀是寒冷期，生活條件的惡化促使游牧民族不得不大舉遷移。西元三七五年，匈人入侵迫使東哥德族遷移到黑海北岸，西哥德族約六萬人遷移到羅馬，史稱「日耳曼民族大遷移」（一〇六頁）。日耳曼民族在羅馬帝國西部建立了諸小國。西元四七六年，西羅馬帝國滅亡。在西元五世紀至六世紀期間，中亞的游牧民族嚈噠人南下，勢力擴及絲路地帶和伊朗高原，使薩珊王朝大受打擊。嚈噠人亦入侵到印度西北部滅掉笈多王朝（約西元三二〇至五五〇年）。

在中國，善於騎射的匈奴軍團趁著西晉發生八王之亂（西元二九〇至三〇六年）一舉滅掉西晉，建立漢趙（前趙）。五胡（五個游牧民族）在中華世界的中原建立了十六個國家。游牧民族的諸多活動使歐亞大陸的局勢產生變化，為之後超級大帝國的形成拉開了序幕。

綿延約七百年的歐亞大帝國

西元七世紀，阿拉伯半島的阿拉伯游牧民族在打敗了拜占庭帝國和薩珊王朝後，統一了地中海和廣大的乾燥地帶，游牧民族也正式成為歷史舞臺的主角。他們所建立的伊斯蘭帝國是世界史上前所未見的超級大帝國（歐亞大帝國）。

歐亞大帝國的主人先後是阿拉伯人、土耳其人和蒙古人，從西元七到十四世紀綿延了約七百年之久。英國的歷史學家阿諾爾得．湯恩比（Arnold Joseph Toynbee）將此段由游牧民族所建立的歐亞大帝國時代取名為「游牧民族爆發的時代」。

解讀歷史

西元四至五世紀，游牧民族的活動對羅馬帝國、薩珊王朝、笈多王朝和西晉造成莫大的威脅，不過這只是序幕而已，西元七世紀到十四世紀才是游牧民族大展身手的時代。前述各個帝國的衰退，都與其周邊游牧民族的活躍息息相關。

東西交流使世界史活絡起來！

在超級大帝國的統治下，歐亞大陸進行了大規模的文明交流，改變了整個世界。領導伊斯蘭帝國的阿拉伯人、土耳其人時代，古印度文明傳播到伊斯蘭世界，之後古印度文明和伊斯蘭文明更遠播到地中海地區。

統一土耳其人帝國和中國的蒙古帝國時代，中國文明遠播到伊斯蘭世界和地中海地區，為日後的大航海時代埋下了種子。

隨著歐亞大陸的多數區域都被納入到歐亞大帝國的一部分，**昔日的帝國和農業社會的歷史一時之間都退居幕後**。農業帝國的文明被納入到大陸全球文明的一部分。

在這個時代，我們必須以整體的觀點去看待歐亞大陸的動態。因為以農耕社會為主的歷史觀點，就像典型的中國史那樣，大都把游牧民族的活躍歷史予以弱化或消去。

解讀歷史

歐亞規模的游牧帝國成為東西文明交流的平臺，也使歐亞各區的文明產生改變。

Key Point

11

歐亞大帝國的誕生

與伊斯蘭商人合作的阿拉伯游牧民族統一了地中海、西亞和中亞地區。西元七至十四世紀期間，出現了最早的歐亞大帝國和歐亞大商圈，之後主導者一度落到土耳其人之手。到了西元十三至十四世紀，則是由蒙古帝國統治大部分的歐亞大陸。

2 主導世界史的伊斯蘭帝國的大征服運動

伊斯蘭帝國為何備受關注

西元七世紀後半到西元八世紀前半，阿拉伯游牧民族的軍事活動和遷移運動（大征服運動），最終使世界史進入由阿拉伯游牧民族主導歐亞大陸的時代。

透過馬和單峰駱駝征戰天下的伊斯蘭帝國，統治了地中海、西亞、中亞地區的廣大的乾燥地帶，建立起空前的超級大帝國。

伊斯蘭勢力擊敗薩珊王朝，並從拜占庭帝國（東羅馬帝國）的手中奪取敘利亞和埃及，使世界史進入新時代。「大陸帝國」（波斯帝國）和「海洋帝國」（羅馬帝國）之間長達約六百年的戰爭也從此打下休止符。

世界史進入一個從西元七世紀中葉持續到西元十三世紀的「伊斯蘭秩序」（pax Islamica）時代。隨著伊斯蘭帝國的成立，象徵了歐亞大陸廣大乾燥地帶古代史的完結，也開啟了歐亞規模的「世界史的起始」。歷史因此有了伊斯蘭帝國「開啟世界史」的說法。

解讀歷史

除了伊斯蘭教團的成立，拜占庭帝國和薩珊王朝的瓦解也成就了繁盛的伊斯蘭帝國。

伊斯蘭教的誕生過程

時代的轉換開始於誰也無法預測的微小事件。這個定律至今依然不變。許多微不足道的小事累加起來，就會逐漸形成歷史的新趨勢。雖然其中也有許多新的行動往往在中途就戛然而止……。

西元七世紀，飽受「酷暑」和「乾渴」摧殘的不毛之地阿拉伯半島終於開啟了游牧民族爆發的時代。從地緣政治學的角度來看，位於波斯帝國和拜占庭帝國南部的阿拉伯半島，會出現向北侵略的行為是極為合情合理的（一四五頁圖）。

出生於阿拉伯半島的中心都市麥加的沙漠商人穆罕默德（約西元五七〇至六三二年），

是造成時代轉換的關鍵人物。穆罕默德出生的半年前，父親在外出做生意的途中病故，六歲時母親也逝去，他成為無依無靠的孤兒。這樣的人物在其晚年改變了世界史的脈絡。

【黑隕石造就的宗教都市——麥加】 穆罕默德活動的場所是麥加都市（一四五頁圖）。很久以前，直徑三十公分赤紅燃燒的巨大隕石墜落在麥加，因為這種神祕性，麥加被阿拉伯游牧民族視為是與天國有密切關連的聖地。麥加城內的克爾白聖殿供奉著黑色隕石（一般稱黑石），是阿拉伯半島首屈一指的宗教都市。約由兩百名成員組成的游牧部族，在克爾白聖殿供奉了約三百六十座神像，每逢祭禮期間人潮都絡繹不絕。

麥加在很長一段時間都只是阿拉伯半島西岸（漢志地區）的地方小城而已。不過，隨著西元六世紀末波斯帝國（薩珊王朝）和拜占庭帝國（東羅馬帝國）之間戰爭的白熱化，雙方的軍隊在彼此的首都君士坦丁堡和泰西封激烈交戰，商業路線也隨之延伸到阿拉伯半島西海岸的漢志地區，麥加因此發展成新興的商業都市，同時也成為連接敘利亞的大馬士革與阿拉伯半島南部葉門地區的中繼都市。

穆罕默德自從與富商（因與敘利亞交易致富）的遺孀海迪徹結婚後，他的人生從此脫離貧窮。

穆罕默德由於經常到先進的敘利亞做生意，也接觸到猶太教等一神教信仰，使他擁有嶄新的世界觀和人生觀。穆罕默德對經濟繁榮而產生巨大社會落差的麥加感到失望，他在四十歲以後開始不斷前往郊外的希拉山洞做冥想，他受到大天使加百列（阿拉伯語稱 Jibrīl）的啟示，得知自己是真神阿拉的先知（Charisma）。

在多神教信仰的中心麥加，穆罕默德不斷宣告最後的審判即將來臨的言論，並呼籲大家歸依唯一的真神阿拉（**伊斯蘭教**）。他自稱是在「最後的審判」來臨前的「最後的先知」，用阿拉伯語傳達神的意志。

不過，由於麥加是阿拉伯游牧民族的多神教信仰的中心，即使穆罕默德在十年期間努力布教，信徒也不超過一百人。因此，穆罕默德和他的信徒所受到的迫害也變本加厲，為了逃避迫害，他們移居（聖遷，西元六二二年）到亞斯利普（麥地那，「先知之城」之意）。穆罕默德聖遷的西元六二二年，也成為伊斯蘭曆的紀元元年。

【游牧民族的大佬穆罕默德】穆罕默德在麥地那組成一支武裝集團（烏瑪：伊斯蘭共同體），在當地眾多的游牧部族間建立起新秩序，穆罕默德還讓各部族族長都同意遵守《麥地那憲章》，他成為維護各游牧部族之間和平的「調停者」。

西元六三〇年，穆罕默德在麥地那急速拓展勢力，他組織了一萬人的游牧部族軍隊和平占領了麥加城，並毀掉克爾白聖殿裡供奉的約三百六十座部族神偶像，使阿拉伯半島的游牧民族都信奉唯一的真神阿拉。但是，兩年後的西元六三二年，穆罕默德猝逝並葬於麥地那。穆罕默德一生最大的貢獻，就是將分裂成眾多游牧部族的阿拉伯人統一於伊斯蘭教團，此舉為阿拉伯人日後的擴張奠定了重要的基礎。

改變世界史的伊斯蘭「大征服運動」

隨著穆罕默德的猝逝，教團幹部為了解決教團的紛亂和分裂，遂決定在幹部之間推舉出一位「**哈里發**」（神的使者，穆罕默德的繼承者），讓他擔任教團的最高指導者。穆罕默德生前所說的「真主的啟示」，也被集結編纂成由一一四章組成的《可蘭經》。伊斯蘭教信徒的生活都須遵照《可蘭經》的規定。

這是為了維護穆罕默德身為「最後的先知」所採取的權宜做法。但是所有的生活規範都必須遵守《可蘭經》規定的社會，到底還是逐漸失去穆罕默德時代的革新性。

伊斯蘭教團的第一任到第四任的哈里發，都是由其首腦幹部所聯合推舉出來的，此時代被稱為「正統哈里發時期」。在正統哈里發時期，主要的目的是安定在穆罕默德逝後游牧民族的離反心緒，以及用利權吸引外部的異教徒加入伊斯蘭教團。同時，伊斯蘭教團也開始進行「**大征服運動**」，征戰已經邁向衰微的拜占庭帝國和薩珊王朝（波斯帝國）。

■伊斯蘭帝國的擴張（七至十世紀）

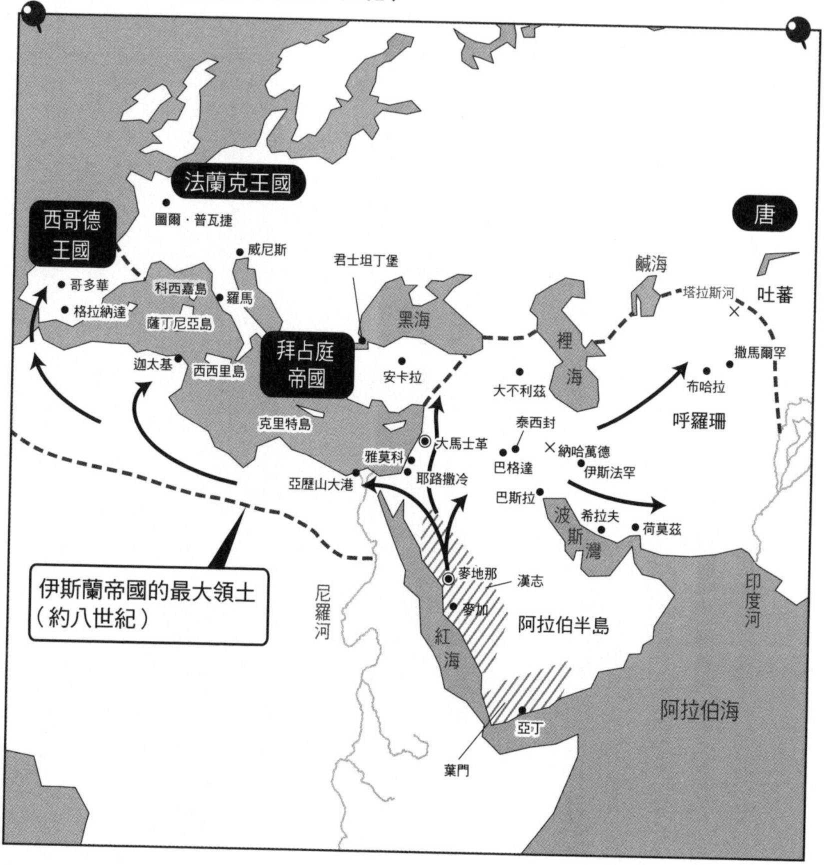

伊斯蘭教徒完全善用沙漠的地利，他們將對兩大帝國的征戰稱為「吉哈德」（聖戰）。

解讀歷史

《可蘭經》稱穆罕默德為最後的先知，因此伊斯蘭教徒的判斷基準和生活規範都遵從《可蘭經》。

【民族大遷移的大征服運動】 阿拉伯人的遠征由商人主導，使阿拉伯的游牧民族大舉遷離炎熱的阿拉伯半島。獲得哈里發首肯進行征戰的部族，建立軍事都市穆斯勒（Mișr）做為征戰據點，再向四周發動攻擊。戰利品的五分之一獻給哈里發，其餘則由遠征軍自行分配。在大征服運動的過程，士兵和其家族計有一百三十萬人從阿拉伯半島移居到北部的農耕地帶。

一開始伊斯蘭軍遠征的目標是和伊斯蘭商人有密切關係的敘利亞大馬士革（沙漠的商業中心都市）。他們在西元六三六年透過「雅莫科之戰」一役擊敗拜占庭帝國的二十萬大軍，將敘利亞納為己有。據說聽到敗戰消息的拜占庭皇帝不禁感嘆說：「再見了敘利亞，如此美好的錦繡河山，還是歸於敵人了！」

六年後的西元六四二年，拜占庭帝國也被奪去穀倉地帶的埃及。同年，走向衰微的薩珊王朝也在「奈哈萬德之役」戰敗，為伊斯蘭帝國所併吞。

解讀歷史

伊斯蘭軍透過大征服運動占領了自古以來仰賴駱駝的沙漠商業據點大馬士革。因為掌握了整個沙漠的商業網絡，伊斯蘭帝國奠定了重要的發展基礎。

Key Point

12

大征服運動後大商圈的產生

透過阿拉伯人的大征服運動，拜占庭帝國和波斯帝國（薩珊王朝）被統合為一，廣大的乾燥地帶歸納成為一個帝國、一個商圈。

伊斯蘭的擴張與西歐世界的誕生

伊斯蘭帝國的成立對周邊的地中海、西亞和中亞造成莫大的影響。拜占庭帝國雖然憑藉著從東方傳入的石油燃燒劑「希臘之火」辛苦地維持國家的獨立，最後仍然由伊斯蘭勢力掌管了地中海地區，西方的基督教世界也因此重整。

羅馬教會的勢力從地中海沿岸退出後，轉而與法蘭克王國合作，在阿爾卑斯以北的歐洲地區建立起新的勢力據點。伊斯蘭勢力瓦解了古代的地中海世界（第三章之三），這個歷史事件促成教宗和皇帝攜手建立了西歐世界。

【槲樹與歐洲】原本處於羅馬帝國邊境地區的西歐（現在的法國、德國周邊）是寒冷的森林遍布且未開發之地。廣大的原始森林裡，小麥的收穫量非常低，只有播種量的二、三倍而已。羅馬人也因此將這裡的原住民凱爾特人稱為「森林之民」。在西歐，森林被認為是諸神居住的神聖場所，諸神乃棲身於神聖的槲樹之上。槲樹是一種非常有趣的樹木，一直到新的葉子生長之前舊的葉子都不會掉落。因此，日本把槲樹視為一族繁榮的象徵，並習慣在兒童節食用以槲櫟葉包裹的柏餅。

西元四世紀以後，居住在波羅的海沿岸的日耳曼人不斷驅逐凱爾特人，他們移居到西歐各地建立了許多國家。其中，最有勢力的是「法蘭克王國」。

西元七世紀後半至八世紀，伊斯蘭教徒的大征服運動占領了西西里島、薩丁尼亞島和科西嘉島等地中海的主要島嶼，基督教徒被迫將據點遷徙到寒冷的阿爾卑斯以北。**伊斯蘭教徒**

的侵略迫使基督教勢力不斷撤退，現今西歐世界的雛形也因此形成。

羅馬教宗利奧三世（西元七九五至八一六年在位）為了從受到拜占庭皇帝保護的君士坦丁堡教會奪回主權，在西元八〇〇年協助法蘭克王國的查理曼大帝（西元七六八至八一四年在位）戴上了西羅馬帝國（亡於西元四七六年，一〇七頁）的帝冠，使羅馬教會擺脫了拜占庭皇帝的掌控。日耳曼民族的羅馬帝國因此誕生。

不過，當時法蘭克王國首都亞琛的人口只有三千人，與同時期巴格達擁有一百五十萬的人口相比，就像小鄉村的規模。因此，以羅馬帝國繼承者自居的拜占庭帝國皇帝，絕對不可能承認日耳曼人的皇帝。

解讀歷史

世界史已經開始運轉。伊斯蘭勢力征服地中海地區一事，影響了西歐世界的形成。以歐洲為中心的西洋史往往忽略此一事實。

【西歐社會誕生的背景】針對西歐世界的形成，比利時的歷史學家亨利．皮雷納（Henri Pirenne，西元一八六二至一九三五年）以世界史的觀點說了一句簡潔的名

言：「沒有穆罕默德就沒有查理曼大帝。」隨著伊斯蘭世界的大征服運動，地中海因此納入伊斯蘭人的勢力範圍，基督教世界的據點只好遷移到阿爾卑斯以北的寒冷地區。西元八世紀後半至十四世紀期間，雖有數個短暫的寒冷期來襲，基本上大都還是處於溫暖期，有利於西歐的據點往北方遷移。

查理曼大帝命令領土內所有的人民都改信基督教，為基督教世界的拓展傾盡了全力。不過，日耳曼世界採取遺產分割繼承的制度，根據西元八四三年的「凡爾登條約」和西元八七〇年的「梅爾森條約」，法蘭克王國分裂成現在的法國（西法蘭克）、德國（東法蘭克）和義大利（中法蘭克，洛泰爾）。

東法蘭克的國王鄂圖一世（西元九三六至九七三年在位）在西元九六二年接受教宗的加冕成為**「神聖羅馬帝國」**（西元九六二至一八〇六年）的皇帝。神聖羅馬帝國一直延續到西元一八〇六年，最後亡於拿破崙之手。

由於諾曼人（維京人）、亞裔游牧民族馬札爾人和伊斯蘭教徒的入侵，以及各地領主的對立，西歐世界持續陷入混亂。**西歐的領主們必須彼此締結私下的從屬關係才能夠守住領土，因此逐漸發展出國王、諸侯、騎士的封建制度。**

解讀歷史

「神聖羅馬帝國」（重建後的羅馬帝國）繼承了羅馬帝國的權威，一直到西元十九世紀初為止，都扮演著維持歐洲秩序的角色。

【「敘任權鬥爭」備受重視的理由】西元十一至十二世紀期間，歐洲繼承了羅馬帝國權威的「教宗」和「皇帝」為了歐洲世界的主導權而爭奪不休。教宗希望透過掌控聖職敘任權控制教會組織，並利用教士的階層制度將權力掌握在手中。雖然當時的領主視領土內的教會為私有物，但是教宗手握教士的人事權，其權力的觸角遍及了全歐洲。西元一〇七七年，神聖羅馬皇帝亨利四世（西元一〇五六至一一〇六年）被教宗格里高利七世（西元一〇七三至一〇八五年）逐出教會後，被迫在北義大利的卡諾莎城外冒雪祈求格里高利七世的原諒，史稱「卡諾莎之辱」。這段期間教宗的權勢凌駕於皇帝之上。

3 歐亞大陸產生大規模的商圈

什麼是兩大派系「遜尼派」和「什葉派」？

穆罕默德曾經訂下在真神阿拉之前人人平等的原則，不過阿拉伯人在經歷了大征服運動後，逐漸衍生出階級落差和部族對立的問題，阿拉伯人與被征服的民族之間也彼此對立，使穆罕默德所訂下的原則產生動搖，「遜尼派」與「什葉派」之間的對立也更加白熱化。

【遜尼派和什葉派】遜尼派（遜尼為「慣例」之意）認同歷代的哈里發是穆罕默德的正統繼任人，他們擁護阿拉伯人的特權地位和有勢部族的利權。什葉派（意謂支持阿里的「派別」）則重視伊斯蘭教於創設時期所設立的人人平等原則，他們只承認阿里（穆罕默德的堂弟及女婿）和其子孫才是穆罕默德正統的繼承者，他們期待回歸穆罕默德的時代。兩派勢力之間經常發生武力衝突，走妥協路線的阿里最後被過激派暗殺，由遜尼派的敘利亞總督穆阿維葉取得權勢。伊斯蘭教眾為了哈里發的

「地位爭執不斷，最終由遜尼派得勢並開啟了與東地中海和沙漠商業密切合作的「伍麥亞朝」（西元六六一至七五〇年）。」

正統哈里發時期（一四四頁）以後，遜尼派以敘利亞的大馬士革為首都開啟了伍麥亞朝。伍麥亞朝對被征服的人民課以苛刻的人頭稅和地租，卻對居住於都市的阿拉伯人支付高額的年金。伍麥亞朝為了安撫都市區民眾的不滿，再度發動了有利可圖的大征服運動。以東的印度西北部、以西的非洲北岸，以及伊比利半島都相繼納入版圖，伍麥亞朝因此成為疆域更大的大帝國。

帝國的據點由敘利亞（大馬士革）遷移到伊拉克（巴格達）的理由

先祖為穆罕默德叔父的阿拔斯家族，在激進的什葉派和非阿拉伯裔改宗者的支持之下推翻了伍麥亞朝，創立了**「阿拔斯王朝」**。

阿拔斯王朝（西元七五〇至一二五八年）後來壓制激進的什葉派轉而與多數派的遜尼派合作，並倚仗駐守呼羅珊地區的三萬波斯人軍隊維持政權。**透過這次阿拔斯革命，視阿拉伯人為特權階級的伍麥亞朝被推翻，阿拉伯人和波斯人攜手合作建立起平等對待所有伊斯蘭教徒的伊斯蘭帝國。**

伊斯蘭帝國為了建立和波斯人共同治理的體制，才將帝國的據點從敘利亞移轉到伊拉克。這個據點轉移的決定卻意外帶來莫大的經濟效益。從伊朗高原經由阿富汗到中亞的陸上交易圈（絲路、草原絲路）、與波斯灣連結的印度洋交易圈，兩者因此得以和地中海、西亞的傳統商圈連結起來（一七九頁圖），**形成了巨大的歐亞規模的伊斯蘭商圈**。

阿拔斯王朝的第二任哈里發曼蘇爾極為重視和伊朗人的合作關係，因此在底格里斯河西岸打造了新的首都巴格達。阿拔斯王朝期間，歐亞各地的文明頻繁交流，中國的製紙法、阿拉伯數字、代數學、醫學、煉金術和複式簿記的西傳，都對歐洲帶來莫大的影響。

解讀歷史

由於首都由敘利亞的大馬士革（東地中海和沙漠的交易中心）遷移到東部的巴格達，舊有的商圈因此和絲路、草原絲路、海上絲路連接起來，一舉建立起歐亞的大商圈。

【香水和蒸餾酒】伊斯蘭文明非常熱衷於研究以人工製出金和銀的煉金術，過程中偶然開發出萃取花香成分的蒸餾法和製酒的技術。據說伊斯蘭的蒸餾器可以製出香水、西洋酒的威士忌和白蘭地，以及東洋的燒酎。

【工業革命以前的最大都市巴格達】新都巴格達是由人造的三重城牆圍繞的圓形要塞，要塞裡建有清真寺、哈里發的宮殿和軍隊的宿營地。巴格達作為經濟中心，其要塞的四個門分別設置有呼羅珊大道、巴斯拉大道、庫費大道和敘利亞大道之四條幹線道路，用以連結地中海、阿拉伯半島、中西亞和印度洋各地。因此，要塞的周圍吸引許多民眾聚居，巴格達城的周圍建有「三萬座清真寺和一萬座公共浴場」，人口多達一百五十萬，發展成「工業革命以前最大的都市」，也成為歐亞大陸經濟的中心。不過，之後隨著蒙古人的入侵，巴格達也被摧毀殆盡。

《一千零一夜》曾經提及有名的**阿拔斯王朝鼎盛期，也就是第五任哈里發哈倫．拉希德（西元七八六至八〇九年）在任的時期，巴格達為歐亞大陸經濟中心的地位屹立不搖。**《一千零一夜》不只描述巴格達城中有各種職業的民眾混雜而居的情景，還盛讚哈倫．拉希德的榮光從中亞的山丘照耀到北歐的深林，威名遠播北非馬格里布、伊比利半島安達魯斯、中國直至韃靼游牧世界的邊境。

解讀歷史

一個都市的規模往往與它所附屬的商業圈大小成比例。巴格達之所以能夠成為工業革命以前最大的都市，正因為它是歐亞規模大商業圈的中心。

連結波斯灣、印度和中國南部

西元八世紀後半，自從遷都到波斯灣內側的巴格達以後，印度洋的航線就此開通，其商圈範圍甚至超越羅馬帝國時代的地中海。

印度洋的航線善用季風（四一頁圖）之優勢，連結了東非沿岸的斯瓦希里地區、馬爾地夫諸島及印度半島，甚至進一步往東延伸到孟加拉灣、南海和東海，形成廣大的伊斯蘭商圈。

歐亞大陸南緣的海域扮演了連結東西的重要角色。

伊斯蘭商人駕駛阿拉伯帆船開啟了「大航海時代」，約日本海的七十五・五倍大的浩瀚印度洋因此**納入伊斯蘭的勢力範圍**。地中海、亞洲和東非的整片廣大海域從此進入密切合作的時代。阿拉伯帆船的往來使交易活絡化，印度的米、棉花、紅甘蔗和檸檬等農作物也因此傳播到地中海。

此外，由於進口唐朝（西元六一八至九〇七年）的絹、陶瓷器等獲利甚豐，伊斯蘭商人們無不懷抱中國夢，於是設置了往返須兩年的固定航海線。此航海線起點為波斯灣的巴斯拉、撒那威等海港，終點為中國的廣州。中國的直航路線也因此開啟。

解讀歷史

唐朝國勢轉衰的西元七世紀後半，相當於伊斯蘭帝國形成的時期。西元七五一年「怛羅斯戰役」爆發，阿拔斯王朝大敗唐朝後，絲路一度收攏在伊斯蘭帝國的手中，加上伊斯蘭商人在波斯灣和廣州灣之間建立起固定的航海線，東西的文明和商品因此產生大規模的交流。東亞一向都是透過南海打開海上商圈的大門。（審訂注：「怛羅斯戰役」造成中國造紙術西傳。）

【黃金的倭國】 阿拔斯帝國的官員伊本．胡爾達茲比赫透過往返唐朝的商人得知倭國（日本）的存在，他記述「東方有一個叫做 wakuwaku（源於倭國的中文發音）的地方。這個地方由於黃金產量非常豐富，居民給狗繫上的鎖鏈和猴子的項圈都是用黃金做的，甚至還販賣用黃金絲線織成的衣服。此外，wakuwaku 還出產優質的黑檀。」這種說法應該是源於長安民眾口耳相傳日本的遣唐使出使長安時，大量攜帶陸奧產的砂金作為旅費的事，倭國因此被稱為「黃金之國」。蒙古帝國時代所出現的 Zipangu（「日本」）傳說，就是以此 wakuwaku 傳說為基礎。

4 奪取伊斯蘭帝國的土耳其人

土耳其人主宰伊斯蘭世界

阿拔斯王朝遭逢社會差異加劇與什葉派的叛亂時，中亞的土耳其人乘勢加速了侵略伊斯蘭世界的腳步，終於在西元十一世紀成功攻下阿拔斯王朝，**從此開啟了中亞游牧民族領導世界史的時代。**

【透過人口買賣集結傭兵】習慣於安逸都市生活的阿拉伯人，已經失去當年以武力建立大帝國的氣勢和實力，終於敗給土耳其游牧民族。在任何時代，不討喜的工作都得付錢才有人肯做。中亞的絲路商人透過人口買賣從大草原召集許多樸實勇敢的土耳其青年充當馬木路克（奴隸兵），這些奴隸兵為阿拔斯王朝的統治階層服務。在伊斯蘭帝國，擁有強大實力的土耳其青年是炙手可熱的商品。不過，隨著眾多的土耳其人進入阿拔斯王朝，也為阿拔斯王朝帶來不可預知的改變。

西元九四六年，什葉派的勢力從裡海南岸的山岳地帶往外擴張，在伊朗建立了布韋希王朝（西元九三二至一〇六二年），並在西元九四六年占領了巴格達。布韋希王朝雖然一開始勢單力薄，之後卻將哈里發當作傀儡掌控在手中，各地的武裝勢力因此群起相爭，阿拔斯王朝宛如進入戰國時代。

土耳其裔的塞爾柱族作為遜尼派的擁護者進入阿拔斯王朝，並於西元一〇五五年進攻巴格達滅掉布韋希王朝，伊斯蘭帝國也因此變成土耳其人的帝國，從此開啟了由中亞大草原的游牧民族主導世界史的時代。

圖赫里勒．貝格（西元一〇三八至一〇六三年）建立了塞爾柱王朝（西元一〇三八至一一九四年），哈里發賦予他**「蘇丹」**（阿拉伯語是「權力」的意思，等同王朝的支配者）的稱號，使他成為王朝的掌權者。宗教方面的領袖則依然由阿拉伯人的哈里發擔任。塞爾柱王朝賦予土耳其人徵稅權，阿拔斯王朝已名存實亡，伊斯蘭帝國已經變成土耳其人的天下。

解讀歷史

土耳其人成為伊斯蘭世界的新霸主後，橫跨東西八千公里的歐亞大草原成為主導世界史變化的舞臺，歐亞大陸的一體化正在加速進行。

新崛起的土耳其人不只奪取伊斯蘭帝國，其勢力更遍及周邊的東地中海、阿富汗乃至於印度北部。西元十三世紀初，馬木路克（奴隸兵）在印度北部以德里為首都建立了伊斯蘭王朝（奴隸王朝）。土耳其人在印度北部的統治勢力，也由之後的蒙兀兒帝國（一八八頁）繼續接管。

東地中海的拜占庭帝國由於土耳其人的入侵而陷入危機，基督教徒因此團結起來組成「十字軍」（一六〇頁）對抗土耳其人。土耳其人乘勢將伊斯蘭勢力擴張到印度北部和拜占庭帝國領土。

「十字軍東征」使歐洲開始飛躍發展

西元十至十一世紀期間，什葉派在東地中海的埃及建立了法提瑪王朝（西元九〇九至一一七一年），使伊斯蘭的勢力走向分裂，義大利各都市開始藉機從伊斯蘭教徒手中奪回地中海的島嶼。

同時期，土耳其人對拜占庭帝國的小亞細亞領地進行聖戰，從內陸開始蠶食拜占庭帝國的領土。

土耳其人利用耐寒適合行走山路的中亞雙峰駱駝進攻小亞細亞，使拜占庭帝國面臨存亡的危機。

由於拜占庭皇帝無力抵抗土耳其人的侵略，他只好轉而向西歐的基督教世界求援。羅馬教宗烏爾班二世（西元一〇八八至一〇九九在位）是一位有野心的教宗，他為了鞏固自己在基督教世界的主導地位，以奪回聖地耶路撒冷為目的答應要支援拜占庭皇帝，他派遣了**「十字軍」**（西元一〇九六至一二九一年）對伊斯蘭教徒進行聖戰。

【武裝朝聖的十字軍】十字軍配有十字標幟，雖然名義上是東征，但是這群武裝民眾的主要目的卻不是拯救拜占庭帝國，他們希望前往聖地朝聖，並透過體驗耶穌背負十字架的受難經過洗滌自己的罪。十字軍是重裝騎兵主單騎作戰，伊斯蘭軍卻是派遣輕裝備的騎兵進行團體作戰。

西元一〇九五年，自從「克萊芒會議」決議支援拜占庭帝國後，西元一〇九六年開始直到西元一二九一年阿卡被攻占為止，基督教曾經數次派遣遠征軍前往敘利亞、巴勒斯坦和埃及進行軍事遠征，這就是十字軍東征。

第一次十字軍東征時，十字軍趁著伊斯蘭世界陷入分裂和混亂，以及塞爾柱王朝和法提瑪王朝對峙的時機，一度成功占領了耶路撒冷。不過，第二次以後的十字軍東征，由於伊斯蘭軍恢復團結，十字軍都沒有再成功收復耶路撒冷。

不過，**由於十字軍遠征到文明繁榮的伊斯蘭世界，使伊斯蘭世界的先進文明得以傳播到西歐世界**，史稱「十二世紀文藝復興」。也就是說，透過十字軍東征的東西文化交流，使歐洲文明開始有了飛躍的發展。

解讀歷史

透過十字軍東征，歐洲文明才得以吸收學習當時先進的伊斯蘭文明，也因此開啟了歐洲的國際化。

西歐在西元十一世紀終於成為典型的農業社會

十字軍東征期間，西歐社會隨著重犁的普及使用，發生了「**農業革命**」。馬和牛拖曳重犁耕田，使耕田的面積擴大，西歐因此轉變成典型的農村社會。位於高緯度的寒冷歐洲，終於得以加入世界史的一員。

「**【西歐的中世紀農業革命】**農業革命後所產生的變化，可以概括成五點。①以鐵製的有輪重犁（薩克森輪犁）取代木製的無輪犁，西歐黏土質的農田從此可以進行深」

耕。②改良了牛馬的繫駕法，使牛馬可以拖曳鐵製的重犁進行農耕的工作。③普遍運用水車和風車研磨穀物製粉。④實施三圃制，田分三區，每一塊土地在連續耕種兩年之後，可以休耕一年。⑤從散村變成集村的型態。

農業革命的結果，使小麥的收穫量較以往增加了一倍之多。西歐到了西元十一世紀，終於成為可以收取年貢的典型農耕社會。糧食的增產使歐洲的人口大幅成長，原始林也被大規模開墾成農田。**這段開墾森林為良田的時代，就叫做「大開墾時代」**。

透過大量開墾，黑暗的森林逐漸減少，人民活動的範圍更加擴大，十一世紀以後，氣候的暖化也加速了開墾的工作。西元一千年左右，歐洲的人口仍不足三千六百萬人，到了西元一千三百年左右，根據推測，其人口大增至約有八千萬人之多。

解讀歷史

位處高緯度寒冷地帶的歐洲，一直到西元十一世紀以後才轉變成如今的農業社會。因此，以往的「西洋史」一貫將歐洲視為世界史的中心是不合理的。

Key Point

13 在十一世紀完成革新的西歐

透過中世紀的「農業革命」和對抗土耳其人入侵地中海的「十字軍東征」，西歐完成了經濟和文明的革新。

【中世紀都市的成長】 西元十一世紀中葉的中歐（相當於現在的德國），約有四十個主教城、二十個修道院都市和六十個王領都市，總計一百二十個都市。農業生產力的提升促使商業經濟成長，即使西歐的都市發展還未臻成熟，從十一世紀左右開始也陸續出現了許多農村市場小鎮和中小型都市。不過，當時的「道路」（街道平均寬三・六米，穿越阿爾卑斯的道路是二・七米，山路是一・五米）並沒有鋪設，每逢下雨或融雪，道路就會泥濘不堪。因此，商人主要都是透過河川來運送商品。

大開墾時代以後，森林逐漸減少，主教城等都市時興耗費很長的時間用石頭建造教會。西元十三世紀，各地出現許多由巨石層層向上堆積，格局挑高、巨大、陰暗，鑲有花窗玻璃的哥德式教會。歐洲的信仰聖地於是從深遠的森林，轉移到這些建立在都市裡的教會。

5 烈風呼嘯的蒙古高原，出現統一歐亞大陸的動向

非凡的領導者成吉思汗登場

土耳其人奪得伊斯蘭帝國（一五八頁）後，到了西元十三世紀就陷入爭權和財產繼承的內亂，國勢因此走向衰微。

另一方面，生活在和阿拉伯半島不相上下的嚴酷自然環境，冬季乾燥嚴寒、烈風呼嘯的蒙古高原的游牧民族，出現了統一歐亞大陸的新動向。蒙古人（匈奴）為了脫離嚴苛的自然環境，發動了一連串的征戰活動，使中國大為忌憚並加緊修建萬里長城。蒙古人的勢力從此急速崛起。

蒙古人受到伊斯蘭商人和土耳其人的刺激，也興起入侵歐亞大陸的野心，最後**征服了中亞大草原，以及伊斯蘭世界和東亞世界的兩大農耕地帶，建立了空前絕後的大帝國**。

蒙古出現了一位富有經驗、視野遠闊又極具領袖魅力的重要人物鐵木真，他領導蒙古人

征戰廣大的乾燥地帶。領導者的決斷力和魄力有時往往能夠主導整個歷史的動向。領導者的作為如果剛好能夠配合整個社會的趨勢，經常會產生不可預知的效果。

金國的女真人（滿人）統治蒙古高原，採取煽動蒙古部族互相對立的政策，意在削弱蒙古人的勢力。

西元一二〇六年，年幼的鐵木真由於父親被毒殺，使他度過苦難非常的成長過程，他歷經數個鬥爭最終獲勝，四十歲之後在忽里勒臺大會（族長的「集會」）受推舉成為可汗（王）。

他從此改稱成吉思汗（西元一二〇六至一二二七年在位），蒙古人終於又再度統合為一。成吉思汗由於經歷了苦難的成長過程，使他成為一位洞明練達的非凡領導者，並在世界史占有一席之地。

【神的化身成吉思汗】蒙古人把神稱為「長生天」（蒼天），意謂光明之神的成吉思汗，也被部族的巫師賦予「長生天」之名。巫師傳達神的旨意，預言成吉思汗是由天神派來成為世界霸主的偉大人物。作為神選者的成吉思汗，也因此將絕對的統治權掌握在手中。

成吉思汗透過不斷的爭戰統一了蒙古部族。他瓦解了傳統的部族社會，模仿金國的軍事制度以十進法重新整編部落，也就是「千戶制」。軍團的核心千戶長都是由成吉思汗的心腹手下當中挑選出來的，這些心腹是成吉思汗狩獵時隨伺在側的近衛軍怯薛（意思是恩寵）。

透過千戶制，成吉思汗得以充分掌控龐大的十萬騎馬軍團。蒙古高原素來飽受乾燥嚴寒和烈風的侵襲，於是成吉思汗強烈地意識到自己肩負帶領蒙古高原的族人過更好生活的使命。一一七〇至一二六〇年代期間，蒙古高原尤其飽受全球寒冷化的低溫摧殘。成吉思汗透過管理絲路、草原絲路的商業活動向商人徵稅，才得以脫離經濟的困境。

解讀歷史

蒙古帝國在軍事上採取千戶制管理龐大的騎馬軍團，同時也結合了伊斯蘭商人豐富的地理和經濟知識，又掌握了土耳其帝國和中國國勢衰微的大好時機，才得以成就前所未有的大帝國。

【「訛答刺事件」是蒙古帝國西征的導火線】西元一二一八年，成吉思汗為了和新興國家花剌子模王國（由掌控西亞的土耳其人建立，西元一〇七七至一二二一年）通商，他派遣由四百五十個伊斯蘭人組成的通商使節團前往通商。不過，使節團才進入一個叫做訛答剌的綠洲都市，當地的總督卻汙衊使節團為間諜，不僅殺害他們還把財貨劫掠一空。這個事件讓成吉思汗身為領導者的威嚴受到嚴重的挑戰。身為

「政治的領導者，尤其對具有崇高形象的領導者而言，「面子」（威嚴）是很重要的。領導者的威嚴被踐踏時就要趕緊捍衛威嚴，這是古今皆同的道理。」

西元一二一八年，由於發生了「訛答剌事件」，成吉思汗放棄了與花剌子模維持和平共存的政策，改為對花剌子模進行軍事征戰。

花剌子模為了這個事件付出了慘痛的代價，成吉思汗的軍隊不久就踏平花剌子模，讓成吉思汗丟面子的總督也被抓，並處以從雙眼灌入水銀的極刑。

蒙古軍滅掉了花剌子模，為往後建立的超級大帝國打下重要的基礎。不過，成吉思汗的人生卻在滅掉花剌子模和東突厥斯坦（舊稱「西域」）的西夏（西元一〇三八至一二二七年）後戛然而止。這一位超級帝國的創始者，沒有親眼看到之後幾乎統一了整個歐亞大陸的壯大帝國就溘然長逝。即使是資本主義的現代社會，未見到一手創立的企業走向巔峰就身先死的企業創業者也不在少數。歷史的評論後世自有公斷，關鍵在於能否創造出時代的趨勢。

中國的「宋朝」陷入危機的時代背景

蒙古帝國之所以可以成為史上最大的帝國，在於它統一並整併了中華帝國和伊斯蘭帝國

（由土耳其人統治）。

有些歷史觀點認為，蒙古帝國的成立開啟了世界史，不過**歐亞大帝國的形成最早是從伊斯蘭帝國開始，最後才透過蒙古帝國統一了歐亞大陸的大部分領土。因此，世界史的起點應該可以追溯到伊斯蘭帝國**。歷經漫長的過程，歐亞大帝國的主人先後換成阿拉伯人、土耳其人和蒙古人。

成吉思汗崛起的時期，正值西亞的土耳其人由於內部爭權導致國勢轉衰的時期，也是東亞的中國飽受游牧勢力的侵擾導致國力動搖的時期。

蒙古帝國所以成為超級帝國的理由，在於它擁有非常良好的地緣條件，才可以一度成功地併吞了中國。當然也剛好遇到當時中國的宋朝正處於國勢衰微的時期。

宋朝（西元九六〇至一二七九年）雖然結束了紛擾不休七十年的五代十國，但是卻有遼國（蒙古裔的契丹人，西元九一六至一一二五年）和東北部的金國（女真人，西元一一一五至一二三四年）在旁虎視眈眈，北方的領土也被逐步奪走。宋朝最後不得已只好遷都到南方的長江流域，史稱南宋。

北宋時代（西元九六〇至一一二七年）是一個看似經濟絢爛發展的時代。從越南南部傳來的耐旱、熟成期短、收穫量大的占城（占婆國）稻提供了充沛的糧食，使北宋的人口急速增加。西元一千年左右，人口尚只有六千萬人，西元一千一百年時，人口急速增加到一億人，到了西元一千兩百年則增加到一億五千萬人之多。

唐朝之前的首都普遍設立在西部的內陸區，不過，由於日漸仰賴江南稻米，北宋決定把首都遷移到大運河地帶。宋朝把首都設置在位於大運河和黃河接點的汴京（開封）。汴京連結四條運河，大量的糧食和燃料煤等物資從各地匯集到開封，使開封成為繁榮的商業都市。

【世界最早的紙幣】隨著經濟規模的急速發展，逐漸出現銅供不應求的問題，內陸區的四川只好開始使用鐵幣。由於鐵幣很沉重不便攜帶，於是金融業者開始保管鐵幣，並發行作為兌換券的「交子」。由於政府也同意「交子」的發行，「交子」就成為世界上最早的紙幣。

宋朝經濟的繁榮使社會變得偏安軟弱。由於社會的重心轉移到稻米地帶，駐守國境的人手就顯得空虛。節度使出身的趙匡胤（太祖，西元九六〇至九七六年在位）建立「**宋朝**」後，為了壓制唐末以來割據地方的節度使，在首都汴京設置了精銳軍隊（禁軍）作為皇帝的親軍。

汴京有超過十萬名禁軍駐守，其人口的十分之一都是軍人，士兵和士兵的家族加起來甚至超過首都總人口的半數。不過，宋朝雖在首都布置重兵戒備，邊境的守備卻相對薄弱。在內戰中勝出的趙匡胤，只重視「內部」的守備而已。

【內守優先疏於攘外的宋朝】宋朝為了壓制地方節度使的勢力，將精銳的軍隊都集中到首都，不過，當時正處於游牧民族崛起的時代，宋朝的軍事政策卻與時代趨勢背道而馳。游牧民族中的契丹人在蒙古高原建立了遼國（西元九一六至一一二五年），並在五代十國時期取得位於長城南側北京大同一帶的「燕雲十六州」。因此，游牧民族的軍隊常年駐軍於萬里長城以南（萬里長城內側）。宋朝在西元一〇〇四年以後，每年都須給遼國二十萬匹的絹和十萬兩銀子，才可以換取和平。也就是說，宋朝採取內守優先，用金錢買取邊境和平的政策。（審訂注：是為「澶淵之盟」。）

宋朝的第二任皇帝太宗（西元九七六至九九七年在位），有鑑於唐末以來貴族階層的沒落，遂大開科舉制度。他賦予編修儒學典籍的文官極大的權勢，並委任他們負責國家的行政工作（文治主義）。不過，這些成為皇帝重臣的特權官僚（士大夫）卻逐漸把持政治，形成賄賂乃稀鬆平常的不良風氣。天子和其特權階層與人民之間的隔閡因此逐漸擴大。

解讀歷史

歷代任用人才往往透過外戚、宦官、家世和裙帶關係，科舉制度實施以後，人才的任用得以透過公正的考試進行甄選，可以說是一種進步。不過，儒學治國使官僚特權被合理化，賄賂的風氣因此盛行了很長一段時間。

【無法打破官僚特權的王安石】軍事費大增、對遼國進貢的負擔、行政費用的增加等，使宋朝的財政捉襟見肘。第六任皇帝神宗（西元一〇六七至一〇八五年）任用王安石（西元一〇二一至一〇八六年）擔任宰相。王安石實施提供小農民低利融資的青苗法，及支援中小商人的市易法等新法，意在減輕庶民的負擔。不過，新法的推行卻屢遭特權階級的保守官僚（舊黨）百般阻饒，最後以失敗告終。無論在任何朝代，統治階層短視近利和只求私利不顧大局的做法，最終都會使國家走向滅亡。

丟失了中華民族的驕傲

西元一一二五年，宋朝在金國（由脫遼自立的滿州女真人建立）的協助下滅掉遼國，可惜不久就發生了「靖康之變」（西元一一二六至一一二七年），金軍將宋朝皇帝乃至大部分皇族都擄到北方，宋朝因此滅亡。包含開封在內的淮河以北的土地，盡歸金國所有。逃到南方江南地區的第九位皇子高宗創立了「南宋」（西元一一二七至一二七九年），首都設於臨安（杭州）。南宋根據西元一一四二年的合約，承認淮河以北的領土歸金國所有，並**對金國稱臣**（一七九頁圖）。（審訂注：是為「紹興和議」。）

「【「愛國者」和「賣國奴」】在「民族」危急存亡之際，岳飛將軍不顧宋朝的軍事」

實力，主張與金國拚死一戰。宰相秦檜則站在現實的角度，考慮到如果硬打沒有勝算的仗可能導致滅國，而主張和金國締結和約。由於民族主義往往偏愛為國勇往直前的人物，因此，岳飛被認為是民族英雄，最終救了南宋的秦檜（審訂注：此觀點尚有可議之處。）則被斥為「賣國奴」。南宋的首都臨安，其西湖之美遠近馳名，西湖畔的廟堂裡供奉了巨大的岳飛像，在不起眼的角落則放置了跪在地上且枷鎖加身的秦檜，這完全是彰顯民族主義的象徵。歷史的評價往往帶有強烈的政治色彩。

南宋與金國簽訂了屈辱的合約後，才得以艱難倖存，但是由於不得不向金國稱臣，中國民族的尊嚴已經蕩然無存。中國與北方游牧民族的關係從此產生大逆轉，農耕民族完全轉變為被統治的局勢。由於淮河以北的廣大小麥地帶完全歸於金國所有，超過一百萬的難民被迫逃到江南，中國的經濟中心也因此完全轉移到江南的稻米地帶。經過此一危機，中國完全轉變為稻米帝國。

南宋時期，沿海地區開始發展海外貿易，並建造可以航行外海的大型「戎克船」，東南亞和印度周邊海域的商業因此繁盛起來。南宋的商人遠航至南印度，和伊斯蘭商人的商業圈合作共享利益，因此帶動了亞洲的大航海時代。

瓷器逐漸取代絹成為中國的代表出口商品，並和銅錢一起輸出海外。銅錢因此成為東亞日本和東南亞地區的流通貨幣。南宋國家收入的兩成，就是來自於對外貿易。

西元一二三四年，蒙古帝國滅掉金國，並在西元一二七九年以壓倒性的軍事力征服了南宋，完全併吞了中國。蒙古的超級大帝國從此誕生。

解讀歷史

中國以往對游牧民族都嚴陣以待，不過，隨著南宋將重心轉移到江南的稻米地帶，對邊疆游牧民族的軍事陣線也因此瓦解，這也是北方的游牧民族得以征服中華帝國的原因。（審訂注：宋對北方採「以夷制夷」策略，卻導致先後遭金國、蒙古的侵略。）

Key Point 14

中國的衰微導致世界帝國的出現

中國在宋朝將重心移轉到江南後，經濟得以急速發展。隨著宋朝採取文治主義，才使北方的游牧民族有了可乘之機。蒙古帝國整併了伊斯蘭帝國和中國，創造了前所未有的超級大帝國。

離不開大草原的蒙古人

身披輕皮鎧、手持弓劍、擅長騎兵團體戰的勇猛蒙古人，震撼了整個歐亞世界。隨著不斷征戰，蒙古帝國的統治領域也急速擴大。其中，最重要的據點就是以蒙古高原為中心的中亞大草原。

蒙古的二十萬騎兵和六十萬匹戰馬是蒙古帝國驍勇戰力的來源。不過，由於中國和伊斯蘭帝國都沒有足以飼養這麼多馬匹的牧場，最後這些馬匹只能繼續飼養在蒙古高原。因此，**蒙古高原有一段時間成為連結中國、伊斯蘭世界、俄羅斯和歐洲的重要據點，對世界史具有舉足輕重的地位。**

第二任可汗窩闊臺（西元一二二九至一二四一年在位）在蒙古高原的哈拉和林設置首都，並派遣拔都（西元一二〇七至一二五五年）征服了俄羅斯的基輔公國（西元九至十三世紀）。之後，拔都侵略波蘭，並在「列格尼卡戰役」（西元一二四一年）擊敗了波德聯軍。窩闊臺也在西元一二三四年征服了統領中國北部疆域的金國。

「**【巴格達的殞滅與時代的轉換】**第四任可汗蒙哥（西元一二五一至一二五九在位）時期，其弟旭烈兀帶領十萬蒙古軍，滅掉當時統治西亞廣大農耕地帶的阿拔斯王」

朝，將哈里發和他的三個孩子裝入皮袋，讓他們被馬蹄踐踏致死，並將巴格達城掠奪一空破壞殆盡。阿拉伯的歷史學家記述，有八十萬人死於這段巴格達殞滅的過程。旭烈兀本身也在寄給法國路易九世的書信中，提及自己殺害了二十萬人民一事。此段由伊斯蘭時代移轉到蒙古時代的過程，付出了龐大的血腥代價。

從伊斯蘭時代轉移到蒙古時代

蒙古人的騎兵軍團結束了伊斯蘭帝國統治歐亞大陸的時代（「伊斯蘭秩序」時代），進入**「蒙古和平」（Pax Mongolica）**時代。

第五位可汗忽必烈（西元一二七一至一二九四年在位）在西元一二七九年滅掉南宋，在中國建立了**「元朝」**（西元一二七一至一三六八年），整個中華世界因此成為蒙古帝國版圖的一部分。

忽必烈在蒙古高原進入中國的入口處建立帝都大都（土耳其語意謂可汗之城，現在的北京），並**在色目人（主要是伊斯蘭教的商人）的協助下，對漢人（原金國領地的居民）和南人（原南宋領地的居民）進行高壓統治**。

不過，維持游牧型態經濟不裕的三個草原汗國（窩闊臺汗國、察合臺汗國和欽察汗國）

卻聯合起來反對忽必烈可汗的即位，導致為期約四十年的「海都之亂」（西元一二六六至一三〇一年）。「海都之亂」係由於帝國內部的農耕地帶與游牧地帶之間的落差所引起的內亂紛爭，為蒙古帝國埋下覆滅的種子。

解讀歷史

隨著巨大的商業都市巴格達的殞滅，其商業網絡也進行重組，「伊斯蘭秩序」時代因此轉變為「蒙古和平」時代。當時的世界以和現代不同的方式，發生了世界經濟型態（全球主義）的大轉變。

海陸聯動發展的蒙古經濟

蒙古帝國掌控了連結「草原絲路」和「海上絲路」的**歐亞大陸圓環網絡**，為了維持並擴大這個廣大的經濟圈，從事商人、駝夫、工匠和翻譯工作的人員備受禮遇。

蒙古人在歐亞廣大的沙漠和草原等地區建立完備的驛傳制，為商人提供馬、驢、駱駝、食糧和飲水等物資。此外，蒙古政府還發行金、銀、木製的通行證「牌子」，攜有牌子的人在帝國各處都可以方便住宿。

【使銀在歐亞通行的忽必烈】 忽必烈建立元朝後，不只發行紙幣「交鈔」回收白銀，在占國庫收入八成的鹽專賣事業也實施以銀為媒介的鹽引制度，要求商人必須先以白銀購買「鹽引」（票據），才能向政府購買鹽來販售。忽必烈把收集得來的龐大白銀賞賜給部下或蒙古族人。這些白銀被用來向伊斯蘭商人購買物資。當時，伊斯蘭社會由於經濟規模急速擴張，正為短缺白銀而苦，從中國流通過來的白銀正好緩解了通貨不足的窘況。

西部伊兒汗國（西元一二五八至一三五三年）的首都設在靠近「草原絲路」裡海西邊的大不利茲，東部的元朝首都則是設置在蒙古高原進入中國的入口大都（現在的北京）。以這兩個大都市為中心，「草原絲路」變成歐亞商業往來的重要幹線。

諸國商船可以自由往來的「海上絲路」，其據點設置在波斯灣口的忽里模子和臨近臺灣海峽的福建泉州，歐亞的陸海商業圈因此得以相輔相成及聯動發展。

解讀歷史

元朝和伊兒汗國雖然透過白銀形成了一個歐亞規模的大商業圈（圓環網絡），不過隨著蒙古帝國的傾圮，也只維持了很短的時間。

■十三世紀出現蒙古人的超級帝國

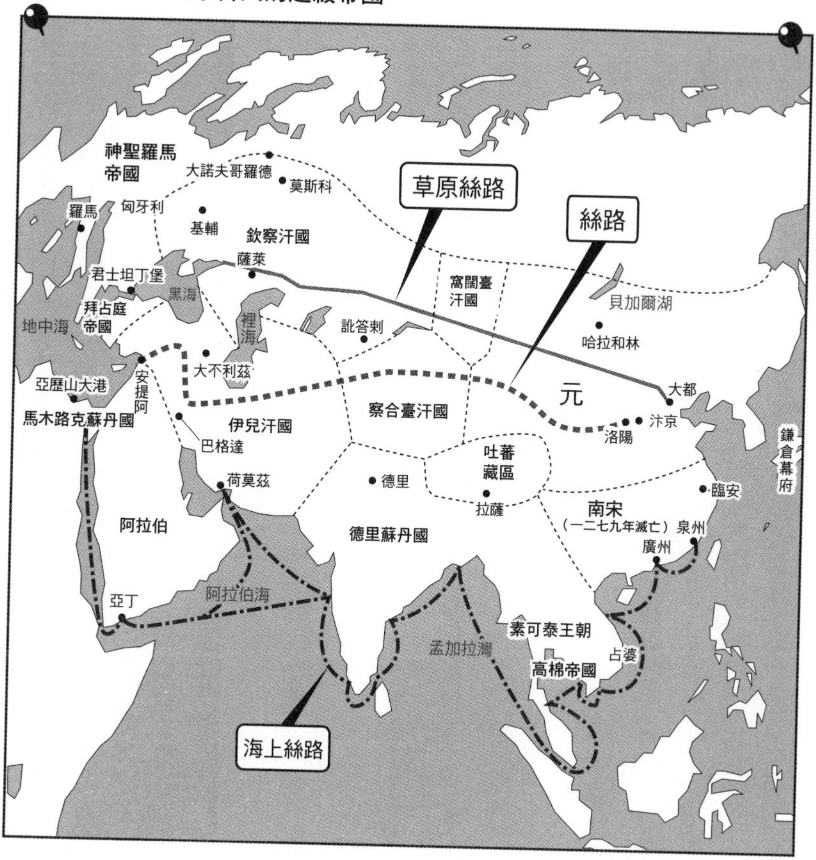

蒙古帝國的陸海大商業圈使中國、伊斯蘭世界和歐洲之間產生前所未有的大規模文明交流。以往由於遠距離的隔閡不為歐洲熟知的**中國文明，也在這段期間遠播到地中海和歐洲地區，歐洲的文明也因此獲得長足的成長。**

東西文明的交流結束了游牧民族的時代

令人意想不到的是，以蒙古帝國的大疆域為平臺所進行的東西文明大交流，最後居然導致「游牧民族爆發的時代」的完結。宋朝的火藥、羅盤及活字印刷術的傳入，使歐洲社會有了飛躍的成長。

火藥的西傳導致火槍、大砲的發明及普及，隨著農耕民族軍事力的提升，游牧民族的霸權時代也走向終結。羅盤的使用開啟了歐洲的航海時代，活字印刷術則使歐洲的知識得以普及發展。這真是令人感到諷刺的結局。

【長生不老之藥與火藥】根據道教的煉丹術書記載「凡火藥，以硝石為主，硫磺、木炭為輔。」可得知由硝石、硫磺和木炭混合而成的黑色火藥，其主原料就是硝石（硝酸鉀，saltpeter）。在研發長生不老藥的過程中，中國無意間發現硝石的存在，並知道硝石爆炸會產生激烈的燃燒。只要讓硝石混合一定比例的硫磺和木炭，就會

「引發爆炸。譬如，在火藥中混入四分之三比例的硝石，劇烈燃燒時就會產生約三千倍體積的氣體，這就是爆炸。使火藥爆炸的主角硝石，是取自於沙漠等乾燥地帶的岩石或土壤表面。硝石的波斯語是「中國鹽」，阿拉伯語稱為「中國雪」，由此可知硝石最早被發現於中國。」

至於火藥的製法何時傳入歐洲，眾說紛紜。有人推測最晚約在西元十三世紀中葉傳入歐洲，有的認為是成吉思汗之孫拔都遠征俄羅斯時，行經匈牙利進攻波蘭時傳入歐洲，也有人認為是在十字軍東征時期，由伊斯蘭世界輾轉傳到歐洲。

透過火藥，歐洲開始廣泛使用大砲，因此逐漸放棄由重裝騎士進行個人戰的中世紀戰鬥方式，騎士階級因此式微。織田信長也是因為組織火槍隊，從而改變了日本戰國時代的戰爭方式。

歐洲人利用中國發明的火藥，加以改良成火槍和大砲。西元十四世紀初，歐洲人發明了以薄鐵板製成圓筒形，或是以很多片鍛鐵束成像圓桶狀的簡陋大砲，可以發射石頭砲彈。這種簡陋大砲很不堪使用，在發射過程中經常出現砲身破裂的情況，因此，最初在戰場上的實用性不高，而且命中率非常低，只能在戰場上用以威嚇敵人而已。不過，一直到西元十五世紀，歐洲人改用堅固的青銅或黃銅大量鑄造大砲，也改用鑄鐵製的砲彈，其威力是石頭砲彈的三倍。

法國國王查理八世（西元一四八三至一四九八年在位）時代，出現了把大砲架在臺車上移動的砲兵隊。大砲從此成為戰爭不可或缺的利器。不久，火槍（小型化的大砲）也被發明出來。大砲和火槍的出現，使由游牧民族主導的歐亞帝國時代走向終結。

解讀歷史

蒙古帝國時代的大規模文明交流使火藥西傳，隨著火槍和大砲的普及，游牧民族的時代也從此告一段落。此外，隨著羅盤西傳到歐洲，也開啟了歐洲的大航海時代。就像ＩＴ技術一樣，我們對於能夠徹底顛覆世界的技術，最重要的原則就是趕緊掌握才能迎頭趕上。

第5章

歐亞大陸重新洗牌

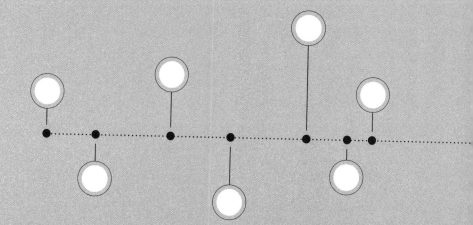

1 歐亞大帝國嘗試再統一

超級大帝國的分崩離析

蒙古帝國曾經統治歐亞廣大的區域一百五十年，最終也難逃分崩離析的命運。元朝因遭逢「紅巾軍起義」而元氣大傷，伊兒汗國逐漸伊斯蘭化，欽察汗國滅於俄羅斯人之手，草原的窩闊臺汗國和察合臺汗國也陷入分裂。隨著超級大帝國的分崩離析，「小世界」（歐亞大陸世界）各地開始醞釀重建傳統的帝國。

進入大航海時代以後，以大西洋為中心的強勢「大世界」也加入歷史舞臺。不過，「小世界」的傳統勢力依舊根深柢固，與「大世界」之間齟齬不斷，兩者之間的角力競爭到現在也沒有停止過。

【中華思想與朝貢貿易】蒙古帝國瓦解期間，有些勢力出現意圖建立新的超級大帝國的野心，也有些勢力意圖在各地各自建立小帝國。打敗元朝與明朝的海禁政策，嚴禁民間的商人進行海外貿易。活躍於蒙古商圈的中國商人因此退出歐亞的廣大經濟圈，使歐亞的經濟發展頓時失去動力。明朝由政治主導施行朝貢貿易（勘合貿易），力圖回復傳統的中華秩序（華夷秩序）。由於明朝的退出，歐亞一體化的局勢就此瓦解。

蒙古帝國瓦解後，土耳其裔的**「帖木兒帝國」**（位於絲路的中心西土耳其斯坦／粟特地區，西元一三七〇至一五〇七年）開始發起復興蒙古帝國的大業。不過，由於帖木兒在統一中西亞的過程已經耗費過多的時間和心力，當他決意遠征明朝時，已經年老力衰疾病纏身了。

西元一五〇七年，帖木兒抱病率領二十萬大軍攻打明朝，卻還沒有離開自己帝國的領土就染上熱病而亡。帖木兒由於失去成就霸業的最佳時機，這場蒙古帝國的重建大業最後只得以失敗告終。

解讀歷史

明朝實施海禁和朝貢貿易，是導致歐亞規模的大商業圈瓦解的主要原因。直至今日，政治的插手介入也經常擾亂經濟的發展。

【錯失良機的帖木兒】人生是有限的，機運就占了八成。羅馬神話中的「命運」女神福爾圖娜（英語 fortune 的來源），為了表示機會不等人的寓意，她被設定為頭髮攏在額前或飄揚在前方的形象，帖木兒就是錯失了先機。同樣的道理，我們也不要經常有「總有一天」的懈怠想法。

帖木兒逝去後，歐亞世界就走向分裂一途，出現了由東地中海的鄂圖曼帝國、伊朗高原的薩非王朝、印度的蒙兀兒帝國和東亞的明帝國之四大帝國分庭抗禮的局勢。

Key Point 15

由世界帝國獨霸的時代轉為諸國並立的時代

蒙古帝國傾圮後，隨著帖木兒的逝去，更因為明朝實施海禁政策脫離了歐亞的大經濟圈，蒙古帝國的重建大業徹底失敗，因此回復到諸國並立的時代。這段期間，歐洲由於宗教改革和大航海時代的影響，逐漸形成「大世界」。

清朝和俄羅斯分據中亞

在主導歐亞歷史的廣大乾燥地帶，土耳其人分別在東地中海、西亞和印度半島建立了

「鄂圖曼帝國」和「蒙兀兒帝國」。阿拉伯人則歸由土耳其人的鄂圖曼帝國統治。**廣大的乾燥地帶，依然由土耳其人擔任主導者。**

另一方面，中國則在「清朝」（西元一六一六至一九一二年）時代兼容蒙古人，並將以往阻隔中國擴張的西藏地區、塔里木盆地和內蒙古區都收歸己有，形成了一股結合歐亞勢力的龐大勢力。從某個角度來看，清朝可以說是繼承了蒙古帝國的遺產。

俄羅斯帝國則吸收了一群由游牧土耳其人組成的「哥薩克」武裝集團，占據了哈薩克草原和西土耳其斯坦等中亞的西部地區。也就是說，清朝和俄羅斯兩大帝國，凌駕了蒙古人和土耳其人，在中亞的東西兩端分別形成了龐大的勢力。俄羅斯基本上不是歐洲國家，而是歸屬於亞洲國家。

解讀歷史

西元十九世紀後半至二十世紀初，國際政治的主角是俄羅斯、中國清朝和鄂圖曼之三大勢力，與之對抗的是歐洲的新興勢力英國和德國。直至今日，在各種層面，俄羅斯、中國和中東都仍掌握國際政治的重要關鍵。

2 一分為二的伊斯蘭世界

在印度復甦的「蒙古」帝國

帖木兒的野心落空後，廣大的伊斯蘭世界轉而掌握在土耳其人和伊朗人手中。**在北印度重建的土耳其裔「蒙古帝國」**則繼承了帖木兒帝國（一八五頁）。在帖木兒帝國滅亡之際，帖木兒第五代嫡孫，母親擁有成吉思汗血統的土耳其人巴布爾（西元一四八三至一五三〇年）逃到阿富汗，隨後攻占北印度自立為王，並於西元一五二六年建立了以德里為首都的「**蒙兀兒帝國**」（西元一五二六至一八五八年）。巴布爾驍勇善戰，他在德里以北擊敗人數超過己軍十倍的印度大軍。

「蒙兀兒」之名由「蒙古」的訛音而來，隱含帖木兒意圖復興蒙古帝國的野心（終告失敗）之意。不過，印度是印度教（多神教）的世界，從外部入侵的伊斯蘭教徒（一神教）要在這裡建立安定的帝國是極為困難之事。阿克巴（西元一五五六至一六〇五年在位）是蒙兀兒帝國的第三任統治者，他從十三歲就即位，由他開始蒙兀兒帝國才真正在印度打下根基。

阿克巴廢除了向非伊斯蘭教徒實施的人頭稅（吉茲亞），並計畫性地和有權勢的印度教徒打好關係，確立了中央集權的體制。

阿克巴大帝之後約一百五十年期間，蒙兀兒帝國維持了一段很安定的統治期。不過，第六任皇帝奧朗則布（西元一六五八至一七〇七年在位）上任後，由於志在統治全印度，遂對德干高原以南大肆進軍，他恢復吉茲亞，並實施嚴格的伊斯蘭化政策，使帝國急速走向分裂一途。各地的印度教徒由於不滿苛稅的負擔及對印度教的差別待遇，紛紛群起叛亂。蒙兀兒帝國一時之間內戰頻仍，彷彿處於兵荒馬亂的戰國時代。

這段期間，英國和法國的東印度公司乘機吸收印度人傭兵（Sepoy）組成軍團並擴張勢力。西元十九世紀初，從英法競爭中勝出的英國東印度公司，開始在印度實施殖民化政策。

解讀歷史

蒙兀兒帝國是土耳其人靠軍事征戰所建立的王朝，由一神教的伊斯蘭教徒統治多神教的印度教教徒。英國因此乘機利用不穩定的社會情勢實施殖民化政策。不過，原本同屬英國殖民地的印度、巴基斯坦和孟加拉，在二次世界大戰後得以各自獨立。

和伊朗人合作的什葉派

在帖木兒帝國的衰退時期，主張透過修行可以和阿拉合而為一的神祕主義教團（蘇非教團）發起人伊斯邁爾，在約有日本四倍面積大的伊朗高原建立了**「薩非王朝」**（西元一五〇一至一七三六年）。

伊斯邁爾一世（西元一五〇一至一五二四年在位）以「沙阿」（波斯語為「王」之意）之名，在裡海西岸的大不利茲（前伊兒汗國的首都）設立首都，並奉什葉派為國教，統治了波斯人（一九三頁圖）。

薩非王朝由於信奉什葉派，與遜尼派的鄂圖曼帝國處於敵對狀態。在薩非王朝的統治下，伊朗人和什葉派的合作關係更加穩固。

十七歲即位的第五任沙阿阿拔斯一世（西元一五八七至一六二九年）實施內政改革，使薩非王朝的國勢達到巔峰，德黑蘭南部的伊斯法罕繁榮無比，甚至享有「伊斯法罕半天下」的美名。由美麗的清真寺和宮殿環繞四周的伊瑪目廣場，是彰顯伊斯蘭華麗藝術的代表，被列為世界遺產。不過，在阿拔斯一世逝後，伊拉克即被鄂圖曼帝國奪走，十八世紀以後，薩非王朝逐漸走向衰微。

擴張到東地中海的鄂圖曼帝國

蒙古帝國時代，奧斯曼一世（西元一二九九至一三二六年在位）在土耳其人軍團的擁護下，在小亞細亞建立了**「鄂圖曼帝國」**（西元十三世紀末至一九二二年）。

鄂圖曼帝國崛起於土耳其半島東部（位於伊斯蘭世界和拜占庭帝國的邊境），由於東方有強敵帖木兒帝國，鄂圖曼帝國於是轉而侵吞國勢衰微的拜占庭帝國，向西方延伸勢力。

鄂圖曼帝國雖然實施西進政策，卻仍然任用來自東方伊斯蘭世界的烏理瑪（學者）作為官僚，**意圖透過伊斯蘭法建立一個普世帝國**。當時的鄂圖曼帝國非常仰賴伊斯蘭法的支持。

【君士坦丁堡的陷落】西元一四五三年四月，鄂圖曼帝國率領超過十萬大軍，並出動三百五十隻戰船、七十座長八公尺重達十七噸的巨砲（Dardanelles Gun），攻打拜占庭帝國固若金湯的首都君士坦丁堡。經過五十日餘的攻防結果，連結歐亞的大商業都市君士坦丁堡終於被攻破，國祚綿延一千年以上的拜占庭帝國黯然消逝。鄂圖曼帝國沒有破壞連結歐亞、黑海和地中海的古老商業大都市君士坦丁堡（後改稱伊斯坦堡），仍舊以伊斯坦堡作為首都，並將東地中海、黑海的商業圈收歸己有。

西元十六世紀前半，在蘇丹蘇萊曼一世（西元一五二〇至一五六六年在位）的領導下，鄂圖曼帝國迎來鼎盛期。鄂圖曼帝國將匈牙利、北非的突尼西亞和阿爾及利亞都納入版圖，統治範圍遠達伊拉克、阿拉伯半島、小亞細亞（安那托利亞）、巴爾幹半島和非洲北岸，成為橫跨歐亞非三大陸的大帝國。鄂圖曼帝國的版圖包括昔日阿拔斯王朝的統治區域（除去伊朗和西土耳其斯坦）、巴爾幹半島和小亞細亞，其統治範圍之大**足以匹敵鼎盛期的伊斯蘭帝國**。

蘇萊曼一世建立了一批強大的耶尼切里（土耳其新軍），並彰顯自己乃身為「支配三大陸和兩海域的王者」。從歷史地圖來看，鄂圖曼帝國的領域連接地中海、黑海、裡海、紅海和波斯灣之五海域，聯合成一個廣大的商業圈。

解讀歷史

鄂圖曼帝國統合並繼承了羅馬帝國和伊斯蘭帝國，由少數的土耳其人以伊斯蘭教和語言同化（土耳其語）的手段統治阿拉伯人和斯拉夫人，形成極富國際色彩的強大帝國。正因為如此，日後這個龐大的帝國傾圮後，也對世界史造成很大的震盪。

■納入東地中海的土耳其人帝國

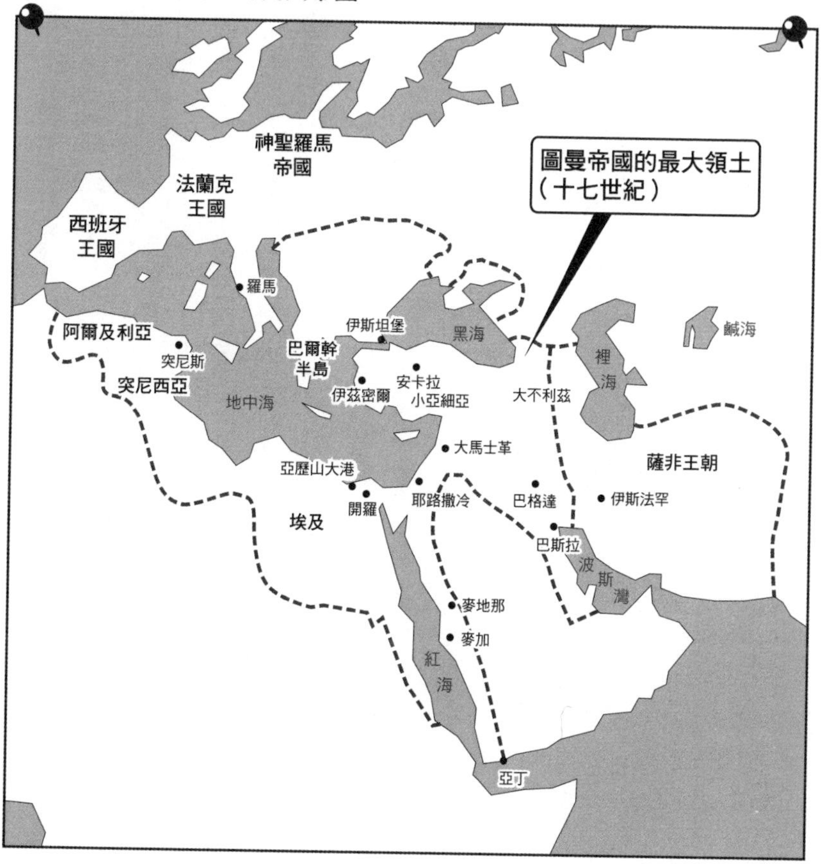

圖曼帝國的最大領土
（十七世紀）
神聖羅馬
帝國
法蘭克
王國
西班牙
王國
羅馬
阿爾及利亞
突尼斯
突尼西亞
巴爾幹
半島
伊斯坦堡
黑海
鹹海
裡
海
伊茲密爾
安卡拉
小亞細亞
大不利茲
地中海
大馬士革
薩非王朝
亞歷山大港
開羅
耶路撒冷
巴格達
伊斯法罕
埃及
巴斯拉
波
斯
灣
麥地那
麥加
紅
海
亞丁

【效忠鄂圖曼帝國的基督教徒】鄂圖曼帝國的土耳其人隨著生活的富裕，軍力也變得懈怠，因此他們企圖利用基督教的力量強化自己的權力。鄂圖曼帝國派遣土耳其裔的傭兵馬木路克治理埃及，另外還培訓一批來自巴爾幹半島的貧窮的基督教徒子弟（斯拉夫人），讓他們接受伊斯蘭教育後，擔任帝國核心的官僚和士兵（耶尼切里，「新軍」之意）。這些土耳其新軍鞏固了鄂圖曼帝國的勢力。火槍、大砲等新武器問世後，以往擔任伊斯蘭帝國武力的騎馬游牧民都返回農地從事耕作。這些來自巴爾幹半島的士兵由於感念蘇丹的再造之恩，大都願意為蘇丹捨身賣命。

3 中國史上最大的帝國——清朝的誕生

恢復中華秩序，從世界史退出的「明朝」

中國的明朝恢復了傳統的統治體制，續接的清朝則征服了青海、西藏地區、內蒙古和東土耳其斯坦（西域），成為中國史上最大的帝國。（審訂注：清朝較元朝面積大，但未分裂的蒙古帝國比清朝面積大。）

朱元璋（太祖、洪武帝，西元一三六八至一三九八在位）係貧農出身，發跡於紅巾軍（「紅」是漢人的代表色，號召匡正社會秩序），他之後以南京為據點建立了**「明朝」**。朱元璋排除「胡風」（游牧民族的異族文化），意圖恢復傳統的農業帝國。

朱元璋建立了衛所制寓兵於農，使六部的官吏直隸於皇帝，力行皇帝獨裁體制。此外，他在地方實施里甲制，以十戶富農管理一百農戶，透過由上而下的管理重整農民的秩序。不過，由於皇帝獨裁和科舉官僚制是朝政腐敗和裙帶主義的溫床，整個社會呈現出舊態復萌的景象。

明朝採取保守的中華思想，以有德的高位者自居，令各地的首長派遣使節團前來朝見，再向朝貢之臣施以賞賜，**意圖透過這種政治色彩濃厚的朝貢貿易重整東亞世界的秩序**。以往在蒙古帝國時代擔任歐亞海上商業要角的中國商人，因此退出世界史的舞臺。

明朝第三任皇帝永樂帝（西元一四〇二至一四二四年在位）為了防範蒙古人的殘餘勢力，遷都到蒙古高原的入口北京，並以北京和南京為軸心進行重建帝國的大業。永樂帝在沿海的重要據點設置「衛所」，並派遣軍隊貫徹「海禁」（禁止出海和海外貿易）政策。蒙古帝國滅亡後，明朝實施的海禁政策，可以說讓歐亞的海域勢力產生了天翻地覆的變化。

意圖讓朝貢體制世界化的「鄭和下西洋」

西元十六世紀中葉為止，以歐亞規模的商業圈為背景，中國曾是全世界最大的造船國家。隨著戎克船頻繁地航行海外，當時的中國曾有機會蛻變成海洋帝國。明朝的永樂帝命鄭和（約西元一三七一至一四三四年）率領由兩百隻船艦，約兩萬七千餘名船員組成的大艦隊，七次（永樂帝任內六次）大規模遠航印度洋。

鄭和的艦隊除了在麻六甲海峽的麻六甲港和蘇門答臘島的蘇木德拉．巴賽港設置倉庫外，並沒有額外建立遠征基地或城塞，航行的路線也是既有的交易路線。明朝透過官營貿易進口香木、香料和藥材，並招攬偏遠地方的國家前來朝貢，當時朝貢的國家多達六十餘國。「鄭和下西洋」的主要目的，就是意圖讓朝貢體制世界化。

明朝與周邊的十五個國家首長之間，建立起穩定的朝貢貿易（勘合貿易）體制。

明朝的皇帝賞賜給日本的足利義滿「日本國王」的巨大金印一枚，透過冊封（中國與周邊的國君締結君臣關係的外交手法）將日本納入臣屬國。足利義滿為了款待明朝的使節，甚至特意建造了金閣寺，因此順利地取得勘合貿易的許可。

中國史上最大的帝國「清」的誕生

西元一六四四年，明朝亡於農民大規模起義叛亂的「李自成（西元一六〇六至一六四五年）之亂」。女真人統一了東北地方，並使內蒙古和朝鮮臣服，他們大舉入侵中國，建立了**「清朝」**（西元一六四四至一九一二年）。

清朝的創立者努爾哈赤（西元一六一六至一六二六年在位）創設了「八旗制」（將滿人分成八組的軍政合一制度），並率領八旗軍事征服中國。清朝強制**要求漢人剃髮留辮（保留一部分頭髮並編成辮子的女真人髮型）**，**意圖實施「漢人女真化」政策**。

清朝實施「文字獄」，對官僚和知識分子進行思想箝制。此外，清朝主要的行政要職官僚皆為偶數，以滿、漢人分任之，對漢人高層採取懷柔政策。

清朝統治中國的大業，在康熙（西元一六六一至一七二二年在位）、雍正（西元一七二二至一七三五年在位）和乾隆（西元一七三五至一七九五年在位）三位皇帝的帶領下，維持了一百三十年的盛世。這段期間，清朝透過武力將臺灣、西藏地區、內蒙古、青海和東土耳其斯坦成功納入版圖，掌控了中亞的東半部勢力。俄羅斯帝國則占據中亞的西半部。清朝與俄羅斯帝國的勢力因此分據中亞的東西兩端。**現在的中華人民共和國，原封不動地繼承了中國史上最大的帝國「清朝」的廣大疆土。**

解讀歷史

中華人民共和國原封不動地繼承了清朝的廣大疆土。這個透過武力建立而成的多民族帝國，能否順利重組轉換成近代的民族國家，是現今中華人民共和國的最大考驗。

【大肆利用藏傳佛教的力量】清朝將蒙古人信奉的「藏傳佛教」（喇嘛教）定為國教，巧妙地利用藏傳佛教控制蒙古人。中國長年用來抵禦游牧民族的「萬里長城」從此功成身退，成為一道歷史景觀。

清朝治理女真人的發跡地東北及中國本土，都施以中國傳統的統治手段，在蒙古、西藏和東土耳其斯坦等區域則設置理藩院（形同聯邦制），利用部族制治理這些外藩地區。此外，朝鮮、琉球、越南、泰國和緬甸都是清朝的從屬國。

4 準備邁向「大世界」的歐洲

歐亞西岸海域的發展，帶動了大西洋的開發

蒙古帝國的統治使歐亞大陸一體化，歐洲地區的地中海和波羅的海也因此得以連結至歐亞的大商業圈（二〇五頁圖）。

地中海由於有威尼斯和熱那亞等義大利都市，海運非常發達，德國人也因為「東向移民運動」，大舉移居到波羅的海南岸。在蒙古帝國的統治下，俄羅斯的毛皮貿易、地中海的鹽醃鯡魚和穀物貿易，以及法蘭德斯織品（原料係進口大不列顛島／英國的羊毛）也都廣為流通。

由於頻繁的貿易，地中海與法蘭德斯地區、北海和波羅的海連結成新的歐亞西岸的海上貿易線，為航行大西洋的「大航海時代」奠定了重要的基礎。

尤其在蒙古帝國時期中國的羅盤西傳，使歐洲人航海不必再以陸地為指標，大大改進了

歐洲的航海技術。不久，歐亞西岸的海上貿易線與非洲西岸的海域相互連結，正式開啟了「大航海時代」。

蒙古帝國滅亡的混亂期間，鄂圖曼帝國滅掉拜占庭帝國，並將東地中海收歸己有（一九一頁）。被排除在歐亞交易圈之外的義大利商人（熱那亞等地），只好前往大西洋岸發展。大西洋南部的葡萄牙良港里斯本，成為當時義大利商人的重要據點（二三三頁圖）。

義大利海運都市的崛起促成了「文藝復興」

埃及法提瑪王朝的建立使什葉派勢力抬頭，加上土耳其人的侵略，地中海的伊斯蘭勢力一片混亂，伊斯蘭教徒因此相繼退出地中海的西西里島、薩丁尼亞島和科西嘉島。身為諸島中心的義大利海運都市因此崛起，彼此競相爭奪地中海商業的主導權。

靠近西西里島的南義大利小都市阿瑪菲（位於那不勒斯東南邊的四十公里處）最早興起，接著托斯卡尼地區的比薩也相繼崛起。西元一〇九六年的第一次十字軍東征，比薩就是派出最多海船的城市。

不過，西元一二〇二年的第四次十字軍東征，身為幕後主導者的威尼斯占領了君士坦丁堡（建立「拉丁帝國」）。熱那亞於是出兵支援拜占庭帝國的亡命政權並助其復興，此舉使熱那亞的勢力擴及君士坦丁堡和東地中海的交易圈。

伊斯坦堡靠近亞洲一側的山丘上，至今仍可見到巨大的加拉達塔，這是當年熱那亞商人執掌伊斯坦堡經濟的鼎盛期所留下的歷史遺跡。威尼斯係透過亞歷山大港，熱那亞則是從黑海北岸的卡法等殖民都市出發經由「草原絲路」，兩者皆透過連結上蒙古帝國的陸上交通網，獲取了極大的利益。

【歐亞的交易與文藝復興】在基督教禁止透過借貸黃金收取利息的時代，金融業者只得透過兌換外幣收取手續費的方式賺取利益。出了兩位教宗、兩位法國王妃的麥第奇家族是當時數一數二的金融業者，也是佛羅倫斯文藝復興的幕後推手。義大利商人由於透過與蒙古帝國的歐亞大商圈進行貿易，賺取了龐大的利益，他們才能夠成為推動「文藝復興」的要角。西元十四世紀的畫家喬托所繪的濕壁畫《耶穌受難圖》，也可以發現在耶穌的衣服下緣印有元朝的八思巴文。西元十三世紀末，熱那亞的貿易額據說甚至超過法國王室歲入的三倍之多。

文藝復興的中心思想「人文主義」，也與經濟成長所帶來的世俗化息息相關。佛羅倫斯的但丁（西元一二六五至一三二一年）在被政變放逐的逆境中，以托斯卡納方言寫成名作《神曲》，以及薄伽丘（西元一三一三至一三七五年）的名作《十日談》，都非常寫實地記述了當時的世俗社會景況。

瑞士的史學家雅各・布克哈特將這段時期兼具一切知識和技能的能者稱為「文藝復興人」（博學家，Uomo Universale）。其中，李奧納多・達文西（西元一四五二至一五一九年）既精通機械技術、軍事技術和土木技術，又涉獵解剖學和氣象學，更留下《蒙娜麗莎》和《最後的晚餐》等名畫；米開朗基羅（西元一四七五至一五六四年）也在羅馬的西斯廷禮拜堂留下《創世紀》和《最後的審判》等名畫，他並完成《大衛像》的雕刻名作，兩位都堪稱是「文藝復興人」的經典代表。

義大利的文藝復興運動在大商人和貴族的支持下，大約開始於西元一三五〇年，並在西元一五〇〇年左右達到鼎盛期。

西元十三世紀末，在義大利北部和中部，威尼斯人口多達十萬，佛羅倫斯、熱那亞和米蘭等城市的人口都超過五萬，其他人口超過兩萬人的都市也多達二十三個。義大利各都市都拜歐亞商業圈所賜，才得以進入繁榮發展的時代。至於羅馬，則由於失去巨大的商業圈導致盛況不再，變成人口僅剩一萬七千人的小都市。透過人口的此消彼長，可以得知時代的變遷情勢（一〇三頁）。

解讀歷史

透過連結蒙古商圈，東地中海的貿易開始活絡起來，也為義大利各都市帶來龐大的財富，更進一步促成復甦東地中海文化和藝術的「文藝復興運動」。

西元十四世紀，教宗沒落王權抬頭

羅馬帝國周邊的歐洲，曾經意圖形成歐洲帝國，卻以失敗告終。號稱繼承了羅馬帝國權勢的「教宗」和「皇帝」都沒能建立起統一的局勢，因為地理條件等因素，歐洲各地逐漸形成以「國王」為中心的中規模國家林立的局勢。

蒙古帝國衰退及滅亡的西元十四至十五世紀期間，比起義大利和法蘭德斯（相當於現在的荷蘭、比利時）的繁榮，西歐中央區域曾經參加十字軍東征的諸侯和騎士的勢力相對衰微。**受到三級會議**（譯注：三級會議由三個階級代表組成：第一階級〔教士〕、第二階級〔貴族〕和第三階級〔資產階級、城市平民、農民等〕。）**等身分制議會支持的「王權」逐漸增長，昔日各領主私訂主從關係的封建制度逐漸動搖。**

西元一三〇九年，法國國王逼迫教宗遷居到南法的亞維儂（亞維儂之囚，西元一三〇九

■歐洲諸國（十四世紀後半）

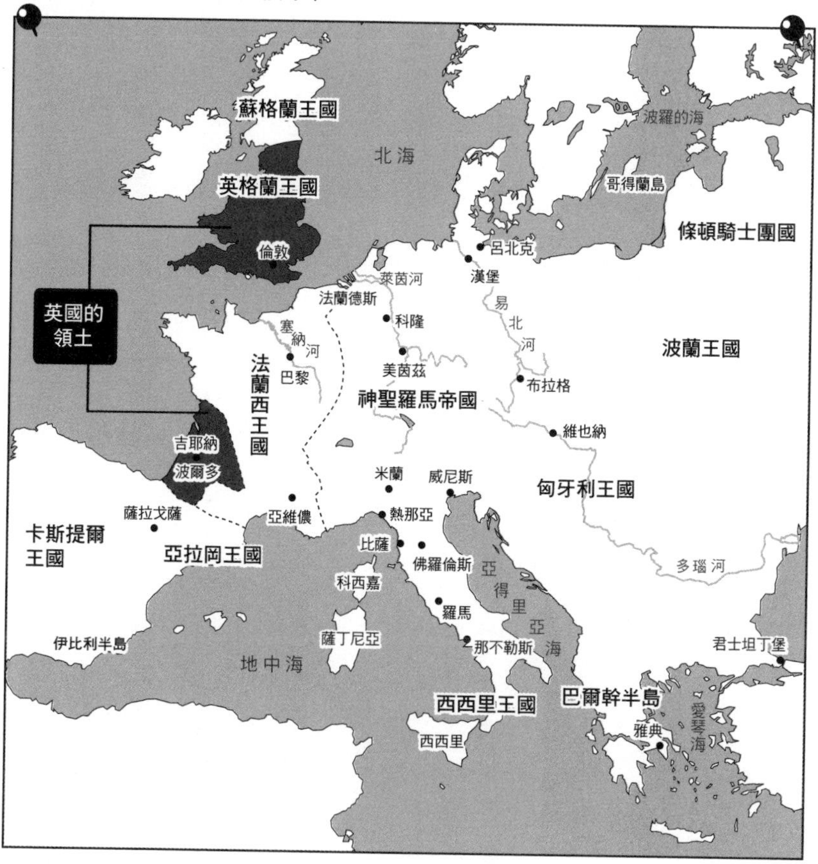
蘇格蘭王國
北海
英格蘭王國
倫敦
英國的領土
波羅的海
哥得蘭島
條頓騎士團國
呂北克
漢堡
萊茵河
法蘭德斯
易北河
科隆
塞納河
巴黎
美茵茲
法蘭西王國
神聖羅馬帝國
布拉格
波蘭王國
維也納
吉耶納
波爾多
米蘭
威尼斯
匈牙利王國
薩拉戈薩
亞維儂
熱那亞
卡斯提爾王國
亞拉岡王國
比薩
佛羅倫斯
多瑙河
科西嘉
亞得里亞海
羅馬
伊比利半島
薩丁尼亞
那不勒斯
君士坦丁堡
地中海
西西里王國
巴爾幹半島
雅典
愛琴海
西西里

至一三七七年），也彰顯出王權的勢長，十字軍東征失利的教宗權勢一落千丈。西元十一世紀的大開墾時代（一六三頁），農村處於大規模開墾森林變做良田的時期，當時由於氣候的寒冷化，經常導致農作物大歉收。

【鼠疫爆發使人口銳減】西元一三四〇年左右的蒙古帝國時期，中國雲南地區的風土病鼠疫（黑死病）經由東地中海傳播到義大利半島，最終擴散至歐洲全境，造成歐洲三分之一人口死亡的慘況。鼠疫的傳染媒介是黑鼠和跳蚤。森林的開墾使黑鼠的生境範圍擴大，都市人口集中、氣候惡化導致免疫力下降等，都是導致鼠疫爆發流行的原因。鼠疫使歐洲的勞動人口銳減，領主與農民之間經常發生糾紛，領主的勢力因此逐漸衰微。

由於有身分制議會（由特權階層代表組成）和都市商人的支持，國王的勢力愈來愈大。大砲問世後，國王掌握了新的戰爭技術得以進一步擴大自己的領土。

隨著國王權勢的擴張，各國的國王勢必會為了爭奪領土而頻繁發動戰爭。其中，為了爭奪毛紡織業的中心法蘭德斯和紅酒的產地圭亞那區域，加上卡佩王朝子嗣斷絕等原因，英法之間就曾為了爭奪法國王位的繼承權而爆發了**「百年戰爭」**（西元一三三九至一四五三年）。

【百年戰爭長年持續的原因】這場戰爭持續百年之久的原因之一，是因為當時的騎士一年僅須履行四十天左右的從軍義務。

百年戰爭期間，占據了法國一部分領土的英國國王原本占有優勢，就在英國即將獲得勝利時，法國國王利用聖女貞德（西元一四一二至一四三一年）再次奪回權勢，終於在西元一四五三年將英國勢力趕出歐洲本土。經過此戰役，英國只得退守本島，法國國王的權勢則相對高漲。

之後，英國因為王位繼承的問題由權勢貴族引發了「玫瑰內戰」（西元一四五五至一四八五年），許多貴族家族紛紛捲入戰役，付出了極大的代價。戰後，英國建立了都鐸王朝（西元一四八五至一六〇三年），英國的王權也逐漸強盛。百年戰爭後，隨著大砲的普及，地方的領主逐漸無法固守莊園，只得依附於王權之下。

解讀歷史

百年戰爭使原本將勢力越過英吉利海峽延伸至歐洲本土的英國只得退守本島，法國也因此得以在日後成為歐洲大陸的強國。

基督教國家VS伊斯蘭教的對立‧收復失地運動

伊斯蘭教徒打敗西哥德王國後統治了伊比利半島，西元七一一年，伊比利半島北部發起**「收復失地運動」（Reconquista）**，由基督教各國對伊斯蘭教徒展開激烈的戰爭，西元十二世紀以後，基督教徒們終於收復了伊比利半島。

位處內陸的卡斯提爾王國（Kingdom of Castile，西元一〇三五至一四七九年）是基督教徒與伊斯蘭教徒對抗的中心基地，其國名直譯為英文是castle（城堡之意），由於戰線的推移而建立起許多城堡要塞，「Kingdom of Castile」之名也由此而來。

西元十二世紀中葉，葡萄牙脫離了卡斯提爾王國成為獨立王國，之後利用第二次十字軍東征奪回里斯本，逐漸變成一個天主教國家。里斯本做為歐亞西岸海上貿易線（二〇〇頁）南端的重要港口，發展得非常繁榮（二三三頁圖）。

維京人之海變成德國商人之海

由於北歐也連結了蒙古帝國的大商圈，維京人的商業圈因此復甦。

十字軍東征時期（一六〇頁），北歐組成北方十字軍，波羅的海南岸也在條頓騎士團的領導之下進行東向移民運動。**「條頓騎士團國」**造就了後來統一德國的普魯士。

西元十二世紀中葉，德國商人和羅馬帝國商人為了往返哥得蘭島行商而結成商業聯合會，他們為了對抗非基督教徒的維京人，必須全副武裝航行波羅的海。西元十三世紀，商業聯合會更進一步以呂北克為中心締結了**「漢薩同盟」**（漢薩是「集團」的意思，西元十三至十六世紀）。

西元十三世紀中葉以後，蒙古武將拔都（西元一二〇七至一二五五年，一七五頁）滅掉基輔公國在俄羅斯建立了欽察汗國。隨著俄羅斯被納入蒙古商圈，波羅的海也得以連結蒙古帝國的大商圈，當時皮草的貿易非常活絡。

【鹽醃鯡魚與漢薩同盟】漢薩同盟最初主要以皮草、蜂蜜、鹹肉、木材等森林地帶的特產做為貿易商品，之後逐漸將鯡魚、鱈魚、穀物和銅鐵等礦產也納入貿易的範圍。西元一三五〇年以後，呂北克和漢堡因為鹽醃鯡魚大量輸出歐洲各地而賺取了巨大的財富，這兩個都市成為漢薩同盟的要角，也加深了漢薩同盟的團結。在鼎盛時期，參加漢薩同盟的都市多達兩百個以上，漢薩同盟擁有自己的陸海軍可與國王和諸侯對戰，支配了北海和波羅的海的商業圈。紡織品的主產地法蘭德斯地區，也因為位處北海、波羅的海貿易圈和地中海貿易圈的中心而有繁榮的發展。

宗教改革促成北歐的獨立和發展

波羅的海貿易、法蘭德斯地區的毛紡織業和商業，以及北海的鯡魚和鹽醃鯡魚貿易的興盛，使北歐的經濟大幅成長。北歐隨著經濟的成長，開始對以教宗和皇帝為中心的古老秩序產生不滿，逐漸生出自立的打算。

當時的教皇廳沉浸在華美的文藝復興風潮中，由於鄂圖曼帝國崛起，羅馬教廷從義大利各都市拿取的收入減少，為了籌措資金，羅馬教廷開始對阿爾卑斯山以北的國家發行贖罪券。贖罪券就是罪過獲得赦免的證明書。

西元一五一七年，馬丁・路德（西元一四八三至一五四六年）提出《九十五條論綱》抨擊贖罪券，他否定教皇的權力，甚至提倡建立新教。

法國人喀爾文（西元一五〇九至一五六四年）也著有《基督教要義》，主張救贖預定論（哪些人可以獲得神的救贖早已預定，人類不能透過善行或捐獻獲得救贖）。喀爾文等人對「奉教皇至上，由教士支配信仰」的垂直體系提出異議，**並否定教皇的權力，提倡以《聖經》為本的新教**。也就是主張個人可以直接與神連結溝通的橫向社會。

新教運動逐漸普及法蘭德斯地區、德國、法國北部和英國等地，這就是「宗教改革」。當時適逢谷騰堡發明了活字印刷術，《聖經》也得以被大量印製普及於民間。

【什麼是宗教改革】新教是站在「信徒皆祭司」的立場，認為任何人在日常生活中都可以獲得神的救贖，以個人的信仰心為基礎，注重勤勞、節制和簡約的生活倫理，並允許攢錢累積財富。新教的精神不只侍奉神，也鼓勵民眾致力於商業經營，剛好與新興的資本主義、「個人主義」和「民主主義」一拍即合。不過，新教不只重視經濟條件的充足，也重視精神上的安定和滿足。新教的教義肯定了工商業者的生活方式，同時也反對以教皇為中心的傳統秩序，這股能量最後推動北歐宣告獨立。

另一方面，國王也企圖進一步加強對宗教的控制，發展出國王作為神的代理人統治國家的**「君權神授說」**。英王亨利八世（西元一五〇九至一五四七年在位）由於教宗拒絕他的休妻要求，遂於西元一五三四年制定《至尊法案》（*Act of Supremacy*），將英國教會納入王權的統治之下，也就是「英國國教會」。

西元十六世紀前半到十七世紀中葉為止，歐洲陸續發生了「荷蘭獨立戰爭」（西元一五六八至一六四八）、「法國宗教戰爭」（胡格諾戰爭，西元一五六二至一五九八年）、英國的「清教徒革命」（西元一六四〇至一六六〇年）、德國的「三十年戰爭」（西元一六一八至一六四八年）等新舊教派之間的激烈戰爭，這就是「宗教戰爭」。**歷經宗教戰爭的洗禮，歐洲也蛻變出新的樣貌。**

波旁王朝的第一任國王亨利四世結束了法國宗教戰爭，於西元一五九八年頒布「南特敕令」，允許國內的新舊教徒享有宗教的信仰自由，為後世的思想自由和宗教自由帶來深遠的影響。

解讀歷史

宗教改革使北歐脫離了以教皇和皇帝（承襲了羅馬帝國的權勢）為首的傳統權威的禁錮。以教皇為中心的垂直社會，在轉移到以《聖經》為信仰根本的橫向社會過程中，衍生出民主主義。從封建權威獲得解放的這股能量，之後變成航行大西洋的動力。

5 皮草大國俄羅斯征服西伯利亞與其歐洲化

俄羅斯透過莫斯科得以重建

在蒙古帝國統治下的俄羅斯，希臘正教會（東正教）享有免除租稅的特權，也被蒙古用來作為施行統治的工具。不過，正教會的存在，的確為受異族統治之苦的俄羅斯人民帶來了心靈的慰藉，並成為俄羅斯宗教和文化的核心。也就是說，蒙古原本利用希臘正教做為統治政策，反而造就了以希臘正教為核心的俄羅斯文明。

靠近窩瓦河流域的莫斯科，在蒙古帝國統治時代是隸屬於欽察汗國的俄羅斯諸公國之一，效忠於蒙古人並逐漸嶄露頭角，成為取代基輔的重要都市。

蒙古人的統治政權不穩後，莫斯科大公伊凡三世（西元一四六二至一五〇五年在位）於西元一四八〇年從蒙古人手中奪回被統治了兩百年的窩瓦河流域一帶，統治了整個俄羅斯。

西元一四五三年，鄂圖曼帝國滅掉拜占庭帝國（一九一頁）後，莫斯科大公國的伊凡四世（伊凡雷帝，西元一五三三至一五八四年在位）宣告自己是拜占庭帝國的後繼者，稱帝為「沙皇」，他利用希臘正教鞏固自己的帝權。莫斯科因此以拜占庭帝國的繼承者自居，統治諸多區域。

俄羅斯征服西伯利亞作為皮草產地

皮草是莫斯科羅曼諾夫王朝（西元一六一三至一九一七年）的主要收入來源，由於蒙古商圈對皮草的需求量大，俄羅斯為了解決供不應求的問題，借助了往昔蒙古人的得力助手哥薩克的武力，在西元十七世紀**只花了六十餘年的時間，就征服了西伯利亞。領土擴及堪察加半島及鄂霍次克海一帶**。

俄羅斯將歐亞北部的森林地帶和凍原地帶幾乎盡收掌中，搖身成為陸上大國。財政的半數都依賴皮草出口的俄羅斯，由於皮草產量不足，打算透過征服西伯利亞解決皮草不足的問題。

皮草盛產地的西伯利亞被俄羅斯占領後，成為俄羅斯的殖民地並支援俄羅斯的財政。西伯利亞的原住民成為沙皇的臣民，必須向俄羅斯繳納皮草稅。俄羅斯使西伯利亞在短時間內俄羅斯化。

解讀歷史

征服西伯利亞的主力哥薩克人，是蒙古帝國時期游牧土耳其人的殘存勢力。俄羅斯之後利用哥薩克的武力，將勢力擴及中亞和中國的東北地方。

留下拓展北方海路遺言的彼得大帝

西元十七世紀後半即位的羅曼諾夫王朝的彼得一世（西元一六七二至一七二五年在位），由於**嚮往海洋國家荷蘭和英國的繁榮，而致力於西歐化和拓展海洋的勢力**。不過，俄羅斯真正加入歐洲列強是在西元十八世紀以後的事。

彼得大帝發動「北方大戰」（西元一七〇〇至一七二一年）大破瑞典，取得波羅的海的霸權後，將首都從莫斯科遷移到涅瓦河口的聖彼得堡，意圖使俄羅斯能夠躋身西歐世界的一份子。

「**【俄羅斯進軍東亞的起點】**由於波羅的海距離亞洲的海域太過遙遠，俄羅斯開始考慮開發北方海路（東北航線），打算從西伯利亞前端的鄂霍次克海直接前進亞洲的」

海域。彼得大帝在死前還特地留下遺言，命令國家要繼續前往開發東北航線亞洲出口一帶的海域。丹麥人白令組織船艦前往北太平洋探險，並發現白令海峽、白令海和阿拉斯加，就是受命於彼得大帝。

解讀歷史

彼得大帝是很特殊的統治者，他企圖仿效荷蘭和英國拓展俄羅斯的海洋勢力。由於彼得大帝的出現，俄羅斯開始全面歐化，俄羅斯更遵照他的遺言前進西伯利亞和東亞。

第6章

拓展世界史疆域的大航海時代

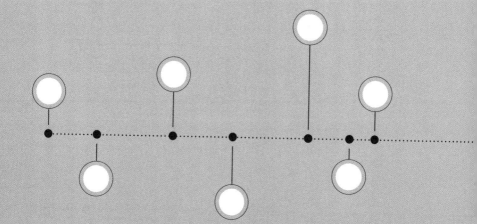

1 孕育資本主義的大西洋海域

邁向廣大的海洋連結五大洲的時代

西元十五世紀，歐洲人從歐亞大陸前進占地表面積百分之七十的廣大海洋，歐亞大陸的「小世界史」從此連接全球規模的「大世界史」。

「大航海時代」從歐亞西岸的海上貿易線（二〇〇頁）拉開序幕，之後進一步以大西洋為中心延伸發展（二九頁圖）。

大航海時代以後，以大西洋為中心，南北美洲和非洲大陸都陸續加入世界史的舞臺，世界也逐漸邁向地球村時代。

第七章就是說明大西洋的資本主義經濟成長發展的過程。

解讀歷史

大航海時代是「世界史的分水嶺」，世界從此邁向占地表面積百分之七十的海洋連結五大洲的時代。世界也從固守領土的封閉帝國型態，成長成網絡型的社會型態。

Key Point

16

邁向「大世界史」

大航海時代以後，世界史邁向一個全新時代。由歐亞大陸帝國的小世界史，與連接三大洋五大洲的空間所形成的新經濟．政治系統的大世界史之間彼此競爭。

發展出全球經濟的廣大海洋

印度洋（百分之二十）、大西洋（百分之二十二）和太平洋（百分之四十六）之三大洋，共占去地球海洋面積的百分之八十八。因此，世界史前進海洋也意思是廣大的海洋也加入世界史的大網絡。

有關世界史的轉換期是何時的問題，有諸多說法。不過**在大航海時代以後，占據地表面積百分之七十的廣大海洋和南半球都相繼加入世界史的舞臺，對世界史有很大的意義**。我們經常以「陸地為中心之地圖」建構世界觀，但如果根據納入海洋的地球儀建構世界觀，世界史就會帶有截然不同的色彩。

【三大洋和七大洋】世界的海洋可分成南北太平洋、南北大西洋、印度洋、南極海和北極海，合稱「七大洋」。不過，由於南極海是太平洋、大西洋和印度洋的一部分，北極海的面積只有印度洋的兩成大，實際上還是由三大洋占據世界海洋的大部分面積。

【什麼是資本主義體制】在「大航海時代」加入世界史舞臺的大西洋，南北長而東西狹窄。南北美洲大陸以廣大的狩獵和採集社會為其特色。在南北美洲的廣大土地上，歷經了歐洲勢力的開發、改造、移民、征服、殖民地經營和奴隸買賣，逐漸形成資本主義的新經濟體制。資本主義的形成乃是以全球貿易為前提，是一種追求擴大利潤和經營規模的經濟體制。

以往的世界史，對於生成「資本主義」和「民族國家」之新體制的大西洋世界著墨不多，因此，實有必要再重新進行解讀並闡述其意義。

解讀歷史

資本主義是從大西洋生成的人為體制。

2 主導海洋時代的葡萄牙

航海家亨利王子的目標——奪取摩洛哥

前進大西洋新時代的主導者是葡萄牙。葡萄牙位於遙遠的歐亞大陸西陲，係人口約百萬的小國家。葡萄牙由於土地貧瘠糧食無法自給，因此打算擴大收復失地運動（二〇八頁），前進由伊斯蘭教徒統治的摩洛哥（攻取休達）。不過，由於攻取休達的計畫失敗，葡萄牙只得經由大西洋岸接觸非洲大陸。

葡萄牙的航海家亨利王子（西元一三九四至一四六〇年）組織船隊發動非洲西岸的探險，亨利王子的目標不只是大西洋，他最終的目標是非洲大陸。當時，伊斯蘭商人越過撒哈拉沙漠與西非迦納王國的黑人進行黃金貿易。亨利王子除了打算透過海路與迦納王國進行黃金貿易外，還打算找出當時傳說位於非洲內陸的基督教大國「祭司王約翰（Prester John）的王國」，並與之聯手從伊斯蘭人手中奪取摩洛哥。

【航海家亨利王子】亨利王子是國王約翰一世（西元一三八五至一四三三年在位）的三子，他在成為阿爾加維省（位於歐洲和非洲、地中海和大西洋的十字地帶之葡萄牙西南部，阿爾加維在阿拉伯語是「西部」之意）的總督後，利用優渥的騎士團經費在聖文森角（伊比利半島西端）培養一批航海員，開始進行非洲西岸的探險事業。亨利王子建造遠洋船、開發航海用具、航海圖和製作航海曆，並組成一批前往非洲西岸探險的船隊。亨利王子本身患有嚴重暈船的毛病，因此他很少親自登船，僅能負責組織船隊的工作。

亨利王子活用羅盤，一邊繪製非洲沿岸的海圖一邊進行探險。西元一四三四年，亨利王子的手下吉爾・埃阿尼什（Gil Eannes）終於成功穿越所有航海員內心的瓶頸博哈多爾角（二三三頁圖，位於加那利群島南方兩百四十公里）。

亨利王子將非洲沿岸的「海圖」祕而不宣，意圖獨占非洲西岸的貿易線。西元一四五七年，由於葡萄牙鑄造出最早的金幣克路扎多（cruzado），可以推測葡萄牙當時應該已經與迦納王國存有黃金貿易的關係。

航海家亨利王子於西元一四六〇年逝於聖文森角，享年六十六歲，他終身未婚，一生耗費四十餘年投入海上探險事業，他的航海路線甚至遠達臨近赤道以北的幾內亞灣。被稱為雜貨商人的亨利王子，在西非進行黃金貿易和奴隸買賣的事業，獲得極大的成功。

連結兩大洋的好望角

亨利王子逝後，葡萄牙王室請託大商人費爾南・戈梅斯（Fernao Gomes）繼續前往非洲西岸探險，並許諾他享有貿易獨占權。戈梅斯的船隊為葡萄牙帶來莫大的財富。

西元一四八八年，巴爾托洛梅烏・迪亞士（Bartholmeu Dias，推測約西元一四五〇至一五〇〇年）前往尋找傳說中位於剛果內部的祭司王約翰的王國，但是在非洲南端遇到暴風，漂流到非洲最南端的岬角，並將此地命名為「風暴角」。

【改名為好望角】 葡萄牙約翰二世（西元一四八一至一四九五年在位）聽聞「發現非洲最南端岬角」的消息後，遂將「風暴角」改名為「好望角」。當時，約翰二世曾命令航海家科維良（Pêro da Covilhã）混入伊斯蘭商旅前往印度的科澤科德，科維良向葡萄牙回傳報告，說明繞經好望角可以抵達伊斯蘭商人活躍的印度洋海域，約翰二世才為「風暴角」改名為吉利寓意的「好望角」。不過，好望角並不是非洲的最南端，距離好望角以東約一百六十公里遠的厄加勒斯角才是非洲的最南端。

隨著好望角的發現，原本致力於非洲西岸探險的葡萄牙，開始轉向開發亞洲的航線。由於好望角連結大西洋和印度洋兩大洋，發現好望角意思是可以直接與亞洲做貿易。

由於約翰二世的繼承人猝死，葡萄牙的探險事業也一度中斷。直到西元一四九七年，瓦斯科．達伽馬（Vasco da Gama，西元一四六九至一五二四年）率領四艘約由一百七十人組成的船隊從里斯本出發，一路直下大西洋繞經好望角，再北上抵達非洲東岸。之後，在馬林迪一位阿拉伯領航員的帶領下，終於在西元一四九八年抵達印度進出口胡椒的大港科澤科德。達伽馬素來仰慕伊斯蘭的地理知識和航海技術，一直希望能夠探訪印度，他最終也開拓出前往印度的直行航線。

達伽馬所開拓的航線，比之後的麥哲倫的航線更長，原本隨他出海的一百七十名船員，回國時僅餘不到六十人，可以想見他們經歷了非常險峻的航海歷程。不過，達伽馬船隊所帶回來的胡椒，為葡萄牙王室帶來大於航海費用六十倍之多的龐大財富。因此，葡萄牙王室將印度洋貿易視為國營事業，每年都會派船航行印度洋。西元一五〇〇年，卡布拉爾率領船隊航行印度，隨著大西洋季風的吹拂，竟偶然發現了巴西。

舷側的小型火炮造就葡萄牙的霸權

《世界歷史上的跨文化貿易》（*Cross-cultural trade in world history*）的作者菲利普．柯丁（Phillp D. Curtin）曾記述，西元一五〇〇至一六三四年間，航向印度的葡萄牙船隊在海上遇難的機率高達百分之二十八。好望角以南的海域由於長年吹拂狂暴的西風，被稱為「咆哮四十度」地帶，當時的帆船要航行這一帶海域是非常困難的事。

西元一五〇九年，葡萄牙在靠近印度北方坎貝灣入口的迪烏港海上，與埃及馬木路克蘇丹國的艦隊交戰，葡萄牙艦隊舷側的小型火砲大顯神威，從此確立葡萄牙在印度洋的霸權。

西元一五一〇年，葡萄牙征服了印度西岸的果亞港，並以果亞為據點（西元十六世紀後半至十七世紀的鼎盛期，人口約有二十萬人），在西元一五一一年征服了麻六甲海峽的要衝馬六甲蘇丹王朝，更進一步前進摩鹿加群島和東亞。

解讀歷史

葡萄牙在印度洋商圈能夠占有一席之地，所仰賴的並不是他的商業力，而是仰賴他們在商船舷側所配備的小型火砲。在印度洋一帶，伊斯蘭勢力則是在經濟上占有絕對的優勢。

【葡萄牙引發了商業革命】由於葡萄牙在歐洲沒有亞洲商品的銷路，就把從亞洲直運過來的商品引進到歐洲法蘭德斯的安特衛普，再銷售給歐洲各地的商人。歐洲經濟的中心於是由義大利諸城轉移到北大西洋沿岸。這就是「商業革命」。

葡萄牙加入東亞的走私事業

葡萄牙征服了麻六甲後，偽裝成麻六甲的使節企圖與明朝進行勘合貿易（一九六頁），卻被識破身分而宣告失敗。之後，葡萄牙船隊便沿著中國沿海北上進行走私貿易。葡萄牙人與明朝的走私商人搭上線，頻繁往返於東亞海域。

西元一五五七年，葡萄牙人賄賂明朝的地方官員，在靠近廣州的澳門設置了東亞交易的據點。**當時的日本因為開發「石見（大森）銀山」（島根縣）而成為世界數一數二的產銀國家**，葡萄牙人將從明朝購得的生絲、絹、棉紗賣到日本九州，賺取了大量的白銀。

明朝由於實施海禁政策，將民間商人的貿易以「倭寇」之名加以打壓，但是卻無法阻止從日本石見銀山、馬尼拉郵船（美洲白銀，二四四頁）和葡萄牙所帶來的白銀流入國內。

解讀歷史

葡萄牙在勘合貿易的衰退期加入東亞的走私貿易，透過石見白銀進行明朝與日本的貿易（從明朝的角度是走私），獲取了龐大的利益。當時的日本也透過白銀與葡萄牙和荷蘭建立起深厚的關係。日本在近世、近代時期，逐漸被牽引加入海洋世界。

3 開拓大西洋世界的哥倫布

哥倫布的海上冒險事業

大航海時代其實就是開發大西洋的時代。在當時人們的認知裡，大西洋是可以直達亞洲的未知海洋。

率先探索大西洋的關鍵人物就是鼎鼎大名的航海家哥倫布（Christopher Columbus，西元一四五一至一五〇六年），他出身於義大利的熱那亞。佛羅倫斯的數學家兼地理學家的托斯卡內利（Paolo dal Pozzo Toscanelli），曾根據地圓學說繪製出未知的亞洲海的航海圖，哥倫布根據這份航海圖，堅信只要從歐洲跨越大西洋，就可以抵達馬可波羅提及的Zipangu（日本）獲得黃金。哥倫布於是開始了他的海上冒險事業。

【地圓說再起】 西元二世紀，亞歷山大港的天文學家兼地理學家托勒密，以天動說的立場和地球為圓形的基礎描繪出世界地圖，此地圓說在文藝復興運動時期重新受到重視。年過七十的佛羅倫斯的數學家托斯卡內利，根據馬可波羅的《馬可波羅遊記》加上想像，將托勒密沒有描繪出來的歐洲與中國之間的海域繪製出來。雖然只是紙上空談，托斯卡內利卻信心滿滿地將這份海圖呈給葡萄牙的王室。據說哥倫布因為看到這份海圖而受到極大的刺激。

哥倫布曾自學地理學，他所計算的地球大小是實際的四分之三大，並認為海洋非常狹小，陸地與海洋的比例是六比一。因此，哥倫布對於航行亞洲抱持非常樂觀的態度，他認為與其繞經好望角，不如朝大西洋航行才能更早抵達「黃金之國」「日本」及中國海域。**哥倫布當時懷有獨占「日本」的廉價黃金，透過操控中國貿易賺取巨額財富的夢想。**

當哥倫布得知葡萄牙的航海家巴爾托洛梅烏．迪亞士抵達非洲最南端的好望角時，自覺自己的海上冒險事業岌岌可危，於是更積極尋求王室的協助。

西元一四九二年，西班牙伊莎貝拉女王（西元一四七四至一五〇四年在位）在伊比利半島滅掉伊斯蘭最後的王朝格拉納達王國，徹底完成「收復失地運動」（西元七一八至一四九二年）。這位西班牙女王答應援助哥倫布的航海計畫。

橫越「亞洲之海？」抵達加勒比

西元一四九二年，哥倫布倉促率領以聖瑪利亞號（一二七排水噸）為首的三艘船艦（船員一百二十人）從西班牙南部的漁港帕洛斯出發，並在加那利群島等待適合出海的風向，約一個月後終於開始吹西北季風，他們在海上航行了三十餘日，終於抵達位於加勒比海邊緣的巴哈馬群島中的瓜納哈尼島（二三三頁圖）。

虔誠的哥倫布為了感謝神的指引，把島的名稱取做「聖薩爾瓦多」（「聖救主」之意）。哥倫布的首航從加那利群島到加勒比海，其實約等於往返地中海的距離，而且又有季風相助，可謂是很輕鬆簡單的航行。不過，哥倫布此次開發的大西洋往返航線，不久就成為主要航線，之後其他人航行大西洋大都遵循這條航線。

【發現「日本」】哥倫布誤將加勒比海（約日本海的二．七倍）當作中國近海，並前往西印度群島探險，他看到伊斯帕尼奧拉島的原住民首領身著黃金的裝身具，又打聽到島中央的西寶盛產黃金，於是草率認定這個「西寶」就是日本。哥倫布在給伊莎貝拉女王的報告書中，表示如果他的事業成功，或許就可以籌得西班牙動員五千人騎兵、五萬人步兵再度征戰耶路撒冷的花費。從現代的角度來看，哥倫布的時代是由欲望和信仰交織而成的不可思議時代。

解讀歷史

哥倫布一直沉浸在自己的夢中，始終都將加勒比海認定是東亞的海域，前後總計四次航行到加勒比海。哥倫布的航海冒險為西班牙打下統治新大陸的基礎。

一四九〇年代「大西洋」的大開發

哥倫布在大西洋發現「日本」（Zipangu）的消息震撼歐洲，隔年，西班牙又贊助哥倫布第二次的航海行動。

四年後的西元一四九七年，英國國王亨利七世（西元一四八五至一五〇九年在位）令威尼斯的航海家喬瓦尼・卡博托（Giovanni Caboto，約西元一四五一至一四九八年）航行北大西洋，並像西班牙給予哥倫布特權那樣也給予卡博托特權。雖然卡博托的航海是小規模的，也不怎麼引人注目，但是他的航行抵達了紐芬蘭島和切薩皮克灣，為日後英國主張擁有北美沿岸的先占權提供了論據。

西元一四九八年，葡萄牙的航海家瓦斯科・達伽馬（Vasco da Gama）也展開繞過好望角抵達印度的大航海行動。因此，**一四九〇年代的十年間，是大西洋大開發的時代**，也是世界史的一大轉折點。

意圖瓜分大西洋的西班牙和葡萄牙

哥倫布航海的成功，使西班牙人醉心於黃金之夢。正如「西班牙人得了心病，只有金子才能醫治。」所言，西班牙人意圖在海的另一端實現一獲千金的夢想。

當時的西班牙國王深信往西航行可以直達「日本」（Zipangu）和中國，因此，他非常希望獨占可以帶來利益的海洋。**當時的葡萄牙在航海技術和繪製海圖方面都占有絕對的優勢，有一段時間曾經主導大西洋的航海活動。**

在瓦倫西亞出身的教宗亞歷山大六世的調解下，西班牙與葡萄牙決議瓜分大西洋（被認為是可以直接連結歐洲和亞洲的海洋）的海權。

不過，根據原本協議的分界線，葡萄牙前往亞洲航線的中繼據點巴西就會變成西班牙的領地，於是在西元一九四九年，兩國再度簽訂《托爾德西里亞斯條約》，協議將分界線往西側移動。之後，隨著麥哲倫發現了新大陸和太平洋，西班牙葡萄牙兩國也再次簽訂《薩拉戈薩條約》（西元一五二九年），將亞洲的海域也畫上勢力分屬的界線。

■一四九〇年代開拓大西洋

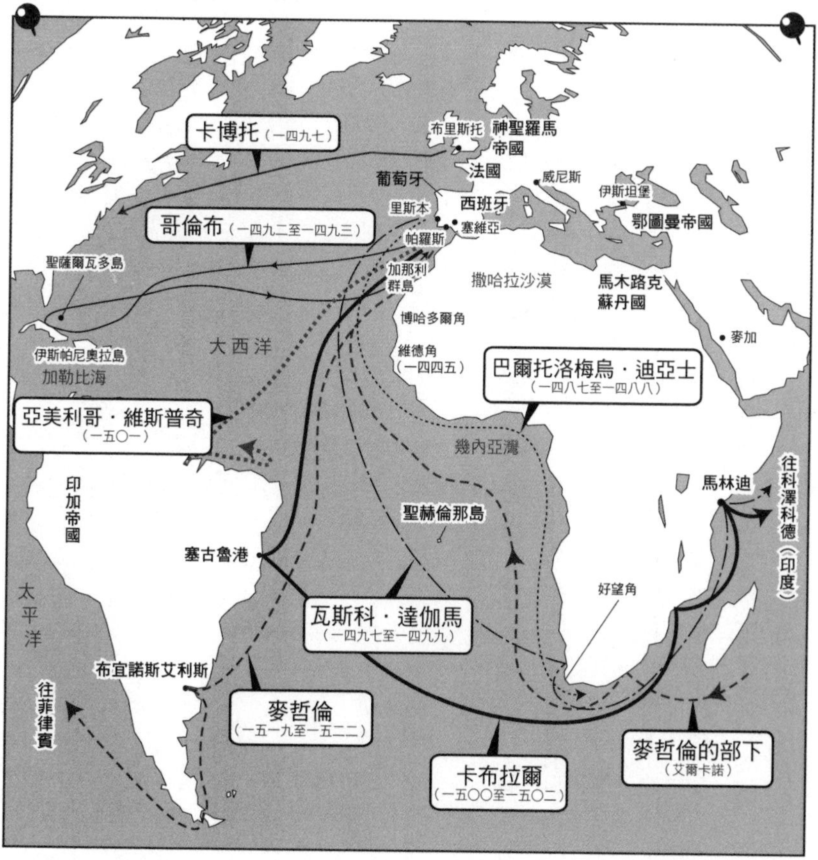

卡博托（一四九七）
布里斯托
神聖羅馬帝國
法國
葡萄牙
里斯本
西班牙
塞維亞
威尼斯
伊斯坦堡
鄂圖曼帝國
哥倫布（一四九二至一四九三）
帕羅斯
聖薩爾瓦多島
加那利群島
撒哈拉沙漠
馬木路克蘇丹國
博哈多爾角
麥加
伊斯帕尼奧拉島
大西洋
維德角（一四四五）
加勒比海
巴爾托洛梅烏・迪亞士（一四八七至一四八八）
亞美利哥・維斯普奇（一五〇一）
幾內亞灣
往科澤科德（印度）
印加帝國
馬林迪
聖赫倫那島
塞古魯港
太平洋
好望角
瓦斯科・達伽馬（一四九七至一四九九）
布宜諾斯艾利斯
往菲律賓
麥哲倫（一五一九至一五二二）
麥哲倫的部下（艾爾卡諾）
卡布拉爾（一五〇〇至一五〇二）

解讀歷史

西班牙和葡萄牙想要將海洋世界像陸地世界那樣劃分出勢力圈，卻反而使兩國的發展受到限制。因為兩國不懂得如何才能發揮海洋世界的潛力，只一味將陸地的模式套用到海洋，最終難逃失敗的結局。

對香料的渴求導致「太平洋」的發現

太平洋是美洲大陸西邊一片極為遼闊的海洋，幾乎涵蓋了地球上所有的陸地。隨著太平洋的發現，人們開始對大西洋、新大陸、太平洋和歐亞大陸等陸地與海洋的相對位置有了初步的認識。

麥哲倫是證明地球原來如此之大的關鍵人物。不過，麥哲倫本身仍然擁有古老的世界觀，他認為大西洋可以直接連結亞洲，他耀眼的成就可以說是誤打誤撞得來的。

葡萄牙人的麥哲倫（Fernão de Magalhães，約西元一四八〇至一五二一年）年輕的時候曾經到東南亞海域從事香辛料貿易，回國後曾參加與摩洛哥的戰爭，不幸負傷使一隻腳不良於行。之後雖然仍在軍中服務，但因為被懷疑在戰爭時藏匿戰利品而丟掉工作。後來，他靠著擁有航海的經驗，受雇成為西班牙王室的航海員。晚一步探索海洋世界的西班牙，在偶然的機會下，將麥哲倫這位優秀的葡萄牙航海員雇為己用。

【麥哲倫原本也對世界的真貌有所誤解】當時掌控西班牙西印度皇家交易所的權勢貴族和德國福格家族的族長合作，計畫共同開發利潤高於胡椒五倍的丁香（clover）和肉豆蔻（nutmeg，與丁香限產於摩鹿加群島）的貿易航線。當時的航海員一般都採用哥倫布以前的舊世界地圖，視南美洲為亞洲東印度群島的一部分，認為繞過南美洲就可以輕易抵達摩鹿加群島。當時的人認為比起繞經非洲南端，從大西洋出發到摩鹿加群島的航線會大幅縮短，西班牙王室尋求德國大商人福格家族的資助，任命熟知東南亞的葡萄牙人麥哲倫前往開發亞洲航線。麥哲倫也和哥倫布一樣航向想像中的海域。

西元一五一九年，麥哲倫率領五艘船隊從西班牙的塞維亞出海，橫越大西洋後順著南美洲沿岸南下。花費四十天行經航路混亂的麥哲倫海峽，航向了未知的海洋。麥哲倫航行在平穩的海洋，心情愉快之下將這片海洋取名為「太平洋」。

不過，麥哲倫在航行了許久都到不了應該早就抵達的摩鹿加群島，不禁越發焦急起來。因為麥哲倫當時不曉得他航行的這片遼闊的海洋，可是占有地球的三分之一大。超過一百天的漫長航行，麥哲倫的船隊糧食殆盡，連船裡的老鼠都成為美味的盤中餐，簡直就是地獄般的航行。許多船員因此罹患壞血病而喪失生命。

西元一五二〇年十一月二十八日，麥哲倫的船隊歷經一百一十天的漫長航行後，終於在奄奄一息的狀態下抵達菲律賓群島。

剛好麥哲倫的隨行僕人是馬來人，在與當地人對話後才確定他們是航行到了亞洲的海域。**就在這一刻，麥哲倫才確認了太平洋和美洲大陸的存在及其相對位置，並且在大致上對地球的全貌有了模糊的概念。**

之後，麥哲倫打算在菲律賓群島設置對抗葡萄牙人的貿易據點，為了調配糧食，他前往麥克坦島，卻殞命於該島的部落戰爭中。

歷史往往具有多面性。站在原住民的立場，哥倫布和麥哲倫都是侵略者。麥克坦島上，與麥哲倫奮戰的部落首領拉普拉普被當地人視為英雄立碑紀念。麥哲倫逝後，由艾爾卡諾（Juan Sebastián Elcano）（西元一四七六至一五二六年）繼任船隊指揮，之後他們在摩鹿加群島購入大量的香辛料，用僅剩的一艘船維多利亞號繞經好望角，在西元一五二二年九月，結束歷時三年的航行回到西班牙。出航時，他們原有約兩百五十位船員，返航時卻僅存十八人而已。麥哲倫的航海行動在當時是貨真價實的大冒險，足以匹敵現在的太空旅行。

第二次航海行動時，由於船隊指揮艾爾卡諾殞命於太平洋，最後終告失敗。歐洲於是瞭解到太平洋實在過於遼闊，幾乎沒有商業利用的價值。

Key Point

17

一四九〇年代使世界史產生大轉變

一四九〇年代開拓大西洋航線，一五二〇年代開拓太平洋航線，世界史的舞臺一舉擴大到全球規模的階段。

解讀歷史

麥哲倫證明地球是圓形的理論，從而使世人大致瞭解了海陸的相對分布位置，就這點來看，他對人類社會實有莫大的貢獻。麥哲倫的航行顛覆了既有的世界觀。

4 被西班牙人占據而改變的美洲大陸

滅於西班牙人之手的阿茲提克文明和印加文明

在大航海時代，美洲大陸的歷史開始與歐洲大陸的歷史產生連結。

西班牙人從移居地加勒比海域開始往大陸移動。一些在西班牙生活不下去打算開始新事業的西班牙人，來到美洲大陸就擅自將非基督教徒的原住民視為「野蠻人」，並對原住民實施「**監護徵賦制**」（西班牙王國委託西班牙人的殖民者管理保護原住民的制度），名義上是教化原住民成為天主教徒，實際上則是將原住民當成奴隸使喚。

西元十六世紀前半，被歐洲勢力征服前的南北美洲人口，推測約有八千萬人以上，西班牙和葡萄牙兩國的人口加總起來也不過約八百萬人口。至於歐洲全體的人口，據推測也只有約六千萬人左右。

因此，在墨西哥高原和安地斯山脈建立起阿茲提克帝國和印加帝國的新大陸，絕對可以說毫不遜色於歐洲。

【玉米造就的高地帝國】墨西哥的阿茲提克帝國、祕魯的印加帝國兩大文明都建立於兩千至三千公尺的高山地帶，以在斜坡也可種植的玉米為主食，馬鈴薯和番薯為輔，和歐亞大陸的平地灌溉農業截然不同。不過，以高山地帶為中心的帝國，不利於擴展領土。而且，美洲大陸還沒有發明車輪，也沒有歐亞大陸做為主要運輸工具的馬匹。美洲大陸類似於馬匹的動物是大羊駝，不過大羊駝只能負重二十公斤，根本無法負載成人。

阿茲提克帝國（約西元十二世紀至一五二一年）和印加帝國（約西元一二〇〇至一五三三年）可以說是徒步建立而成的高地帝國，因此僅能造就出小規模的帝國。西班牙的征服者（Conquistador）挾帶馬和火槍等奇異武器進犯，又適逢天花蔓延，阿茲提克和印加兩帝國不由得對西班牙的侵略者產生加倍的恐懼感。**在「游牧民族爆發的時代」威脅歐洲的馬匹，和之後發明的大砲和火槍，摧毀了新大陸的巨大帝國。**

西元一五一九年至一五二二年期間，西班牙人科爾特斯（約西元一四八五年至一五四七年）以五百五十名士兵、十四門大砲和十六匹馬攻打墨西哥高原的阿茲提克帝國。阿茲提克人對大砲和馬匹的恐懼，使他們誤以為被帝國放逐的白皮膚水神兼農業神的羽蛇神（quetzalcoatl：quetzal 是鳥之名，coatl 是蛇，意謂「生有羽毛的蛇」之意）在「一葦年」（西元一五一九年）回來懲罰他們的傳說成真。

科爾特斯巧妙地運用周圍的部落對許多年輕人被阿茲提克人抓去獻祭給太陽神和水神的不滿，短時間內就征服了阿茲提克帝國。「quetzal」（格查爾鳥）是擁有祖母綠色和黃金色尾羽的世界上最美的鳥，日本著名漫畫家手塚治蟲的作品《火鳥》，就是參考格查爾鳥的原型。科爾特斯征服了阿茲提克帝國後，將原住民（印第安人）當成奴隸使喚，賺取龐大的財富。

西元一五三二年至一五三三年，西班牙人皮薩羅（Francisco Pizarro Gonzáles，約西元一四七八至一五四一年）僅以一百八十六名士兵、三十七匹馬和十三枝火槍，從巴拿馬地峽南下太平洋抵達祕魯，攻打安地斯山脈的印加帝國。印加帝國的首都位於海拔三千五百公尺高的庫斯科。

皮薩羅以少許兵力突襲率領六千名部下前來會見的第十二代印卡（王、神的化身、太陽之子）阿塔瓦爾帕（Atawallpa，西元一五三二至一五三三年在位），並將之俘虜。縱使當時阿塔瓦爾帕手握三萬軍力，面對皮薩羅意外的突襲也反應不及。從此墨西哥以南的兩大帝國盡歸西班牙之手，並由西班牙派遣過來的國王代理人（總督）負責接管。

天花肆虐導致急速西班牙化

西元十六世紀的七十餘年間，由歐洲人帶到新大陸的天花等疾病，使新大陸的原住民死

■十六世紀初西班牙化的中美洲

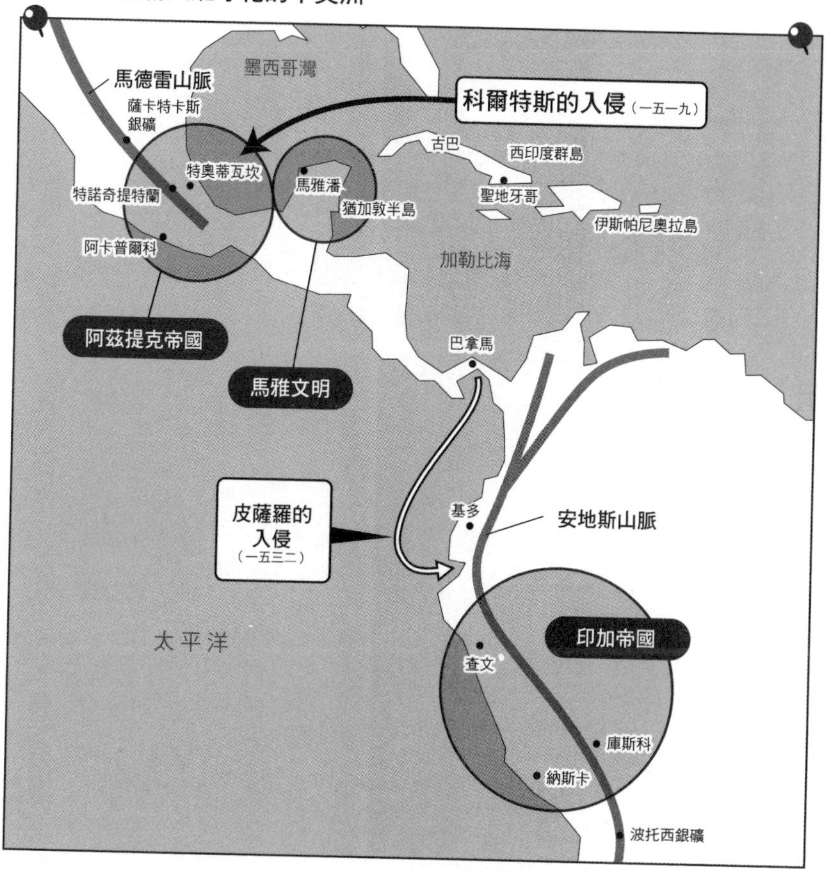
馬德雷山脈
墨西哥灣
科爾特斯的入侵（一五一九）
薩卡特卡斯
銀礦
古巴
西印度群島
特奧蒂瓦坎
馬雅潘
特諾奇提特蘭
聖地牙哥
猶加敦半島
伊斯帕尼奧拉島
阿卡普爾科
加勒比海
阿茲提克帝國
巴拿馬
馬雅文明
皮薩羅的
入侵
（一五三二）
基多
安地斯山脈
太平洋
印加帝國
查文
庫斯科
納斯卡
波托西銀礦

亡人數總計達八千萬人至一億人。**美洲原住民對西班牙人傳入的天花完全沒有免疫力，可以說是毫無防備。天花透過咳嗽傳染，傳播力很強，很快就肆虐整個美洲大陸。**

根據阿茲提克帝國的紀錄，天花發作時膿皰遍布全身，使「印第安人」苦悶地死去。（審訂注：哥倫布艦隊抵達美洲時，起初誤以為美洲原住民為印度人〔西文：indios〕，後來也成為大家對美洲原住民的稱呼了。）

解讀歷史

天花的大流行堪稱世界史上最大的悲劇，這也是拉丁美洲急速西班牙化的一個原因。鼠疫、傷寒、瘧疾、黃熱病以及現代的伊波拉等，對抗疾病也是世界史的重要課題。

「黃金國傳說」掀起新的侵略行動

西班牙人之間流傳一個傳說，原住民穆伊斯卡族族長（居住在現代的哥倫比亞首都波哥大附近）據說每天都會在身上塗滿金粉，並在一年一度的祭典時，將大量的黃金和銀器投到湖裡。這就是寶石和黃金滿溢之國——「艾爾多拉多」（el dorado，西班牙語是「滿身遍布黃金」之意。後譯為「黃金國」）的傳說。

利益薰心的西班牙人探險家紛紛前往尋找「黃金國」的所在。因此，**在哥倫布開發新大陸航線後的八十年間，約有十六萬西班牙人移民新大陸**。西班牙人在新大陸建設與西班牙都市相仿的街道，並開發道路和成立市場。西班牙人在新大陸建設了多達兩百座都市。

Key Point 18

在十六世紀形成「第二個歐洲」

西班牙人的侵略、天花的大流行和「監護徵賦制」的統治方式，將墨西哥以南的原住民社會破壞殆盡，該地被進一步塑造成「第二個歐洲」。

銀礦的發現催生出「世界經濟」

西元一五四五年，隨著祕魯發現波托西銀礦，緊接著在西元一五四六年以後，墨西哥也發現薩卡特卡斯銀礦，廉價的白銀得以被大量生產。繼開發大西洋航線的一四九〇年代以後，一五四〇年代是另一個開創新紀元的時代。之後，隨著混汞法和使用水車碎銀礦技術的普及，廉價的白銀開始流通到全世界。

西元一五〇三至一六六〇年期間，約有多達一萬五千噸的大量白銀從新大陸運往西班牙的美洲交易之家賽維亞。當時歐洲最大的銀產地是南德的哈茨山，年產量約三十噸，也就是說**一下子有多達六至七倍的銀從新大陸流入歐洲**。

【歐洲的物價革命】來自新大陸的白銀約有四成收歸西班牙王室所有，剩下的經由熱那亞商人之手再流通到歐洲各地。當時，歐洲正逢宗教戰爭（二一一頁）時期，來自新大陸的白銀被浪費在戰爭所需。隨著大量白銀的流入，使白銀的價格暴跌，西元十六世紀至十七世紀前半期間，物價高漲了三到四倍。這就是所謂的「物價革命」。長期的通貨膨脹使歐洲人的倫理觀念大為改變。發生「物價革命」之前的歐洲，和現在的伊斯蘭世界一樣，忌諱出借黃金賺取利息。「物價革命」發生後，歐洲人普遍開始守護資產，並為了增加資產而從事投資和投機的事業。

【東亞的淘銀浪潮】西元十六世紀後半，堪比「太平洋的哥倫布」的西班牙航海家烏達內塔（Andrés de Urdaneta），利用季風、黑潮和西風開發了太平洋航線。墨西哥的阿卡普爾科和菲律賓的馬尼拉之間，每年開始以大型的蓋倫帆船往返進行馬尼拉郵船貿易，新大陸產的廉價白銀有三分之一因此流向亞洲。西元十七世紀前半，由西班牙鑄造的銀幣成為東南亞的新國際貨幣。明朝福建地帶的商船，偷偷違反朝廷的海禁政策經由臺灣海峽航行到馬尼拉，藉由交易絹、陶瓷器等豐富的商品

「與西班牙換取廉價的白銀。大量的中國商品也經由墨西哥、大西洋輾轉流傳到歐洲本土。當時的馬尼拉形同西班牙商人的亞洲辦事處。」

大量的白銀在印度洋、太平洋和大西洋之間流通，新大陸的白銀也從東西兩端流入明帝國。宋朝以後，隨著經濟規模日益擴大，開始產生銅錢不敷使用的問題，於是朝廷以紙幣（交子、交鈔）代替銅錢暫時緩解了貨幣危機，大量的白銀流入中國正如天降甘露。不過，由於中國原本就有銅錢，明朝於是把銀當作原料金屬做交易。馬尼拉郵船貿易從西元一五六五年開始，到拿破崙倒臺的西元一八一五年為止，共持續了兩百五十年。

解讀歷史

產於新大陸的大量廉價白銀，透過大西洋和太平洋，將新大陸、歐洲和亞洲連結在一起，出現了最早的全球經濟。

5 海運大國荷蘭正式啟動「海洋時代」

持續了八十年的「荷蘭獨立戰爭」

低地國的獨立戰爭給在大航海時代掌握大西洋世界主導權的「日不落帝國」西班牙沉重的一擊。**荷蘭透過這個持續八十年的戰爭，奪走西班牙的繁盛氣運。**

大約相當於新教的喀爾文教派（二一〇頁）信仰從法國流入荷蘭期間，西班牙的哈布斯堡王朝將低地國納入領土。隨著宗教改革的擴大影響，西班牙的腓力二世（西元一五五六至一五九八年在位）設置宗教裁判所強制推行天主教信仰，並對各都市課以重稅（百分之一的物業稅、百分之五的土地買賣稅及百分之十的消費稅），引發民眾的強烈不滿。

西班牙派遣了一萬人軍隊進行苛酷的鎮壓，低地國約有八千人被處刑，另有一萬人被迫流亡海外，人民過著慘澹不安的生活。其中，以喀爾文派的工商業者為中心，發起了斷續維持八十年之久的「荷蘭獨立戰爭」（西元一五六八至一六四八年）。

在獨立戰爭的後半期，荷蘭開始主導歐洲的經濟。

脫離西班牙獨立後，前進大西洋

西班牙為荷蘭獨立戰爭感到相當棘手，意圖採取南北離間計，利用南部信奉天主教、北部信奉喀爾文派的宗教對立情勢盡快結束掉戰爭。

天主教勢力強勢的南部十個行省（之後的比利時）最後接受西班牙的懷柔政策，打消脫離西班牙領土的念頭。不過，荷蘭省等北部七個行省在西元一五七九年締結「烏特勒支同盟」對西班牙抗戰到底，並於西元一五八一年發表了獨立宣言。獨立運動的領導者奧蘭治親王威廉一世（西元一五三三至一五八四年）成立了「荷蘭共和國」（尼德蘭七省共和國）。在歷經「三十年戰爭」後的西元一六四八年，荷蘭透過「西發里亞和約」正式獲得獨立。

【荷蘭人與種植業】荷蘭是人口僅有兩百五十萬的小國，但是它以新興商人和海運國家之姿在「大世界史」占有一席之地。海運的發展需要高度的造船能力來配合，透過海運，歐洲的經濟得以直接與大西洋世界和印度洋世界做連結，不僅擴大了航線，最後更確立了公海自由原則。此外，荷蘭人普遍在殖民地經營種植業，因此齊備了資本主義經濟誕生的條件。荷蘭有六成人民居住在阿姆斯特丹（首都）等大都

> 市，是一個以毛紡織業、造船業、海運業和漁業為中心的高集約度國家。由於荷蘭境內多低地，人們不但勤築堤防，也必須以風車持續不斷地排水才能夠守護國土。這種地理條件造就了荷蘭人重視勤勉和節約的民族性格。

由於農地貧瘠，荷蘭人只好另外想出透過大西洋貿易創造財富的辦法，最後藉由栽植經濟作物的種植業（採取大規模工廠生產方式的大農場）為歐洲的經濟開啟了新的途徑。不久，其他國家也紛紛仿效荷蘭，投入種植業的經營。

將海洋視為「公有」的荷蘭

荷蘭一般會派遣六百至八百艘鯡魚船前往占據北海的鯡魚漁場，後來更開發出可以乘載十八至三十名船員，且能夠持續捕撈漁獲五週至八週的大型漁船。這種大型漁船上還可以醃晒處理捕獲的鯡魚。

荷蘭光靠鯡魚所賺取的收入，就足以匹敵英國外銷羊毛和毛紡織品所獲得的收益。不久，荷蘭打造出載貨量更大的貿易船「福祿特帆船」取代鯡魚船，這種貿易船活躍於波羅的海貿易。

■十六世紀後半的歐洲西班牙領土的分布情形

【鯡魚與造船大國】荷蘭由於經營極為損耗魚船的大規模漁業，使其造船業繁榮發展。為了移動風力製材機和沉重的木材，荷蘭的造船業使用了大型起重機，並且採取機械化、標準化的製程，在歐洲的生產力乃數一數二，造船的成本只有英國的五至六成而已。不久，歐洲有一半以上的船都出自於荷蘭。

荷蘭為了持續發展經濟，必須解決西班牙和葡萄牙獨占海洋航線的問題。西元一六〇九年，荷蘭的法學家兼外交官格勞秀斯（Hugo Grotius，西元一五八三至一六四五年）著作《海洋自由論》（*Mare Liberum*）主張貿易和公海的自由論，為海洋相關的國際法律奠定了重要的基礎。荷蘭人透過私掠船（被允許可以攻擊和掠奪敵國的船隻）和走私，逐漸打破西班牙和葡萄牙獨占海洋的局勢。

此外，地圖專家麥卡托製作出方位正確的世界地圖，對於使用羅盤的航海活動幫助很大，也大幅提升了荷蘭的海運力，使荷蘭躍升成為世界海洋的支配者。隨著一步步的穩健經營，海洋的航線連結五大洲的「大世界」逐漸成形。

荷蘭經常以私掠船攻打從美洲大陸輸送大量白銀的西班牙船隊，與西班牙敵對的英國也經常派船支援荷蘭的私掠行為。西元一五八八年，西班牙曾為了報復而派遣無敵艦隊（Armada）攻打英國，卻遭遇暴風敗給船速敏捷的英國海軍（二五五頁）。西班牙從此喪失大西洋的制海權。

解讀歷史

荷蘭以普及種植業和制定「公海自由」（海洋規則）兩點，在世界史上占有一席之地。

前進亞洲，荷蘭東印度公司大活躍！

西元一六〇二年，荷蘭設立東印度公司，將好望角至麥哲倫海峽一帶廣大區域的貿易、殖民和軍事之獨占權都掌握在手中。**東印度公司原本是由總督提議，為了避免商人過度競爭所設立的世界最早的貿易股份公司。**股份公司是有限責任組織，係由股東購買股票，有利潤時分紅，虧損時則會在出資的範圍內要求股東承擔損失。

【大賺錢的東印度公司】東印度公司在西元一六一九年，由荷蘭總督科恩（Jan Pieterszoon Coen，西元一五八七至一六二九年）在爪哇島的巴達維亞設立據點，並在香料諸島、西里伯斯島、麻六甲、暹羅、錫蘭島、印度東西岸設立分店，壟斷丁香、肉豆蔻和肉桂等香料的貿易。東印度公司著實賺取了巨大的利益，股份的紅利率原本約定好為百分之三．五的利息，直到西元一六〇六年，紅利率居然高達百分之七十五。因此，許多投資者競相加入投資，在六年期間，東印度公司的資本額暴增了四．六倍。」

解讀歷史

荷蘭的東印度公司是世界最早的股份公司。不久，在經濟體系的轉變中，企業等民間組織的力量也漸趨強勢。

歐洲主權國家的普及

位於羅馬帝國邊境的西歐，並沒有出現集權統治和官僚統治的體制，而是由領主之間分封土地私下建立起主從關係，進而發展出封建制度的秩序。

之後，由於繼承了羅馬帝國權威的皇帝和羅馬教宗之間的權勢角力，歐洲逐漸醞釀出帝國化的道路。西元九六二年，鄂圖一世（西元九六二至九七三年在位）接受教宗的加冕（一五〇頁）成為神聖羅馬帝國的皇帝，被視為歐洲的「諸王之王」。不過，隨著教宗不斷擴大教宗國的領地，並透過敘任權鬥爭將教士的任命權掌握在手中，到了十字軍東征時期，教宗的權勢一時壓過皇帝居於上風。

隨著十字軍東征以失敗告終後，諸侯和騎士都走向沒落，改由和商人合作的國王掌握權勢。透過英國的模範議會和法國的三級會議（兩者皆類似神聖羅馬帝國的帝國會議，以教士、貴族和商人代表參加的身分制議會），國王將國家的權力掌握在手中（二〇四頁）。

隨著大砲和火槍的出現，戰爭的方式也產生極大的改變，國王由於手握傭兵、常備軍和官僚的軍事力，權勢可謂如日中天。尤其進入宗教戰爭的時代後，神聖羅馬帝國已經名存實亡，以德國為舞臺的最大宗教戰爭「三十年戰爭」（西元一六一八至一六四八年），其講和條約**「西發里亞條約」（西元一六四八年）承認了國王的主權，「主權國家」從此逐漸普及。**

【以國王為首的國家】西發里亞條約使國王成為國家之首，由國王發布單一統治法令的「主權國家」也因此成立。隨著身分制議會被廢止，國王得以手握絕對的權力實施「君主專制」。不過，隨著市民階層的覺醒和實力的累積，人民最終發動了「民主革命」推翻國王，形成由議會制定法令治理國家的「民族國家」。

西元一六二五年（三十年戰爭期間），荷蘭人格勞秀斯發表了「戰爭與和平法」，講述為了解救人類脫離悲慘的戰爭，實有必要制定國際法。

Key Point

19

宗教戰爭促成「主權國家」的出現

宗教戰爭不只催生出商人國家的荷蘭，也使神聖羅馬帝國名存實亡，歐洲因此逐漸形成主權國家體制。

6 英國以強大的海軍實力奪取大西洋霸權

經由「清教徒革命」和「光榮革命」而改變的英國

英國的天主教與新教之間的對立持續不休，伊莉莎白一世（西元一五五八至一六〇三年在位）曾下達宗教統一的法令，統一祈禱和禮拜等典禮，重整了「英國國教會」，在宗教上確立了國王的權威。

英國實施第一次「圈地運動」（enclosure，為了牧羊將土地統合利用）使羊毛的產量增加，也擴大生產銷往新大陸的毛紡織品。**西元一五八八年，英國擊敗西班牙的無敵艦隊（Armada），掌握了大西洋的制海權**。西元一六〇一年，英國創立英國東印度公司，獨占了好望角至麥哲倫海峽一帶廣闊海域的貿易。（審訂注：圈地運動使得城市勞動力大增，為之後工業革命奠定基礎。）

【無敵艦隊之役大敗西班牙】西班牙派遣一百三十艘由一萬名海軍組成的艦隊以及陸軍約一萬九千人企圖登陸英國，卻在多佛海峽被英國海軍擊敗。

終身未嫁的伊莉莎白一世逝去後都鐸王朝終結，主張君權神授說（君王的權力由神給予，不受任何制約。二一一頁）的蘇格蘭國王詹姆士一世（西元一六〇三至一六二五年在位）被迎來擔任英國國王（斯圖亞特王朝），外來政權的國王與英國議會之間的對立日漸加深。

在地方握有權勢，一直以來協助王政徵稅的仕紳階級偕同議會共同抨擊外來國王的暴政。國王遂以武力鎮壓議會，英國從此陷入內戰。

克倫威爾（Oliver Cromwell，西元一五九九至一六五八年）組織清教徒的鐵騎軍支援議會派結束了內戰，將國王處刑後建立了共和國。外來政權的國王因此為仕紳階級的勢力所驅逐，後世稱之為**「清教徒革命」**。

解讀歷史

清教徒革命是由英格蘭的在地勢力，打敗了外來政權國王的暴政，離民主革命尚有一段距離。

「

【在英荷戰爭中獲勝】克倫威爾經過清教徒革命雖然成為新的獨裁者，但是在議會卻沒有十足的份量，於是為了博取支持度，他攻下蘇格蘭、愛爾蘭和牙買加島做為

」

殖民地，並在西元一六五一年制定「航海法」（二五八頁），使荷蘭的中繼貿易大受打擊。這件事也引發了日後的「英荷戰爭」（西元一六五二至一六五四年，一六六五至一六六七年，一六七二至一六七四年）。英國原本在經濟的起步落後於荷蘭，由克倫威爾勉力以軍事力量強勢地提升了英國的經濟實力。荷蘭脫離西班牙獨立成功後，僅經過四年光景，就被英國奪去繁盛的寶座。

克倫威爾擔任護國公（軍事、政治的最高官職）後，解散議會並施行獨裁體制，但是他卻無法穩固國民的支持。

在克倫威爾逝後兩年的西元一六六〇年，由溫和派執掌的議會迎回流亡海外的王室，並主張君主復辟。不過，由於國王拒絕與議會協商，議會又在西元一六八八年廢除國王，迎回嫁給新教徒荷蘭總督威廉（威廉三世，西元一六八九至一七〇二年在位）的王女瑪麗（瑪麗二世，西元一六八九至一六九四年在位），請求伉儷聯袂擔任新國王。前任國王則流亡海外。這場無人流血的政變，在英國被稱為**「光榮革命」**（西元一六八八至一六八九年）。

新國王提出「權利法案」後，確立了以議會為中心的君主立憲制度的基礎。西元一七一四年，王朝後裔斷絕後，英國又從德國迎來喬治一世（西元一七一四至一七二七年）繼任王位，由於國王不諳英文經常缺席內閣會議，於是委由一位大臣擔任內閣總理大臣代為執行國王的職務，因此形成了**「責任內閣制」**（內閣對議會負責之意）。

逐漸崛起的海洋帝國英國

都鐸王朝（玫瑰內戰後成立，二〇七頁）之第二任國王亨利八世（西元一五〇九至一五四七年在位，二一一頁）在西元一五三二年創設常備軍隊的皇家海軍，繼西元一五一三年建造出瑪麗玫瑰號（配備世界最早的舷側砲，全長三十二公尺，七十八門舷側砲）後，再度投入軍艦的建造工作。英國將海軍軍艦加強擴充至五十八艘，海洋帝國英國開始現出雛形。

西元十七世紀，英國繼荷蘭之後以東印度公司前進東南亞。西元一六二三年，遭遇「安汶島大屠殺」（荷蘭襲擊安汶島的英國商館之事件）後退出摩鹿加群島，並將亞洲貿易的中心轉移到印度。

【透過海軍力稱霸大西洋】西元一六五一年，英國的克倫威爾制定了「航海法」，對依賴中繼貿易和英國羊毛的荷蘭經濟造成沉重的打擊。根據「航海法」規定，英國和殖民地之間的海運只限英國船隻航行，荷蘭被英國的港口排除在外，英國也曾以違反該法規定為由，沒收兩百艘荷蘭船隻的貨物。西元一六五二年，英國以荷蘭船隻對英國軍艦不敬為由，對荷蘭發動了英荷戰爭。戰爭斷續打了三次，在第二、三次的戰爭，荷蘭還得與法國大軍團對戰。這一連串的戰爭中，荷蘭在西元一六四八年簽定西發里亞合約後縮減軍備，不僅敗給軍備逐漸強大的英國大型戰艦，也因為法國軍隊入侵使國力大為耗損。荷蘭雖然勉力維持獨立，但是卻明顯走向衰退，取而代之的是海洋帝國的英國和陸上大國的法國。」

在產業方面，**羊毛出口國的英國也透過仿效荷蘭的技術，積極發展以蘭開夏為中心的農村毛紡織業，並成為毛紡織品的主要輸出國**。歐洲的經濟中心也因此轉移到英國。

荷蘭共和國（商人國家）是由荷蘭獨立的七個省結合而成的共和體（二四七頁），由一群被稱做「攝政階級」（regent，都市貴族）的大商人掌握了政治實權。這群都市貴族以追求利益為第一考量，不僅大肆刪減軍事費用，甚至大量投資敵對國之英國和法國。在荷蘭的興盛期，這樣的體制對國家或許仍有幫助，但是到了軍事對立的時代，卻會產生反效果，產生使荷蘭步入衰退的隱憂。

西元十七世紀後半，蒙兀兒帝國實施強硬的伊斯蘭化政策失敗並陷入分裂，英國東印度公司則在西元一七五七年的「普拉西戰役」獲得勝利，取得西孟加拉邦的徵稅權，因此得以正式開始進行印度殖民地化的活動。之後，英國花費一百年的時間將印度變成英屬殖民地。

解讀歷史

英國在英荷戰爭一役使荷蘭落馬，在與法國之間長期的殖民地戰爭（第二次百年戰爭，西元一六八九至一八一五年）中也大獲全勝，英國從此確立海洋帝國的霸權地位。

Key Point

20

荷蘭和英國制定世界的秩序

主張「公海自由」的荷蘭和提倡自由貿易政策的英國，兩國制定了「大世界」的體制和規則。

受挫於課稅問題的「大西洋帝國」

西元十七世紀至十八世紀期間，隨著歐洲世界的擴張，歐洲境外也不斷爆發殖民地戰爭。英國的華特．雷利（Walter Raleigh，約西元一五五二至一六一八年）以「誰控制了海洋，誰就控制了世界」一語聞名後世，他以童貞女王伊莉莎白一世之名在北美洲建立了維吉尼亞殖民地，從此開啟了英國在北美洲殖民的歷史。

英國大量移民美國東部大西洋沿岸地帶，藉以擴大殖民地。法國則為了與原住民之間進行皮革交易，統治了新法蘭西殖民地，範圍由加拿大至密西西比河口之間廣闊的區域。英法之間為了爭奪河狸的皮革交易頻起紛爭。

「**【英國相對於陸上國家的優勢】** 脫離歐洲大陸的英國屬於島國國家，是與荷蘭和法國迥異的「海洋國家」。英國由於比較不用憂心來自陸地的侵略，它沒有擴充陸軍」

的必要，得以將經費集中投注在建設海軍。英國的海軍實力也因此在歐洲脫穎而出。在進行遠離歐洲的殖民地戰爭時，由海上補給物資成為勝戰與否的關鍵，英國優異的海軍實力伴隨完備的後勤線（戰場和後勤支援之間的輸送線）發揮了極大的優勢。

英國與法國由於在北美和印度的據點有所重疊，因此兩國在西元十七至十八世紀頻繁發生戰事。英國在從歐洲的「七年戰爭」（西元一七五六至一七六三年）擴大延伸的「英法七年戰爭」（西元一七五五至一七六三年）中獲得勝利，並在西元一七六三年簽訂了「巴黎條約」。英國從法國手中獲得加拿大和密西西比河以東的路易斯安那，從西班牙手中則獲得佛羅里達，在北美的霸權趨於穩固。英國也因此在新大陸擁有足以匹敵西班牙的廣大殖民地。

在橫跨歐洲、北美和印度，相當於世界規模的七年戰爭中戰勝法國的**英國，在北美和印度居於優勢，繼荷蘭之後成為霸權大國**。英國本土加上跨越大西洋的北美殖民地，英國成立了「第一英帝國」。

不過，英國為了償還戰爭期間所積欠的赤字國債，對殖民地課以高額稅收，招致美國強烈反彈，最終爆發了「美國獨立戰爭」（二八九頁）。英國成為北美洲霸主的二十年後，西元一七八三年，有十三個殖民地脫離英國獨立。英國原本擁有足以匹敵西班牙的廣大殖民地，失去了北美洲的殖民地後，僅剩下加拿大的殖民地而已。英國橫跨大西洋的帝國夢成為泡影。

解讀歷史

英國急於償還國債，最終由於課稅問題丟失殖民地的統治權，並在美國獨立戰爭中落敗，使意圖建立跨越大西洋的大帝國夢想以失敗告終。

第7章

大西洋孕育出資本主義和民族國家

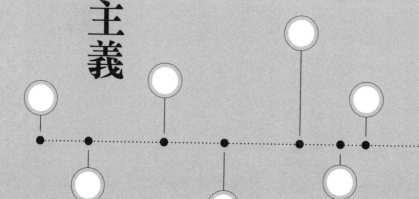

1 砂糖的事業產生資本主義

從大西洋世界誕生的近代體制

歷史的女神透過大西洋賦予歐洲的是**「資本主義經濟」**和**「民族國家」**。這兩種體制是在大西洋世界中，因為諸多條件聚足所偶然產生的體制。西元十九世紀，這套強大的體制最後透過歐洲散播到全世界。

資本主義經濟不同於自給自足經濟，是以追求利潤為目的而不斷擴張的經濟體制。

「小世界史」的經濟型態基本上為自給自足，由於帝國貪婪於領土的擴張，將國家的重心置於軍備，民眾的所得因此停滯不前。不過，到了「大世界史」時代，西元十八世紀後半出現了「資本主義」，透過分業結合廣域，擴張式的經濟體制因此廣播到全世界。人民的所得增加，出生率也隨之提升。

【新舊世界之經濟基礎的差異】新舊世界的經濟基礎分別是「資本」和「田地」，兩者之間有很大的差異。「田地」就算增加幫手也不容易擴大經營，但是「資本」卻和羊群一樣是財富的泉源，很容易就可以不斷增值。初期的種植業或工廠，很容易就擴大了經營的規模。西元前後，世界約有兩億人口。在西元一八〇〇年左右增加到十億人，隨著資本主義經濟的發展人口也不斷增加，直到西元二十一世紀初，世界人口已多達七十億。

資本主義經濟的形成是很重要的主題。很奇怪的是，以往世界史的教科書卻都含糊帶過這段歷史。

這可能是因為以往的歷史學者，將資本主義單純視為社會發展的一個普遍階段而已，也或許他們是在歐亞大陸的「小世界史」框架，或是歐洲史、國家史的框架中看待資本主義的誕生而已。

解讀歷史

由於現在是資本主義經濟的時代，資本主義之經濟體制的誕生過程，實為世界史最重要的課題之一。但是，要從說明傳統農業社會的解體、重組，然後導致資本主義誕生的角度來解釋卻非常困難。如果將資本主義視為由海洋衍生而來的人為形成的經濟體制來理解，條理就非常地清楚明確。

【靠海洋生財的荷蘭和英國】 荷蘭和英國是進軍大西洋世界的後發國，他們由於無法在美洲大陸取得充足的土地，只好仰賴經營種植業和商業來求取財富。如果從以自給自足、以物易物為基礎的歐洲視角出發，將無法順利說明資本主義經濟的形成過程。因為，資本主義經濟乃是由大西洋世界的商品經濟中衍生出來的。

全球盛行的資本主義經濟至今僅有三百餘年歷史，民族國家則僅有兩百五十年歷史。相比於綿延九千年之久的自給自足農業歷史和三千年之久的帝國歷史，資本主義經濟僅是強大的新手而已。我們處於經濟全球化的現代社會，實有必要透過世界史重新檢視資本主義的成立和其擴張的過程。

歐亞大陸在蒙古帝國瓦解後，重整再立的諸帝國仍然持續維持統治（一八六頁）到西元十九至二十世紀初。不過，新崛起的大西洋世界則**在歷經白銀的時代後，隨著甘蔗種植業的普及，並結合了大西洋的三角貿易（三一頁圖，二七二頁），使其商業規模逐漸擴大。資本主義在這段期間也有長足的發展。**

西元十八世紀後半，北美洲歷經英國殖民地獨立戰爭的洗禮，「民族國家」也初現雛形。資本主義和民族國家逐步將世界史導向「歐洲的世紀」。

加勒比海從海盜之海轉變成砂糖之海

西元十八至十九世紀期間，在歐洲諸國的領導之下，世界驟然變得無比遼闊。本書限於篇幅，僅能簡述世界史的動向，或許也唯有如此才能夠更容易掌握整體世界史的脈絡。

西元十八世紀，新大陸的白銀產量銳減，西班牙和葡萄牙獨占海洋的體制也相對弛緩。荷蘭、英國和法國等國，將目標放在比歐洲相對溫暖的美洲大陸（位處亞熱帶和熱帶），開始擴大發展種植業。

西元十七世紀後半以後，加勒比海域的砂糖、菸草、咖啡、亞洲棉和紅茶等商品引進歐洲，隨著咖啡廳的普及，歐洲人民的生活樣式也逐漸改變。這種改變與商業發展和種植業的擴大有密切關係。

資本主義經濟是從加勒比海域大量種植甘蔗開始的。

在白銀的時代，加勒比海相當於西班牙統治美洲大陸的玄關口，由於美洲的原住民受到天花肆虐幾乎滅絕，多數西班牙人因此移居到美洲大陸，加勒比海的海防也相對鬆懈，西班牙人帶來的家畜也在美洲大陸野放繁殖。海盜利用海防鬆懈的情勢居留在加勒比海各島，加勒比海因此成為私掠船和海盜船的天下。只要能夠劫掠西班牙運送白銀的船隻，大筆財富就會滾滾而來。

不過，到了西元十七世紀後半，隨著英國進軍牙買加島，甘蔗的種植業也急速擴大，加勒比海因此搖身一變成為「砂糖之海」。

荷蘭商人原本在巴西的砂糖事業經營得有聲有色，到了西元一五八〇年，西班牙和葡萄牙聯合起來將荷蘭商人趕出巴西，荷蘭商人因此將砂糖的交易中心轉移到加勒比海。

西元一六五五年，克倫威爾（二五六頁）派遣軍隊占領牙買加島，英國人開始在牙買加經營甘蔗的種植事業。砂糖成為利多的戰略商品被急速大量生產，直到西元十八世紀，牙買加島已經超越巴西成為世界最大的砂糖產地。

西元十七世紀末，法國取得西班牙領地伊斯帕尼奧拉島西半部（現在的海地）的聖多明哥，也擴大經營甘蔗的種植事業。西元十八世紀，聖多明哥成為與牙買加島齊名的大砂糖產地。**英國和法國透過加勒比海的砂糖事業賺取了龐大的財富。**

【支撐砂糖事業的奴隸貿易】天花使加勒比海的原住民銳減，巴西等地也由於是採集狩獵的社會，原本就有人口不足的問題，以至於砂糖的種植事業不得不依賴買賣黑人奴隸做為勞動力。根據估計，西元十六世紀有九十萬人，西元十七世紀有三百萬人，西元十八世紀有七百萬人，西元十九世紀有四百萬人，總計有一千五百萬名奴隸從非洲被賣到新大陸。從這些奴隸人口的數字，也可以推知甘蔗種植規模的變化。整體而言，約有四成的奴隸被送到甘蔗栽植中心的西印度群島（二四一頁圖），被送往巴西的則略低於四成。

與歐亞大陸以自給自足為原則的經濟型態不同，新興的種植業將從事生產的勞動力當作商品一樣買賣。**這種買賣奴隸結構的形成，與由於天花造成原住民人口銳減的偶然因素息息相關。**」

甘蔗的種植事業都會附設製糖設備，黑人奴隸做為勞動力，和糧食、農場設備、農具、精製砂糖的工廠、風車一樣，都被當作「商品」以貨幣購入，生產出來的砂糖亦做為「商品」被販售出去。也就是說，甘蔗的種植業完全是由貨幣推動運作的事業。這是一種可以說是前所未有的經濟體制。

此外，由歐洲、非洲和加勒比海連結而成的大西洋「三角貿易」，係以歐洲、新大陸和非洲西岸的分業生產為基礎。形成了一種人與物都被當做商品交易買賣的「市場經濟」體制。

大西洋資本主義經濟的發展空間，比支撐世界帝國和游牧帝國的歐亞大陸更大，擁有如此巨大的市場可以進行大量的商品交易，資本主義才得以在短時間內大肆擴張。

解讀歷史

透過大西洋的大規模三角貿易，加勒比海的砂糖事業和奴隸貿易（砂糖農場的人力）得以長久持續，也直接推動資本主義經濟的普及化。三角貿易是資本主義經濟發展的強大後盾。

Key Point

21

資本主義和民族國家的成立

隨著甘蔗種植業的拓展，大西洋海域的資本主義經濟也急速發展。接著在西元十八、十九世紀期間，以美國的獨立運動為契機，民族國家也逐漸興起。

支撐資本主義的砂糖、咖啡和紅茶

加勒比海大量生產的砂糖在歐洲大受歡迎，成為大眾化的調味料。隨著砂糖的普及，其用途也發展得更廣泛和複雜化。

西元一六〇〇年，英國每人一年砂糖的消費量平均有四百至五百克，到了西元十七世紀變成約兩公斤，西元十八世紀甚至急速增加到七公斤之多。由此可知，砂糖已經成為一種調味料，並普及於一般民眾的生活之中。

不過，種植業的擴大也產生砂糖生產過剩的問題，為了拓展砂糖的銷售通路，必須要想辦法增加民眾對砂糖的需求。如果沒有開發出民眾對砂糖的新需求，砂糖產業就會面臨沒有未來的危機。因此，砂糖商人選擇了伊斯蘭世界的咖啡、中國的紅茶、新大陸的可可亞（巧克力）做為砂糖的最佳夥伴。**隨著新商品的連鎖效應，人們對以砂糖為中心的食品和嗜好品的需求逐漸成長**。不久，咖啡和茶業的種植業也逐漸擴大經營。

西元十七世紀，最早流行的是衣索比亞原產的伊斯蘭世界「香氣四溢」的咖啡飲料。西元一六五〇年，英國牛津開設了英國最早的咖啡廳，掀起一股市民的**「生活革命」**風潮。

西元十七世紀，英國倫敦的咖啡廳多達三千間以上。隨著需求的激增，荷蘭商人和英國商人於是從阿拉伯半島南部的出口港摩卡，購買焙煎完成的咖啡豆運往歐洲。在法國和德國，咖啡廳也大為流行。咖啡豆的交易逐漸擴大，使荷蘭商人察覺到商機，他們開始購買生咖啡豆，在爪哇島和斯里蘭卡經營咖啡的種植事業。英國東印度公司在價格競爭中失利，只好捨棄咖啡改發展紅茶事業。

西元十七世紀中葉以後，英國東印度公司向英國皇室進獻大量的茶業並藉機宣傳。使英國的上流社會開始流行使用產於中國清朝的茶葉、產於加勒比海的砂糖，以及使用清朝的瓷杯喝茶。西元十七世紀末，茶葉的進口量年平均是兩萬磅，到了西元一七二一年則超過一百萬磅，西元一七五七年則多達四百萬磅。

不過，美國由於紅茶銷售的糾紛脫離英國獨立後（二九〇頁），從此退出紅茶文化圈，改為嗜飲淺焙的美式咖啡。因此，在巴西的聖保羅州東部也開始了大規模的咖啡種植業。

南美洲原產的可可亞，原本是王侯貴族的藥用飲品，直到西元十九世紀前半，荷蘭阿姆斯特丹的 Van Houten 發明了去除多餘脂肪成份的技術，使可可亞變得順口好喝。西元十九世紀中葉，英國公司開始在可可亞裡加入大量的砂糖，用以製作固體的巧克力。西元十九世紀，英國遂將可可豆移植到非洲種植栽培。

隨著歐洲咖啡、紅茶和可可亞等新嗜好品文化的流行，砂糖也跟著普及到民眾的生活之中。**砂糖、咖啡、紅茶和可可亞深入民眾的生活，顯示出歐洲、美國和亞洲連結成了一個廣大的歐洲商業圈。**

賺取龐大利益的大西洋三角貿易

一般來講，甘蔗需要一年半的成熟時間，農場主（栽植者）只要分配好種植時期就可以連續採收。不過，由於甘蔗在收割後就會急速降低甜度，極需要能夠在短期間內集中利用的大量人力。因此，種植業不可缺少充足的黑人奴隸。

在種植業，一百個人力在一年之中大約可以生產出八十噸的砂糖。西元一六四五年，根據巴貝多一位英國人的信中所言，只要讓黑人奴隸工作一年半就可以回本。

英國利物浦港和法國南特港都是奴隸貿易的中心。西歐用武器（火槍等）、日用品和雜貨與西非交換奴隸，奴隸再隨著西歐的手工業製品一併送往加勒比海域和新大陸，藉以換取砂糖和菸草等農產品（三一一頁圖）。

西元十八世紀，主導奴隸貿易的是英國人。英國的奴隸商人開發出能夠價廉、大量運送奴隸的方式，遙遙領先他國的奴隸貿易商人。不過，巴西的奴隸貿易一向是由葡萄牙商人占據主導的地位。

【奴隸貿易賺取十倍的利益】英國的奴隸商人只需花費二至三英鎊的金額購買奴隸，再以二十五至三十英鎊的金額轉手賣出，賺取將近十倍的暴利。約有三分之一的黑人奴隸會在運送途中死去，將近三百年期間，據說有多達一千萬名黑人奴隸被迫離開非洲家園。由於奴隸貿易盛行的關係，非洲流失了大量正值勞動年齡的青年，其人口的結構比例也變得極為不平均。

從黑人奴隸的運送數字來看，英國等國的奴隸商人從其中賺取的利益簡直難以計數。英國也透過這筆龐大的財富，蓄積了使國家經濟飛躍發展的強大能量。西元十八世紀，英國將英屬殖民地的糧食和木材輸送至西印度群島，換取砂糖和糖蜜製成蘭姆酒後銷往歐洲，藉以換取工業製品，這一連串的貿易鍊使英國、北美的英屬殖民地及加勒比海域逐漸形成第二個三角貿易。

【源起於咖啡廳的保險業】隨著海運的興盛，衍生出為了分散航海風險的保險業。西元十七世紀末，倫敦港有一位叫做艾華．洛依德的商人開設了一間咖啡廳，由於經常有貿易商和保險業者在店裡聚集，不久洛依德即以勞合社（Lloyd's）之名成立法人團體，開始受理海上保險業務。始於海上保險獲益頗豐的保險業，後來也推出火災保險和生命保險，普及於一般民眾。

2 由工業革命和產業都市主導世界史

透過「工業革命」轉換成由都市主導歷史的時代

西元十八世紀後半開始的「工業革命」，並非在短時間內使社會產生巨變，而是透過漫長的歲月逐漸地全盤顛覆整個世界的基礎，堪稱是很溫和的社會改革。

不過，從現在的觀點來看，由燃煤運作的蒸汽機所構成的工廠，使原本做為封建統治據點的都市，轉變成巨大的製造與生產的場所。各地因此誕生許多產業都市，透過遠遠超越農田的生產力，世界史邁向一個新的舞臺。由產業都市主導世界史的時代正式到來。

到了一七六〇年代，隨著砂糖產量的增加，貿易逐漸失衡，於是歐洲開始將目標放在適合亞熱帶和熱帶的新的戰略商品。當時占英國外銷一半以上的毛織品，由於不適合輸出國的氣候而遭遇瓶頸。因此，印度產的棉布成為新的戰略商品被引進大西洋市場。如同後述（二七六頁），自從紡紗工程（將棉花紡成棉紗）移植到英國後，英國的工業革命就此展開。

解讀歷史

隨著大西洋三角貿易的急遽擴大，歐洲面臨外銷手工業商品不足的問題。因此，英國東印度公司採取從印度進口大量棉布的策略，獲得很大的成功。英國從此開始生產棉布，使棉布也成為戰略商品之一。

成為「外銷熱門商品」的棉布

產業都市與前近代的都市相比，在機能上有很大的改變。產業都市加入工廠、倉庫、車站、船塢和勞工聚集的街道等大量新元素，使都市的結構徹底改變。從出現產業都市開始，人類也邁向「都市時代」。

一七六〇年代以後，英國導入產棉布的機器並開始使用蒸汽機，引發了工業革命。眾所皆知，這場工業革命造成經濟和社會的巨大轉變。工業革命使人類邁向新紀元，透過資本主義經濟的確立、都市化的進展和交易範圍的拓展等，使傳統社會體系產生極大的轉變。

英國出現工業革命並非偶然。從與荷蘭和法國的競爭中勝出後，英國不只確立了大西洋的經濟霸權，也鞏固了廣大的「海外市場」，這些因素都促成了工業革命的產生。

直到西元十七世紀末，大西洋貿易的主力商品由傳統的毛紡織品，轉變成由英國東印度公司從印度引進的棉布（calico）。不過，要從印度的蒙兀兒帝國購買棉布需要大量的白銀。此外，由於進口印度棉布會打擊英國的毛紡織產業，英國議會為了支持國內的毛紡織業者，曾在西元一七二〇至一七七四年期間禁止進口印度棉布，並制定禁用棉布的法令。

英國商人於是在加勒比海域栽種棉花，改由在國內自行生產戰略商品的棉布。英國禁止進口印度棉布的政策，培植了英國用以外銷的製棉工業。英國以西印度群島栽植的棉花為原料的棉布產業，在蘭開夏一帶（奴隸貿易港利物浦的腹地）急速發展。這就是**「工業革命」**的起源。英國撤除禁用棉布的法令後，在十年期間，棉布的生產量一舉暴增五十倍。

解讀歷史

英國議會為了保護國內的毛紡織業者制定了禁用棉布的法令，無意間使棉布成為英國的外銷商品。大西洋三角貿易使棉布擴大生產，也導致工業革命的產生。人們對既得利益的維護，無論在何時何地都不會改變。

紡織業需要高效率的「機器」

直到一七六〇年代，約翰．凱（John Kay，約西元一七〇四至一七六四年）在西元一七三三年發明了能夠自動來回紡織的毛紡織工具飛梭（flying shuttle）。飛梭被用於棉布生產，使織布的效率大為提升，棉紗也逐漸產生供不應求的問題。紡織業者因此重金懸賞求取新的紡紗技術。

【海外市場熱銷的戰略商品】吸濕性佳的堅固棉布成為受歡迎的新原料，西元一七五〇至一七七〇年期間，外銷大西洋商圈的英國棉布，其出口量大增了十倍左右。

紡織業的興盛，使一般百姓也瘋狂投入發明紡織的相關技術。經由紡織工人出身的哈格里夫斯（J. James Hargreaves，？至一七七八年）、假髮業者出身的阿克萊特（Richard Arkwright，西元一七三二至一七九二年）和紡織工人出身的克朗普頓（Samnel Crompton，西元一七五三至一八二七年）等人的努力，紡紗機的改良和發明不斷推陳出新。機器生產的場地也由小工作坊轉變成大規模的工廠。

西元一七六九年，阿克萊特發明了**「水力紡紗機」**，他是工業革命時期最早獲得成功的人。雖然他出身貧窮，年逾五十才學習如何拼寫文字，但是他發明了利用水力同時運作數千個紡錘的水力紡紗機，並取得專利權。隨著許多大工廠陸續採用水力紡紗機，阿克萊特也獲得極大的收益。

不過，以水車做為動力來源的水力紡紗機，必須要在水流湍急的山麓地帶才能運作，但是工廠卻又必須設置在港口附近才行。因此，為了要在平地也可以運作水力紡紗機，必須要開發出新的動力來源。西元一七六五年，瓦特（西元一七三六至一八一九年）改良了蒸汽機，對紡織業貢獻甚鉅。

解讀歷史

人類社會開始依賴化石燃料（煤）的原因，從現在的角度來看其實非常單純，因為煤當時是運作紡紗機的動力來源。物品的製造往往以社會的需求（以現代說法來講就是市場行銷）為前提。

【新動力的登場】瓦特由於被機械職業工會排擠，在格拉斯哥大學擔任實驗器具的修理工人，他改良了運用煤礦排水的紐科門式蒸汽機（steamer，氣壓發動機），成功運用了旋轉運動（原本是採用活塞往復直線運動）做為機器的動力。

隨著棉紗生產量的提升，英國又面臨紡織工人不足的問題。西元一七八五年，英國國教會的牧師卡特萊特（James Watt，西元一七四三至一八二三年）製做出**「動力織布機」**，使紡織作業得以機械化。英國棉花的進口量，在西元一八八一至一八八五年期間為一千零九十四萬磅，到西元一八二六至一八三〇年期間，則遽增到兩億三千兩百九十一萬磅。由此可知，在西元十九世紀英國機械織造的棉布產量急速增加的情形。

到了一八五〇年代，棉布的外銷額甚至逼近英國總出口額的三分之一。西元一八〇〇年左右，英國的人口為八百五十萬人，直到一八五〇年代則增加到一千五百萬人。英國生產的工業製品有半數銷往國外，農作物則是由國外大量進口。

顛覆世界的「煤」能源

瓦特的蒸汽機成為驅動機器的萬能動力後，**煤也成為新的能源代表**。西元一七〇〇年，煤的年產量為三百萬噸，一百五十年後的西元一八五〇年，煤產量則遽增二十倍高達六千萬噸。煤需求量的遽增，彰顯了時代的巨大轉變。

當時的煤被認為是取之不盡的能源，支撐了整個社會的發展。長久累積在地底的古老太陽能源（煤）成為經濟活動的泉源。西元十九世紀末期以後，熱效率高於煤兩倍的石油逐漸取代煤的地位。

英國以自由貿易為口號，在大西洋世界和亞洲大肆拓展市場，也因此出現**「不列顛治世」**的榮景。不過，新的生產製造方式固然帶來了繁榮和進步，但是在都市也出現貧民窟和勞工生活環境惡劣等問題。隨著社會落差的擴大，社會矛盾也不斷加深。據說當時勞工的平均壽命，居然是在二十歲以下。

Key Point

22 邁入煤、石油的時代

工業革命以後，人類社會邁入依賴煤、石油等化石燃料做為能源的異次元時代。

工業革命與社會落差的擴大

現代社會受到經濟全球化的影響，擴大的社會落差成為很大的問題。工業革命後的英國，隨著技術革新和經濟體系的重組，導致富者愈富，從而產生前所未有的嚴重社會落差。英國沒有制定保護勞工的法律，加上長時間的工時和低薪，勞工的生活十分悲慘。相對於勞工的悲慘，工廠的經營者卻能夠每天數著白花花的鈔票。

「資本家、地主和貴族」過著紙醉金迷的奢華生活，「勞工和失業者」卻生活在飽受噪音和煤煙所苦的貧民窟中憂心生計問題，兩種截然不同的國民生活使英國社會面臨分裂的危機。如果不設法消除社會落差的問題，社會內部的對立會越演越烈，最終導致國家瓦解。以議會為中心的民族國家，開始正視改變「選民組成」的重大課題。

西元一八三二年，英國的第一次選舉改革法案使產業資本家獲得選舉權，卻沒有賦予勞工選舉權，勞工的不滿日益高漲。西元一八三七至一八五八年左右，勞工階級群起發動「憲章運動」爭取勞工的參政權。之後，隨著英國經濟狀況的好轉，勞工階級也被賦予階段性的選舉權，英國的國家體系因此逐漸改變。

直到西元十九世紀後半，英國議會形成兩大政黨制，分別由格萊斯頓等人領導的自由黨和由迪斯雷利等人領導的保守黨組成。自由黨為求支持，主張讓占國民多數的勞工參加議會，並在選舉改革法案中，推動勞工階段性參加議會的議案。

西元一八六七年，熟練工人被賦予選舉權（第二次選舉改革法案）。西元一八七〇至一八七二年期間，英國開始實施普通教育，使勞工組織合法化，並採用匿名投票制。西元一八八四年，英國導入小選區制鞏固既存政治家的權勢，同時也在第三次選舉改革法案，通過大部分勞工的選舉權，政治的落差因此獲得緩解。隨著經濟的繁榮、勞工的待遇獲得改善，英國社會逐漸回復安定。

解讀歷史

經濟環境的驟變，一時之間使社會產生巨大的經濟落差。不過，隨著勞工運動及勞工獲得選舉權的進展，這種落差也逐漸消弭，社會也回復安定。全球化使「落差」的問題擴及全世界，不僅日本，如何解決這個問題是全人類共同的課題。

3 支援都市發展的全球規模之高速交通網

急速擴大的鐵路交通網

西元一八二五年，英國的史蒂芬生（George Stephenson，西元一七八一至一八四八年）發明了蒸汽火車（steam locomotive），他在間距四十五公里的斯托克頓和達靈頓之間，用他所製造的火車拖曳三十五輛搭載乘客和貨物的車廂，以時速十八公里左右的速度試行成功。這段鐵路主要是將產於內陸杜倫的煤礦運送到海岸。

西元一八三〇年，**英國開通了間距四十五公里的利物浦至曼徹斯特鐵路，火車時速達四十公里，是世界最早的客運鐵路**。利物浦－曼徹斯特鐵路廣受好評，三年期間平均每日乘客數達一千一百人，運送貨物也很順利，這條鐵路非常賺錢，不僅把國庫的借款還清，還可以給股東百分之九・五的高額股利。

【無法普及的蒸汽巴士】英國曾經運用小型的蒸汽機製造蒸汽汽車，西元一八三一年甚至出現了世界最早的蒸汽巴士事業。不過，由於蒸汽巴士和馬車業者之間產生衝突，英國法令又限制蒸汽巴士的時速，最終導致蒸汽巴士無法普及。

鐵路事業的大成功掀起興建鐵路的熱潮，英國因此進入**「鐵路狂時代」**（Railway Mania）。英國鋪設鐵路的速度非常快，一八五〇年代初期，英國的鐵路網已經遍及全國，形成以倫敦為中心的放射狀鐵路網。西元一八四五年，鐵路的總長為三千兩百七十七公里，直到西元一八五五年，已經延伸到一萬三千四百一十一公里，有非常顯著的成長。

這一場興建鐵路的熱潮，由英國急速擴大到整個歐洲大陸，為國內市場的統一和民族國家的形成有非常重大的貢獻。德國也繼英國之後，在西元一八五〇年完成國內的鐵路網。德國由於想要加速興建鐵路的腳步，刻意將興建鐵路的成本壓低至英國的百分之三十五。

普及全球的鐵路

為了方便將物資運往港口，世界各地的殖民地都加速興建簡便的鐵路，透過方便的鐵路，內陸的物品從港口被運往歐洲，歐洲的工業製品則被運往內陸。

解讀歷史

鐵路的急速發展拓展了鐵路網，也使歐洲成為世界的中心。

【鐵路與不列顛治世】鐵路事業影響的範圍很廣，為了拓展鐵路網，需要鐵軌、火車、客車和貨車的配合，因此帶動了英國製鐵業和機械工業的長足發展。對於英國來講，鐵路是比棉花更重要的戰略商品。鐵路不到半世紀就遍及整個「大世界」，形成將殖民地的財富集中到歐洲的高速交通網絡。透過鐵路建設，英國和歐洲在世界穩居優勢的地位。

印度最早在一八四〇年代就設置鐵路建設公司，並在西元一八五三年決定鐵路建設的基本架構，於六〇年代興起鐵路興建熱潮。西元一九〇二年，印度的鐵路線距離超越英國本土的兩萬三千英里，長達兩萬六千英里。

不過，**印度的鐵路線很奇特，都是從港口放射延伸出去的，並不是一個國家理想的鐵路線分布型態**。基於考量「殖民宗主國的利益為優先」，幾乎所有的殖民地都呈現這種鐵路分布型態。

西元十九世紀，急速覆蓋全球的高性能交通網絡，形成以西歐諸國為中心，透過鐵路、港口和蒸汽船航線，將財富集中到歐洲的奇特交通網絡型態。

這種交通網絡型態也凸顯出亞洲、非洲和美國對歐洲的從屬關係。至於世界各地鋪設鐵路的情形，在西元一八六〇年至一八九〇年期間，歐洲成長了五倍，北美洲則是六・五倍，拉丁美洲是六十六・三倍，亞洲是四十一・四倍，非洲則是三十六倍，可以看出全世界的鐵路建設皆有長足進展。

全球鐵路建設的熱潮需要大量的鐵軌，也因此帶動英國鋼鐵的外銷。一九五〇年代，英國生產的鋼鐵有將近百分之四十都熱銷到國外。

解讀歷史

全球的鐵路網絡建設，提供技術、設備和資本的都是英國。隨著鐵路和蒸汽船固定航線的世界化，英國也獲得「世界工廠」的地位。英國透過全球的基礎建設事業（公共建設）賺取了巨大的財富。

Key Point

23

出現鐵路和蒸汽船的高速交通網

工業革命後，都市成為「製造與生產的場所」，不斷地擴大發展。支援都市發展的鐵路和蒸汽船的高速交通網，使全球都產生極大的轉變。

4 美國的獨立戰爭使「民族國家」普及化

從波士頓發起「民主革命」

西元十九世紀，從大西洋周邊的歐洲和南北美洲興起的「民族國家」取代了既有的主權國家（二五三頁）。

民族國家的興起，乃是以大西洋世界之資本主義經濟的普及為前提。幾乎同時發生的「工業革命」和「民主革命」之雙重革命，使全世界換上了新樣貌。**「美國獨立戰爭」是西元十九世紀政治變遷的起點**，發源地就在美國東部美麗的港都波士頓。

自從英國在對法戰爭的「英法七年戰爭」（西元一七五五至一七六三年）中勝出後，遂將墨西哥以北的北美洲盡數掌握在手中。英國搖身成為擁有足以匹敵西班牙廣大殖民地的國家，並意圖對殖民地施以等同英國本土標準的統治。

英國由於長期的對法戰爭，累積了一億三千萬英鎊的沉重負債，於是打算對北美殖民地實施「印花稅條例」（西元一七六五年），徵收印花稅乃至一連串的物品稅，北美殖民地以「無代表就不納稅」（英國無允許北美洲派代表參與英國議會，所以課稅是不當行為）為口號，強烈反對英國的徵稅措施。

由於當時很難查清人民的所得，所以英國的徵稅主要以印花稅為主。因此，英國在北美殖民地也有販售印花紙（印刷品規定採用的特製印花紙），但是印花紙的販售場所經常遭受民眾襲擊，使課稅困難重重。

【紅茶與波士頓倒茶事件】西元一七七三年，英國政府通過「茶葉法案」賦予英國東印度公司到北美殖民地銷售茶葉的專利權，使波士頓一些從歐洲走私紅茶獲取利益的商人，聯合激進派發起反對運動。同年十二月，東印度公司滿載茶葉的船隻駛入波士頓港，五十名打扮成印第安人的激進人士一邊高喊「Boston Harbor a Teapot Tonight」（今夜讓波士頓成為茶壺港），一邊將三百四十二箱的茶葉傾倒入海裡，造成一百萬美元的損失。據說目睹事件發生的一般民眾，都擺出袖手旁觀的態度。這就是造成美國獨立戰爭的其中一個遠因「波士頓倒茶事件」。

發生「波士頓倒茶事件」後，波士頓被封港，英國也派遣軍隊前往駐軍，英國與北美殖民地之間的衝突日益緊張。西元一七七五年，波士頓郊外的萊辛頓發生殖民地民兵與英國軍隊的武力衝突，戰爭從此爆發。這段期間，擔任雜誌編輯的湯瑪斯・潘恩（Thomas Paine，

■北美十三殖民地與獨立後逐漸擴大國土的美國

簽訂一七八三年巴黎條約後的美國
新罕布夏州
(一六七九年)
萊辛頓和康科德戰役
(一七七五年)
紐約州
(一六六四年)
波士頓
麻薩諸塞州
(一六三〇年)
賓夕法尼亞州
(一六八一年)
紐約
羅德島州
(一六三六年)
康乃狄克州(一六三六年)
阿帕拉契山脈
西班牙殖民地
英國殖民地
密西西比河
維吉尼亞州
(一六〇七年)
紐澤西州(一六六四年)
德拉瓦州(一六六四年)
馬里蘭州(一六三四年)
北卡羅萊納州
(一六六三年)
南卡羅萊納州
(一六七〇年)
喬治亞州
(一七三三年)
路易斯安那州
約克鎮圍城戰役
(一七八一年)
北緯31度線
佛羅里達州
墨西哥灣
大西洋
※州名後面的( )表示建立的年分

西元一七三七至一八〇九年）以平易的文章呼籲「獨立」的正當性，他所著作的《常識》成為暢銷書，獨立的機運逐漸醞釀成形。西元一七七六年，美洲大陸的各殖民地代表共同召開大陸會議，決議發表了「獨立宣言」。

解讀歷史

波士頓倒茶事件後，英國開始駐軍北美殖民地，隨著萊辛頓爆發軍事衝突，《常識》喚起北美殖民地「獨立」的自覺，最終引發了美國獨立戰爭。獨立戰爭的爆發並非偶然，乃是一場醞釀已久的戰爭。

【主權在民與社會契約理論】主張脫離英國獨立的北美殖民地，沒有「君王」的存在。因此，為了佐證去君王化的新社會之正當性，約翰．洛克的「社會契約理論」被加以採用。根據社會契約理論，人民得行使革命權，廢除踐踏基本人權的英國國王，建立以人民為主權者的新型態國家。社會契約理論彰顯出以人權思想為基礎的新國家觀。

法國和荷蘭等國為了乘勢打擊英國，也有派軍援助美國的獨立戰爭。西元一七八一年，殖民地軍隊在「約克鎮圍城戰役」中獲得決定性的勝利。西元一七八三年，美國終於透過「巴黎條約」正式獲得獨立。西元一七八七年，美國制定憲法，華盛頓也在西元一七八九年出任美國第一任總統。

【紀念美法革命的「自由女神」像】佇立於紐約港灣自由島上的自由女神像，右手高舉自由的火炬，左手則捧著刻有美國獨立紀念日和法國大革命紀念日的書板。自由女神像是法國政府為恭賀美國獨立百年所贈與的禮物，被稱為「自由照亮世界」之像。在巴黎萬國博覽會公開亮相後，重達二二五噸的自由女神被拆解成二十四個組件運往美國，其骨架和臺座是由興建艾菲爾鐵塔的艾菲爾所建造。

解讀歷史

北美殖民地為了否定英國國王的統治，引用社會契約理論來支持自己的立場，最後以集中民意的議會為中心，成立了世界最早的民族國家。法治主義從此逐漸取代封建的人治主義。

繼美國獨立戰爭後爆發的法國大革命

由於英國採取重商主義政策，殖民地不被允許建造工廠。法國的波旁王朝於是出面援助無法製造武器和彈藥的北美殖民地軍隊。波旁王朝（西元一五八九至一七九二年）為了削弱在殖民地爭奪中占盡優勢的英國勢力，於是派兵支援北美十三殖民地的獨立行動。

不過，美國獨立成功不到十年光景，革命的風潮就延燒到法國。法國由於援助美國獨立戰爭拖垮了國家財政，加上連年歉收，不得不對擁有免稅特權的貴族課稅。然而，貴族卻要求召開從西元一六一五年以來停辦多年的「三級會議」（由教士、貴族和平民三種身分組成的議會）。

西元一七八九年，召開了睽違一百七十四年的三級會議，占據多數的平民（第三身分）竟意外提出組成國民議會並制定憲法的要求。路易十六（西元一七七四至一七九二年在位）遂對民眾採取武力鎮壓的強硬手段。西元一七八九年七月十四日，巴黎市民攻陷巴士底監獄占領了巴黎，**「法國大革命」**就此爆發。

攻陷巴士底監獄事件引發了地方農民的叛亂，法國陷入全國混亂的狀態。同年八月，國民議會決議通過由主張自由主義的貴族拉法葉特（西元一七五七至一八三四年）所起草的「法國人權宣言」（以「獨立宣言」為藍本）。

【喜愛美國的拉法葉特】法國大革命初期的領導者拉法葉特，曾自購船艦並招募士兵參加美國的獨立戰爭。拉法葉特是一位非常憧憬庶民之國——美國的貴族，他甚至在自己家中的牆壁懸掛「獨立宣言」。

法國國王路易十六意圖王政復古，遂向奧地利求援。幾經曲折之後，西元一七九三年，路易十六被送上斷頭臺，法國也由議會掌握主權成立了「民族國家」。不過，法國雖然建立了新的國家組織，舊有的既存權勢仍以各種形式被擁護和延續下來。舊制度雖然已經倒臺，西元一七九五年，限制選舉制（有財產資格限制）仍然透過憲法重新復活。

【公尺的誕生】法國科學院以世界地圖的製作宜統一長度單位為由，訂定「地球子午線長的四千萬分之一」作為一公尺。西元一七九三年，在法國大革命期間，法國耗費了六年時間進行巴塞隆納和敦克爾克之間距離的實證測量。公尺（metre）在希臘語就是「測量」的意思。

解讀歷史

根據教科書等書籍的記述，大都給予眾人「法國大革命是民主革命先驅」的印象，不過，從更寬廣的視野來看，法國大革命在政治上或是思想上，都深受美國獨立戰爭的影響。

透過「徵兵制」使法國成為大國的拿破崙

西元一七九五年，法國成立「督政府」後，法國大革命也大致告一段落。但是由於左右兩派勢力的對立，以及歐洲諸國為了對抗發生革命的法國，組成了第一次反法同盟，都使法國的政治情勢依然動盪不安。其中，由於軍事上的成功，**軍人出身的拿破崙（西元一七六九至一八二一年）逐漸嶄露頭角，他透過徵兵制所組成的軍隊，壓制了周圍封建國家的常備軍隊。**拿破崙在瓦解了第二次反法同盟後，深受法國民眾愛戴，並於西元一八〇二年成為終身執政。西元一八〇四年，「拿破崙法典」（法國民法典）的問世確立了民主社會的秩序。同年，法國實施全民投票將拿破崙推上法國皇帝的寶座。

西元一八〇五年，拿破崙在「奧斯特里茨戰役」（三皇會戰）戰勝俄羅斯和奧地利的聯軍，西元一八〇六年，拿破崙迫使神聖羅馬帝國解散並組織了「萊茵邦聯」，同年，拿破崙又在「耶拿戰役」擊敗普魯士。

> **【擊敗拿破崙的自由貿易】**為了打擊英國的自由貿易，拿破崙發布了「大陸封鎖令」（西元一八〇六至一八一三年），下令俄羅斯等歐洲大陸諸國禁止與英國進行貿易。這項政策的目的，在於將價廉的英國產品趕出歐洲大陸，讓整個歐洲大陸都成為法國的經濟市場。但是，由於英國是俄羅斯外銷穀物的主要國家之一，俄羅斯的經濟

因此大受打擊，只得再恢復與英國通商，立場也變得傾向英國。

拿破崙透過家族分治，逐漸鞏固自己在歐洲大陸的統治勢力，他安排自己的家族分別統治七個王國和三十個公國。不過，拿破崙為應付西班牙頑強的游擊戰，遠征俄國（因為俄國違反大陸封鎖令，西元一八一二年）又遭逢失敗，使其勢力急速衰退。西元一八一三年，拿破崙在與普魯士、奧地利和俄羅斯的聯軍對戰中失利，並於翌年西元一八一四年被流放到地中海的厄爾巴島。拿破崙從此日落西山。

解讀歷史

拿破崙以獨裁的方式成功使法國建立起民族國家，又透過徵兵制所建立的軍隊幾乎掌控了整個歐洲大陸。不過，他實施大陸封鎖令意圖排除英國的民族政策失利，成為他由盛轉衰的轉捩點。法國在經濟上也沒能追上英國的腳步。

【脫胎換骨的拉丁美洲】受到美國獨立戰爭、法國大革命和拿破崙統治西班牙的影響，一八一〇至一八二〇年代期間，拉丁美洲也在西蒙·玻利瓦爾等西班牙移民後代（克里奧爾人）的領導下展開獨立戰爭。哥倫比亞、祕魯、玻利維亞、阿根廷、

「智利和墨西哥都相繼獨立，並仿效美國和歐洲建立了民族國家。不過，拉丁美洲諸國在完成獨立後，仍舊持續了數十年的混亂，因為擁有私人軍隊的富有地主階層（高地酋）意圖使國家私有化而頻起政變。因此，拉丁美洲沒有進一步進行社會改革。」

解讀歷史

西元十九世紀初期，美國和歐洲建立民族國家的趨勢也延燒到拉丁美洲，環大西洋區域因此成為世界建立民族國家體制的先驅，也形成一股迥異於歐亞大陸帝國和主權國家以議會為中心的國家勢力。

建立歐洲秩序的「維也納體制」

西元一八一四年，為了解決為拿破崙所征服的歐洲大陸領土問題，歐洲九十個王國和五十三個公國，在奧地利首相梅特涅的主導下召開了「維也納會議」。不過，正如同名言「大會不行動，大會在跳舞」所示，要透過會議協調各大國的利害是極為困難的事。藉此情勢，拿破崙逃出厄爾巴島重返巴黎企圖東山再起，卻仍告失敗（百日王朝）。於是他又被流放到南大西洋的孤島聖赫倫那（二三三頁圖），幽禁終身。

受到拿破崙捲土重來的刺激，歐洲諸國趕緊協調領土問題，除了「四國同盟」（軍事同盟，法國隨後加入成為五國同盟）、英國、鄂圖曼帝國和羅馬教宗以外的所有君主，都參與組成了理念上的「神聖同盟」。**法國大革命以前的傳統歐洲體制又重新復活。這就是所謂的「維也納體制」**。

不過，維也納體制並沒有持續很長時間。一八二〇年代，隨著拉丁美洲的相繼獨立，西班牙等大多數國家由於將拉丁美洲視為歐洲的一部分，主張派兵鎮壓拉丁美洲，英國則考量到與拉丁美洲的經濟往來而反對出兵。最後英國退出了五國同盟。西元一八三〇年，法國爆發了「七月革命」，西元一八四八年，法國又爆發了「二月革命」，維也納體制在短時間內就崩潰瓦解。

隨著維也納體制的瓦解，環大西洋區域的民族國家得以穩定發展。在這個時代，**歐亞大陸雖然仍然以傳統的部族和帝國為主流，大西洋周邊一帶的民族國家體制卻蓬勃發展**。

解讀歷史

維也納體制的瓦解，意思是著歐洲脫離了傳統的「小世界」，邁向由民族國家體制所組成的「大世界」。

透過民族主義的國家統合

西元十九世紀後半是民族主義（Nationalism）的時代，「民族國家」雖然亦有保障市民基本人權的意涵，其實更包含了易於融合於傳統社會的民族主義。

【民族主義與達爾文主義】民族主義的理論依據是生物學家達爾文的進化論。生物界的原則是適者生存和弱肉強食，無法適應環境的「物種」將會被淘汰。這套理論運用在人類社會的民族主義，「物種」可被替換成「民族」和「國家」（社會達爾文主義），強者繁盛，弱者滅亡是理所當然的道理。經過民主革命和工業革命，古老傳統的秩序逐漸崩解，優勝劣敗被視為理所當然，各國於是開始追求「富國強兵」。

民族主義崛起的時代，民族統合也有進一步的發展。西元一八六一年，薩丁尼亞王國的首相加富爾（西元一八一〇至一八六一年）主導了義大利的統一。西元一八七一年，普魯士的宰相俾斯麥（西元一八一五至一八九八年）實施鐵血政策（為了統一德國而採取的軍備擴張政策），經過西元一八六六年的「普奧戰爭」和西元一八七〇至一八七一年的「普法戰爭」，終於成立了**「德意志帝國」**（西元一八七一至一九一八年）。義大利和德意志的統一，並不是意圖建立起民主政府，兩者都是以民族統合為目的。由此可知，民族的統合被視為是富國強兵的前提。

Key Point

24 十九世紀是歐洲的時代

西元十九世紀是由歐洲諸國領導世界的「歐洲的時代」。隨著民族主義高漲，及帝國主義的殖民地競爭，國家和民族的爭鬥也蔓延到全球。

第 8 章

由英國領導的「歐洲時代」

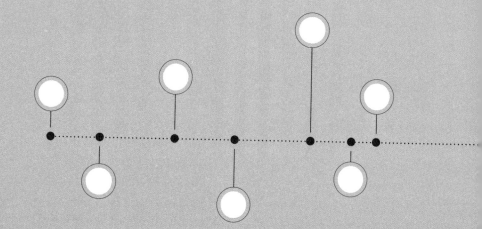

1 撐起大英帝國的英鎊時代

「黃金」撐起英國的經濟霸權

提倡自由貿易，領導資本主義全球化的是英國。

當時的英國意圖建立**「國際金本位制」**（the gold standard system），用以取代大部分集中在大清帝國的白銀。英國想要藉由掌控主導世界經濟的貨幣，獲得世界的主導權。為了實現這個意圖，需要大量的黃金來配合。

很幸運的是，當時新開墾的巴西、加州、阿拉斯加、澳洲和南非等地都掀起一連串的淘金潮，英國剛好藉此時運，透過英鎊（有黃金在背後支撐）成功地掌握了世界經濟的主導權。

【什麼是英鎊】英國的貨幣單位是英鎊，正式的名稱是磅銀（pound sterling）。「pound」是源於古羅馬的重量單位，「sterling」則是「純銀」的意思。磅銀的名稱，起源於中世紀的英國曾仿效古羅馬，以銀一磅鑄造兩百四十個銀幣。因此，英鎊一詞本身就留有銀本位時代的遺痕。」

英國在西元一八一六年制定了貨幣法，並確立了金本位制。西元一八二一年，英國更發行了可以兌換黃金的紙幣。英國以壓倒性的經濟能力為背景，在倫敦囤積了非常大量的金條。

不久，德國、美國和日本也都相繼追隨英國的腳步，**至西元一九〇〇年為止，世界的主要國家幾乎都採用了金本位制，從而形成了世界經濟的新體系。**

解讀歷史

隨著金本位制的實現，以英國領頭的「大世界」自行成立了國際貨幣的體系，在金融方面也超越了「小世界」。

淘金潮之於世界史的意義

西元十七世紀末，巴西的米納斯吉拉斯發現了金礦。西元十八世紀時，全世界有百分之八十五的黃金皆產於此。到了西元一八四八年，美國西部的加州也發現了金礦，約有十萬被稱為「Forty-niners」（西元一八四九年前往加州淘金的人）的淘金者湧進加州。加州在五年期間挖出了超過兩億八千五百萬美元的黃金，大約是以往美國所生產的黃金的二十一倍之多。

澳洲也從西元一八五一年開始興起淘金潮，使原本只有四十萬的殖民地人口，在十年期間暴增了三倍之多。澳洲產金量的高峰在一九〇〇年代初期，不過現在的產金量也約占全世界的一成。

西元一八八九年，南非的川斯瓦共和國在接近地表處發現黃金的大礦脈，成為全世界最大的黃金產地。英國為了合併川斯瓦共和國和奧蘭治自由邦（由荷蘭移民的子孫波耳人所建立），掌控世界第一黃金產地和鑽石產地，強勢發動了**「波耳戰爭」**（西元一八九九至一九〇二年）。

英國針對採取游擊戰反抗的波耳人，投注了約四十五萬兵力，將近二億二千三百萬英鎊的龐大軍事費展開焦土作戰，企圖以強勢的軍力迫其臣服。英國如此不惜代價，是因為瞭解到想要主導世界經濟，極需要龐大的黃金支持。

2 蒸汽船的出現使世界變小

蒸汽船的出現使大西洋變成「巨大的湖泊」

大西洋上航行的帆船，逐漸為蒸汽船所取代。西元一八四〇年左右，蒸汽船的建造愈來愈普及。因為以三片螺旋槳作為推進力的蒸汽船，性能更優異且順暢。而且比起木造船，鐵製船體的效率約高出兩成。

到了一八七〇年代，鋼鐵船的建造費比木造船便宜了三成，而且還可以建造出大型船，於是鋼鐵船急速取代了傳統的木造船。以往為了增加船體的載貨量，在航線的要地都設置有儲煤場，以利在中途裝填煤炭維持航行。之後，隨著海上運輸技術的改革，西元一八六八年至一八七九年期間，運輸費用減少了有一半之多。

「**【以倫敦為基準的世界時間】**由於地球運轉一次需要二十四小時，每經度十五度被設定為一小時時差。到了一八七〇年代，英國的時間成為「世界時間」。世界各國」

都採用位於倫敦郊區的格林威治天文臺的格林威治標準時間（GMT）。世界因此有了共通的時間標準。不過，法國有一段時間仍持續以巴黎的時間做為時間基準。

擴展到全世界的歐洲農牧場

歐洲的都市擴張使人口明顯增加，據說西元十九世紀增加了多達一億人口。因此，既有的東歐農場已經不敷需求，只得在新大陸開發生產糧食和肉食的新式種植業（採用大規模工廠生產方式的農牧場）。

隨著蒸汽船、鐵路的大量運輸，加上冷藏技術的發明，使歐洲可以讓遠離歐洲的未開拓地變成供給歐洲需求的大農場。**原本主要用於栽培甘蔗等作物的種植業，也擴大到生產穀物和牛肉等一般食品。**

西元十九世紀，隨著穀物田地和牧場的普及，南北美洲和澳洲豐富的自然環境被大規模破壞，成為支撐歐洲產業都市的大農場和大牧場。譬如，當時美國中西部的廣大草原，在短時間內就被開拓成供給歐洲人肉食產品的大牧場。一般的平民也因此逐漸得以食用牛肉。

南美的阿根廷至巴西南部一帶，廣達一百萬平方公里的彭巴大草原（四一頁圖）也成為飼養牛羊的大牧場，變成歐洲的食糧倉庫。此外，澳洲內陸的乾燥大平原原本是澳洲原住民（Aborigine）生活的地方，在英國人引進綿羊後，就變成放養數百萬頭綿羊的大牧場。

世界掀起空前的移民潮

西元十九世紀是歐洲的「移民時代」，超過四千萬的歐洲人搭乘移民船或客船移居到世界各地。西元一八二〇至一九二〇年的一百年期間，歐洲有三千六百萬人移居到北美洲的美國等地，三百六十萬人以上移居到南美洲的阿根廷等地，兩百萬人移居到澳洲和紐西蘭，其他也有一些移民到非洲或亞洲各地。堪稱是**世界史上最大的民族移動**。

移民的運輸，加上將糧食和原料運送到歐洲的事業，帶動了海運業的繁榮發展，也導致全球歐洲化。「客輪」（passenger ship）的出現也使移民事業更加活絡。

【移民大國的美國】西元一八六五至一八九四年期間，穿越北太平洋移居到紐約的年平均人數，從英國移民的約有十二萬人，從德國的則約達十一萬人。西元一八九〇年以後，來自東歐和南歐的移民人數逐漸增加，直到西元一九〇七年，來自東歐和南歐的移民約占總人數的八成之多。

解讀歷史

蒸汽船的普及使大西洋一體化，英美兩國各自發展的「大歐洲」日益強大。

3 被迫解體的歐亞大陸諸帝國

土耳其人的鄂圖曼帝國逐漸鬆動瓦解

西元十九世紀後半，歐洲經過工業革命的洗禮，獲得了新技術和強大的武器，並成功建立了「民族國家」體制，於是開始將其勢力擴張到亞洲。

從西元十四世紀開始，西亞一直由鄂圖曼帝國統治。不過，隨著民族主義的抬頭，鄂圖曼帝國也從內部逐漸瓦解。其中，埃及的穆罕默德・阿里（Usrat Muhammad 'Ali，西元一七六九至一八四九年）由於受到法國的援助，力圖近代化並建立了歐式軍備，他凌駕鄂圖曼帝國的軍力對其造成極大的威脅。

西元一八二九年，希臘在英國、俄羅斯和法國的協助下獨立成功，長期供給鄂圖曼帝國士兵和官員的巴爾幹半島的斯拉夫人（一九四頁），也開始展開民族運動，鄂圖曼帝國的國本日益動搖。俄羅斯為了實現南下政策，更以「泛斯拉夫主義」為名，支持斯拉夫人建國。

埃及的抬頭、巴爾幹半島民族運動的白熱化、歐洲諸國的干涉，及財政的惡化（自從西元一八五四年以來，多達十七次對歐洲銀行的借貸），都逐漸將鄂圖曼帝國逼到絕境。蘇丹為了力行富國強兵，實施了非伊斯蘭化和西歐化政策（坦志麥特改革），卻遭受保守伊斯蘭勢力反對而成效不彰。鄂圖曼帝國內部的對立也逐漸白熱化。

西元一九〇八年，主張立憲的「青年土耳其黨」透過政變掌握了政權，並進一步和中亞的土耳其人（由俄羅斯統治）合作，以建立土耳其帝國為目標的「泛突厥主義」日益強大。土耳其在第一次世界大戰中，甚至和德國聯手與俄國對戰。不過，土耳其卻慘敗。第一次世界大戰後，鄂圖曼帝國解體，阿拉伯區域盡歸英法統治。

解讀歷史

鄂圖曼帝國遭遇意圖西歐化的埃及反叛，又面臨斯拉夫民族運動的白熱化，加上本身意圖西歐化卻半途而廢等原因，而逐漸步入衰亡。今日中東世界的紛爭，與鄂圖曼帝國的殞落有密切的因果關係。

蒙兀兒帝國、大清帝國相繼瓦解的一八五〇年代

一八五〇年代，由於印度民族起義和太平天國之亂（三一七頁）的爆發，使印度和中國急速成為歐洲的從屬國。印度和中國是亞洲的兩大勢力，率先臣服歐洲的是印度。

英國東印度公司在印度雇用叫做「西帕依」的印度傭兵，利用蒙兀兒帝國（西元一五二六至一八五八年）的分裂，透過五百五十名摩訶拉者（藩王）統治印度各地方為基礎，花費了約一百年時間，逐漸建立起統治印度的體制。

到了西元十九世紀中葉，由於英國東印度公司意圖擴大殖民地統治，遂打算派遣西帕依（印度兵）進駐緬甸和阿富汗。不過，印度教徒原本就視國外為「不淨的世界」，因此被迫派遣到國外的西帕依，對英國東印度公司的不滿逐漸高漲。

【成為導火線的李恩菲爾德步槍】英國東印度公司新採用的李恩菲爾德步槍，使西帕依的不滿一觸即發。因為在使用這種新型步槍時，必須先用嘴咬開塗有防潮油脂的火藥包，再將火藥注入鎗筒。西帕依懷疑火藥包上防潮的油脂，使用了印度教視為聖物的牛的油脂，或伊斯蘭教所忌諱的豬的油脂，因此對新式步槍的使用非常反彈。但是，英國東印度公司卻對此事無動於衷。

藥包油脂的問題，終究成為引發印度獨立運動「西帕依叛亂」（印度民族起義）的導火線。西帕依紛紛擁戴在德里建立政權，已名存實亡的蒙兀兒老皇帝。西元一八五八年，東印度公司的軍隊派兵平反鎮壓，蒙兀兒帝國就此滅亡。

透過這個事件，英國體認到必須對印度採取更強力的統治手段，於是解散了東印度公司，並在西元一八七七年建立了尊維多利亞女王（西元一八三七至一九〇一年在位）為皇帝的**「印度帝國」**。之後，**英國將印度作為英屬殖民地統治了七十年之久。**

西元十八世紀的清朝，幾乎由英國東印度公司獨占了所有的對外貿易。工業革命後，由於英國民眾喝茶的風氣逐漸普及，英國對紅茶有大量的需求，但是為了向清朝購買紅茶必須調度大量的白銀，這個問題讓英國感到困擾。英國於是將印度孟加拉一帶種植的麻藥「鴉片」走私出口到清朝，藉此維持貿易的平衡（三一七頁）。

不久，清朝的鴉片中毒者就超過兩百萬人。一八三〇年代，清朝向英國購買鴉片的費用，開始超過英國購買紅茶的費用，從大航海時代以來所積蓄的白銀因此大量流出國外。**清朝的銀價暴漲了兩倍以上，而且由於實施「地丁銀制」，農民都會將作物賣給商人換取白銀用以繳稅，銀價的暴漲也嚴重影響到農民的生活**，因為這等於在短時間內稅金暴漲了兩倍以上。

白銀外流的問題日益嚴重，清朝於是派遣主張嚴禁鴉片的林則徐作為欽差大臣前赴廣州。林則徐為了遏止由於走私進口鴉片所導致的白銀外流問題，遂派遣軍隊包圍英國的商

■十九世紀中葉被列強瓜分的中國

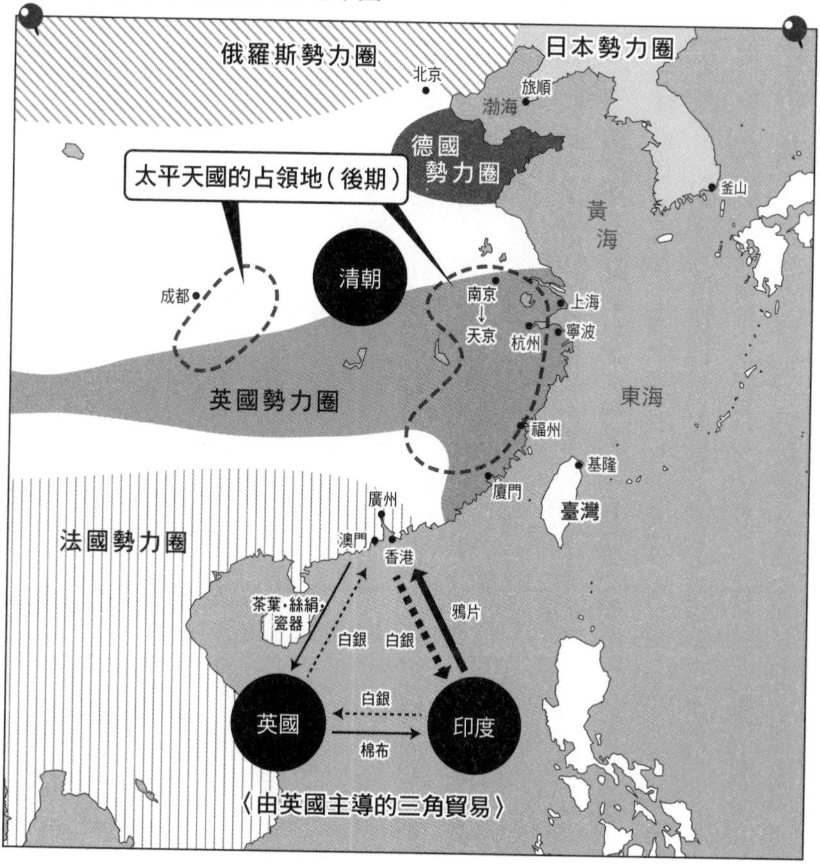

館，並命令英國的商務監督，交出合計多達一千四百二十五噸的大量鴉片。林則徐在廣州的海岸挖掘巨大的池子，將沒收的鴉片和石灰一起投入海水裡，耗費了三週以上才將這些鴉片銷毀殆盡。林則徐並告訴英國商人，想要恢復和清朝通商，必須以嚴禁買賣鴉片為前提。

由於英國擔心由英國棉製品、印度的棉花和鴉片、清朝紅茶所建立起來的亞洲三角貿易會瓦解，遂對清朝發動了**「鴉片戰爭」**（西元一八四〇至一八四二年）。英國派往清朝的軍隊前後多達兩萬人。

當英國軍隊開始攻打長江流域一帶時，清朝由於憂心戰爭擴大，免除了主張徹底抗戰的林則徐的指揮權，開始對英國採取懷柔的態度。

最後，清朝在西元一八四二年與英國簽訂「南京條約」，結束了鴉片戰爭。英國除了要求清朝開放上海等地的五個港口，還要求清朝賠償戰爭費用及被沒收的鴉片六百萬美元。英國更進一步要求鴉片交易合法化，並奪得香港島。英國將香港視為貿易據點，首先要求清朝必須承認自由貿易（清朝的市場化）。

解讀歷史

清朝由於走私進口鴉片使大量的白銀外流，國家逐漸踏上荒廢之路。銀價的高漲將納稅農民的生活逼入絕境，中國的現代史也由此開啟。

【使清朝從內部瓦解的太平天國之亂】鴉片戰爭後，清朝由於白銀價格高漲，農民的負擔也加倍沉重，清朝又為了支付鴉片戰爭的費用和賠償金，加重人民的賦稅，農業帝國的清朝已經瀕臨極限。當時，洪秀全（西元一八一四至一八六四年，在西元一八五一年的廣東科舉落第）集結約一萬五千名貧苦農民，從廣西省舉兵起義。這群叛軍打著「滅滿興漢」（打倒滿州人的清朝，建立漢民族的王朝）的口號，前進長江流域。西元一八五三年，適逢作物歉收，洪秀全吸收了眾多天地會的貧苦農民，組成五十萬大軍占領南京（改稱天京），建立了「太平天國」（西元一八五一至一八六四年）。太平天國雖然是農民叛軍起義，但是卻根據天朝田畝制度主張土地均分，並施行廢除纏足和禁止辮髮等政策，一時之間統治了整個清朝的南半邊。

當時的清朝已國勢孱弱，其正規軍和八旗軍無法抵禦太平天國的軍隊，最後是由曾國藩（西元一八一一至一八七二年）和李鴻章（西元一八二三至一九〇一年）等漢人官員所組織的義勇軍（鄉勇）擔任鎮壓太平天國的主力。西元一八六四年，南京（天京）被攻陷，幹部腐敗墮落的太平天國只約十年光景就走向滅亡。

在太平天國軍統治中國南半部的時期，英國意圖利用清朝分裂的絕好時機擴張自己的勢力。

西元一八五六年，受英國保護的走私船亞羅號在廣州被緝捕，英國以英國國旗被侮辱為由（亞羅號事件），聯合法國（傳教士在廣西被殺）對清朝發起亞羅號戰爭（第二次鴉片戰爭，西元一八五六至一八六〇年）。

英法軍隊占領了北京，在西元一八六〇年與清朝簽訂「北京條約」。根據條約內容，清朝除了要開放天津等十一個港口外，也要同意外國公使進駐北京。清朝由統治天下（世界）的帝國被迫轉變成為民族國家，並被要求設立總理各國事務衙門（中國近代第一個正式的外交機構）。俄羅斯也藉機以調停簽署和約為由，在西元一八五八年要求清朝與之簽訂「璦琿條約」，要求中國割讓黑龍江（阿穆爾河）以北的北滿州（中國東北北部）土地。在簽訂「北京條約」時，俄羅斯則要求清朝割讓濱海邊疆州，意圖南下南滿州（中國東北南部）和朝鮮。

解讀歷史

英國利用太平天國所造成的分裂局勢（巧妙利用清朝內部的分裂），迫使清朝加入世界資本主義經濟和民族國家體制的一員。

Key Point

25

歐洲加速進軍亞洲的腳步

一八五〇年代以後，歐洲開始急速加快侵略亞洲的腳步，並讓亞洲諸多區域變成自己的從屬。一八七〇年代以後的帝國主義時代，歐洲對亞洲的侵略愈發變本加厲。

歐洲和亞洲之間的距離急速拉近

一八七〇年代，蒸汽船急速取代帆船，亞洲各地的港口都設置煤炭的儲藏所，英國運用這些資源逐漸建立起**「帝國通商路」**（Empire Route）。歐洲的都市與亞洲各地區，透過蘇伊士、印度孟買、加爾各答、新加坡和香港所連結而成的蒸汽船航線，建立起高速穩定的海上交通網。

【蘇伊士運河的意義】西元一八六九年，蘇伊士運河開通，歐洲與亞洲的距離得以一口氣縮小。法國外交官雷賽布（Ferdinand Marie Vicomte de Lesseps，西元一八〇五至一八九四年）在曾教他騎馬的埃及總督塞伊德（Said Pasha，西元一八五四至一八六三年在位）的協助下，於西元一八五八年成立了蘇伊士運河公司，並在西元一八六九年成功開通蘇伊士運河。運河的建設費用約花費一億美元，據說後續修建和改善的費用，更多出興建費用的三倍。蘇伊士運河的建設基金，由法國和埃及分攤支付。有了蘇伊士運河後，倫敦至印度孟買之間的距離縮短了五千三百公里，換算成時間是二十四天，使英國和印度之間的距離較原先縮短了三分之一。隨著運河的開通，歐洲各國得以大舉前進亞洲。西元一八七五年，陷入財政困難的埃及總督出售蘇伊士運河公司的股票，英國首相迪斯雷利（Benjamin Disraeli）馬上向猶太人羅斯柴爾德借款購入股票，從此獲得運河的支配權，也奠定了英國的優勢地位。

解讀歷史

英國購入蘇伊士運河公司股票的時期，正值蒸汽船取代帆船的時期。將蘇伊士運河的支配權握在手中後，英國加速了前進亞洲的腳步。英國透過交通網掌控了亞洲。

「甲午戰爭」開啟列強分割中國的序幕

鴉片戰爭和亞羅號戰爭（第二次鴉片戰爭）使清朝的國勢大受打擊。不過，東亞區域仍然維持以清朝皇帝為中心的傳統國際秩序。因此，歐洲各國無從得知清朝實際國力的強弱。

日本明治維新以後，隨著「文明開化」達成富國強兵，並在**「甲午戰爭」**（西元一八九四至一八九五年）一役打敗清朝。中日在西元一八九五年簽訂「馬關條約」，日本獲得遼東半島、臺灣、澎湖群島和二億兩的賠償金。

經過「甲午戰爭」後，以中華思想為根基的傳統東亞國際體制就此瓦解。列強也由此得知清朝國勢的衰弱，開始大舉進行分割中國的行動。此外，朝鮮王朝也透過馬關條約與清朝解除從屬關係，並在西元一八九七年改國號為「大韓帝國」。

解讀歷史

甲午戰爭後，列強在中國加強分配各自的勢力圈和劃定租界（外國人在中國的居留地），中國為列強所瓜分。甲午戰爭可以說是東亞現代史的起點。

【在東亞舞臺的英俄對決】馬關條約簽訂後，發生「三國干涉還遼」（法國、德國和俄國對日勸告）事件。俄國要求日本必須歸還清朝遼東半島（馬關條約），並向清朝租借半島南部的旅順和大連二十五年，加快了南下的腳步。德國也不甘示弱，向清朝租借山東半島的膠州灣九十九年，英國也租借山東半島東北部的威海衛九十九年，渤海（約是日本瀨戶內海的三．五倍大）成為列強爭奪的焦點。新崛起的德國，其勢力從巴爾幹半島擴展到鄂圖曼帝國，對英國的「3C政策」造成威脅。為了壓制德國，英國在巴爾幹半島上不得不和俄羅斯保持合作關係。為了避免和俄羅斯產生直接衝突，英國遂採取利用日本的策略。英國和日本在西元一九〇二年簽訂了「英日同盟」，讓日本去充當攻擊俄國的砲口。

另一方面，美國前進中國的腳步則略晚一步。西元一八九九年，美國國務卿海約翰（John Milton Hay，西元一八三八至一九〇五年）提出了「門戶開放政策」，確立各國前進中國市場的原則。

西元一九〇〇年，中國山東地區的義和團勢力逐漸擴大，他們以「扶清滅洋」（協助清朝擊退洋人）為口號進入北京。清朝認同義和團的排外行動，並向列強宣戰（義和團事件），列強因此組成八國聯軍攻占北京。根據隔年簽訂的「辛丑條約」，列強獲得北京的駐兵權和龐大的賠償金。

俄羅斯則乘機派軍南下南滿州（中國東北南部），其意圖侵略朝鮮半島的野心昭然若揭。大韓帝國（甲午戰爭後，朝鮮王朝改稱大韓帝國）的高宗和閔妃醉心於宮廷鬥爭和維持權勢，捨棄了式微的清朝轉搭上俄羅斯，甚至還曾在俄羅斯大使館內處理政務長達一年。有鑑於此，日本也更加興起保全朝鮮半島的危機意識。

解讀歷史

三國干涉還遼事件後，渤海和黃海成為國際紛爭的場所。英國則締結了「英日同盟」，由日本去擔任對俄戰爭的打手。外交並非容易之事，一味將眼光放在「內部」，可是會被他人奪得先機。

歷經「日俄戰爭」而蛻變的東亞

日本對於俄羅斯前進朝鮮半島，朝鮮王朝也採取迎合態度一事深感威脅，因此，日本以英日同盟當靠山準備對俄國發動戰爭。西元一九〇四年，在西伯利亞鐵路完成前夕，日本奇襲遼東半島的旅順發動了**「日俄戰爭」**。日本此舉對於英國可謂正中下懷。

日俄戰爭開啟了世界最早的「總體戰」（全面戰爭），日俄兩國都因為投入龐大的戰爭費用而感到吃不消。日本戰爭費用的六成，是透過向英國和美國借貸才得以持續戰爭。俄羅斯則因為糧食問題，及國內發生勞工和農民的群起叛亂，而無力繼續戰爭。

西元一九〇五年五月，俄國的波羅的海艦隊在「對馬海峽海戰」一役戰敗後傾向講和，進而簽訂了「樸資茅斯條約」。條約中，俄國承認日本在朝鮮的特權，並將遼東半島南部的租借權、庫頁島南部與東北以東鐵路及東北以南支線轉讓給日本。西元一九一〇年，日本在列強的承認下合併了大韓帝國。日本朝鮮的一體化，使朝鮮社會邁向近代化。

當全世界關注於歐美對立的新焦點時，東亞區域也有新變化。西元一九〇五年，有超過八千名的清朝留學生聚集於日本東京，奉孫文（西元一八六六至一九二五年）為總理組成**「中國同盟會」**。這個同盟會的宗旨是打倒大清帝國，並實現民族獨立、民權伸展和民生安定的「三民主義」。

西元一九一一年，清朝意圖使做為向國外借款的擔保物之民營鐵路國有化，引發了大規模的反對運動，受到中國同盟會影響的新軍（三分之一是革命派）在長江流域的武昌發動起義，建立了革命政權。區區兩個月的時間，清朝十八個省分的八成，也就是十四個省分，都發表了獨立的宣言。這就是**「辛亥革命」**。

西元一九一二年，發表了獨立宣言的各省代表齊聚南京，奉孫文為臨時大總統，建立了「中華民國」。清朝派遣身為軍閥的袁世凱（西元一八五九至一九一六年）與革命政府交涉，野心勃勃的袁世凱卻迫使年幼的清朝皇帝溥儀退位，自立為臨時大總統。清朝從此滅亡。

革命派將中國同盟會改組為「國民黨」，欲透過在議會占有多數，防制袁世凱的獨裁，袁世凱卻憑藉武力鎮壓施行獨裁制。不過，西元一九一六年袁世凱去世後，**中華民國陷入軍閥（列強在背後支援）割據的混亂時代**。一九二〇年代、三〇年代和四〇年代，都仍持續混亂的局勢。

解讀歷史

日俄戰爭的結果，大致底定了列強在東亞的勢力圈，清朝卻因為亞洲情勢驟變爆發了辛亥革命。辛亥革命後，雖然清朝終於垮臺，各地卻陷入軍閥割據的最惡劣局勢。在內憂外患夾擊的混亂和窮乏之中，中國現代史揭開了序幕。

4 英國VS德國爭奪霸權，使世界局勢產生變化

西元十九世紀末，歐洲以政治軍事活動取代了經濟活動，轉變為侵略性的「帝國主義」。其背後隱藏有歐洲經濟秩序的變化及競爭白熱化的原因。

英法沒落，美德崛起

【發展落於人後的英國】西元十九世紀後半，隨著技術革新和新經濟體制的出現，加上保護貿易主義的抬頭，英國「不列顛治世」的絕對優勢宣告瓦解。隨著需要大量資金的重化工業比重提升，企業變成龐大的組織，由少數富者提供資本的英式經營模式已經不合時宜。銀行、證券公司的資本調配，皆委由眾多白領階級組成的層級組織企業去處理。也就是轉變成由大量的白領階層和技術者支撐企業活動的時代。美國和德國等新興工業國，以廉價的勞力、新技術和新的經營方式為武器，逐漸超越了英國。英國的經濟成長率，由一八六〇年代的百分之三・六，到一八七〇

年代變成百分之二・一，一八八〇年代為百分之一・六，呈現逐步下滑的趨勢。相對於英國，一八七〇年代至西元一九一四年期間，德國和美國的年平均經濟成長率約為百分之五。

工業的國際競爭力逐漸下滑的英國，想要利用長期累積的豐富資金、海上運輸、保險收入和對外投資的收益，對擁有廉價勞力和資源的加拿大、澳洲、印度、美國和拉丁美洲諸國之廣大殖民地和勢力圈輸出資本，藉以轉變成金融大國維持自己的地位。**西元一九一四年，世界海外投資的百分之四十三為英國所獨有**，可以推知英國富有的程度。

法國也同樣對俄羅斯、東歐和拉丁美洲諸國輸出資本，走向金融大國一途。

歐洲諸國除了透過保護關稅政策固守本國的市場，更放眼爭奪全球市場。列強為了勢力圈的劃分，使彼此的對立衝突更加白熱化。

【英國轉型成金融大國】西元二十世紀初，英國年平均的貿易逆差為六千四百萬英鎊，但是透過超過二十億英鎊的對外投資，年平均可賺取一億一千三百萬英鎊的收益。對於英國來講，為了守護資產，維持和平應該是第一要務。但是英國卻非常不智，為了維護既得權寧願選擇與德國全面開戰。

解讀歷史

一八七〇年代以後，隨著新技術體系的普及和經營方式的革新，英國逐漸沒落，德國則乘勢崛起。德國的海軍日益強大，開始企圖擴張其海洋的勢力。英德兩國對立的激化，也埋下日後引發第一次世界大戰的導火線。

帝國主義導致「經濟大蕭條」？

資本主義經濟的景氣大約十年就會循環一次。經濟景氣好的時候，就會引發過度的投機熱潮，不久就由於生產過剩導致企業破產、失業人數增加、銀行經營惡化，進一步造成經濟恐慌。

【經濟大蕭條】一八七〇年代，隨著技術革新及重化工業的比重逐漸提升，推動了「第二次工業革命」。「第二次工業革命」後直到西元十九世紀末為止，西元一八七三年、西元一八八二年、西元一八九〇年和西元一九〇〇年，都曾發生過經濟恐慌。尤其是西元一八七三年的經濟恐慌，世界一體化所衍生的廉價糧食和廉價原料的流入及生產過剩問題，使熱衷於鐵路建設和建立新企業的美德等國，引發了強烈的經濟恐慌，這一連串的經濟恐慌一直持續到西元十九世紀末，被稱為「經濟大蕭

條」。歐洲大陸諸國普遍實施保護貿易政策，列強為了脫離不景氣的泥沼，紛紛把殖民地納進國內市場。

經濟恐慌使民眾的生活陷入困境。從法國的「屈里弗斯事件」（西元一八九四至一八九九年，法國猶太裔軍官屈里弗斯由於被誣陷為德國間諜，判處終身監禁的冤獄事件）可以得知反猶太主義的抬頭，民眾對國內的異質勢力多有攻訐。另一方面，社會落差的擴大，也使勞工運動和社會主義運動越演越烈。

在經濟恐慌和反猶太主義的背景之下，迎合民眾的政治家傾向支持民族主義，意圖將國內民眾的不滿分散對外。此舉強化了國家之間的對立，也引發各國的軍備競賽和搶奪殖民地的競爭。自從羅馬帝國以軍力瘋狂擴張領土以後，就出現了**「帝國主義」（imperialism）**的概念。

解讀歷史

一九七〇年代，由美元危機和石油危機所引發的停滯性通貨膨漲，使世界情勢驟變。帝國主義時代伴隨而來的是，從一八七〇年代開始了長期的「經濟大蕭條」。

> **【美好年代】**西元十九世紀末，隨著「經濟大蕭條」的結束，歐美諸國一時進入景氣繁榮的時代。這段直到第一次世界大戰為止的景氣良好時代，被稱為「美好年代」。不過，在這個美好年代裡，足以動搖世界和平與安定的危機正悄然蓄勢。

海洋霸權的爭奪使英德的衝突白熱化

西元十九世紀末，**德國超越英國成為歐洲名列首位的工業國家**。德意志帝國在西元一八七一年成立時的國家財富與法國相差無幾，直到西元一九一四年，德國的財富是法國的一．七倍。

一直以來，德國的宰相俾斯麥（Otto Eduard Leopold von Bismarck，西元一八一五至一八九八年）都以巧妙的外交手段轉移列強對德國的敵意。直到年僅二十九歲的威廉二世（西元一八八八至一九一八年在位）辭退俾斯麥成為皇帝後，突然轉而採取激進的世界政策。

威廉二世推崇美國戰略家馬漢（三三九頁）所提出的「海權論」（國家的財富源於海權的強化），積極展開拓展「新航路」的海洋擴張政策。

「德意志之未來在海上」是威廉二世的演說名言，也代表他向海洋帝國英國宣戰的企圖心。

【強化英德衝突的造艦競賽】英國一直意圖維持「兩強標準」的海軍實力，也就是讓他們的海軍實力相當於第二、第三海軍國實力的加總。德國為了對抗海軍實力強大的英國，在西元一八九八年以後急速實行增強海軍政策。英國則興建超級戰艦無畏號回擊德國。無畏號戰艦搭載十門十二英寸砲，其攻擊力使僅能搭載四門十二英寸砲的傳統戰艦相形失色。德國為了不落英國之後，也投入建造同等規模的軍艦。英德兩國的軍擴競爭（造艦競賽）越演越烈。

西元一八九八年，威廉二世自行前往造訪鄂圖曼帝國的伊斯坦堡，與之約定免費為其鋪設**巴格達鐵路**（土耳其的科尼亞—巴格達—波斯灣鐵路），藉以對抗英國的「**3C政策**」（連結埃及開羅、南非開普敦和印度加爾各答的世界戰略），德國前進印度洋（西亞英國勢力圈的中心）的企圖昭然若揭。

德國的「**3B政策**」就是從柏林經由拜占庭（伊斯坦堡）前進巴格達，再經由巴斯拉港前進波斯灣和印度洋。德國、英國各自組織「**三國同盟**」（德國、奧匈帝國和義大利）與「**三國協約**」（英國、法國和俄羅斯）互相爭鬥，最終發展成第一次世界大戰。

【第二次工業革命】一八七〇年代，由於車床自動化，眾多產品得以大量低成本生產。以煤炭的焦油和木漿當原料，製造化學肥料、人工染料和人工纖維的化學工業，也在一八七〇年代以後興盛發展。

西元一八六七年，德國的西門子（Ernst Wemer von Siemens，西元一八一六至一八九二年）發明了發電機，電力從此取代蒸汽機成為「新的動力源」。西元一八八二年，美國紐約建立了世界最早的發電廠。不過，由於電力的普及必須仰賴輸電網路，因此當時的電力只用於工廠照明而已。一九〇七年以後，電動馬達開始成為工廠的動力來源。

西元十九世紀末，各國都出現了巨大的企業。這些巨大的企業僱用超過一萬名勞工，並實施以白領管理階層為中心的層級管理系統。企業之間從此展開了利潤的爭奪戰。

5 美國在新大陸逐漸壯大

向西部邊境擴張的美國

西元十九世紀後半，大量的歐洲庶民移民美國，使美國成為「移民之國」。美國後來有驚人的經濟成長，躍升世界首屈一指的工業大國。

「**【移民大國】** 美國接受了世界前所未有的大量貧困移民，並在短時間內就發展成大國。美國人口在西元一八五〇年有兩千三百萬人，西元一九一〇年則暴增到九千兩百萬人。」

美國獨立之初，領土僅有原本為殖民地的十三州，和根據西元一七八三年的「巴黎條約」所獲得的密西西比河以東的路易斯安那而已，也就是僅限於大西洋岸（二九一頁圖）。不過，西元一八〇三年，美國以一千五百萬美元從法國手中購得密西西比河到洛磯山脈的路易斯安那，領土頓時增加了一倍。

一八二〇年代至一八四〇年代，美國透過西漸運動使國土逐漸往西擴張。人口稀少的未開發地帶被稱為**「邊境」**，美國在開拓荒地的過程中培育了進取精神（frontier spirit）。當時的美國人認為，將自己的領土西進擴張至原住民居住的地區，是**「天定命運」**（Manifest Destiny）的行為。

一八四〇年代，①從美利堅合眾國移居到墨西哥的棉花農場主，合併了從墨西哥獨立出去建立共和國的德克薩斯（西元一八四五年），②與加拿大劃定國界線後合併了奧勒岡（西元一八四六年），③「美墨戰爭」（西元一八四六至一八四八年）合併了占墨西哥三分之一的加利福尼亞和新墨西哥，使美利堅合眾國的領土從大西洋岸擴張到太平洋岸。美國成為巨大的大陸國家，領土是建國初期的四倍。

西元一八四八年，由於加利福尼亞發現金礦，受到美墨戰爭後不景氣衝擊的東部美國人，約有十萬人分別經由陸路或海路大批湧進加利福尼亞（被稱為**「Forty-niners」**）。西元一八五〇年，加利福尼亞升格為州。

解讀歷史

美國獨立後，透過接受移民、開拓西部和整頓基礎建設，僅七十年光景就成為龐大的大陸國家。現代的中國視內陸地區為邊境，他們也效法美國採取整頓高速道路和高速鐵路等基礎建設的政策。

■一八〇〇年代前半向西拓展國土的美國

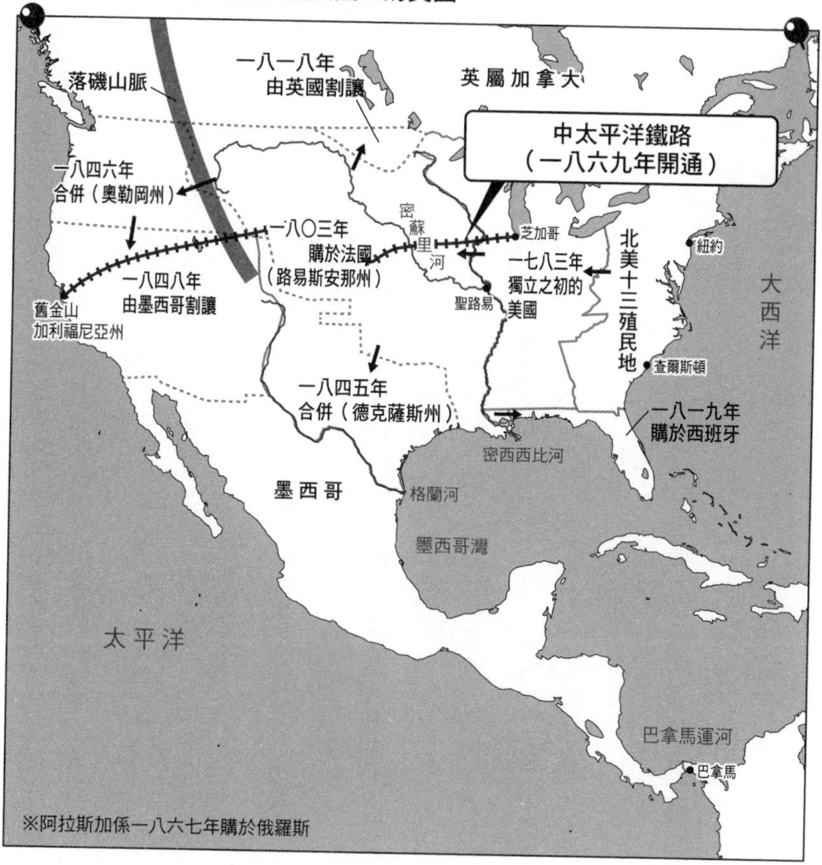

落磯山脈
一八一八年
由英國割讓
英屬加拿大
中太平洋鐵路
（一八六九年開通）
一八四六年
合併（奧勒岡州）
密蘇里河
一八〇三年
購於法國
（路易斯安那州）
芝加哥
紐約
北美十三殖民地
一七八三年
獨立之初的
美國
聖路易
一八四八年
由墨西哥割讓
舊金山
加利福尼亞州
大西洋
查爾斯頓
一八四五年
合併（德克薩斯州）
一八一九年
購於西班牙
密西西比河
墨西哥
格蘭河
墨西哥灣
太平洋
巴拿馬運河
巴拿馬
※阿拉斯加係一八六七年購於俄羅斯

不允許南北分裂的林肯

西元一八六〇年，共和黨的林肯（Abraham Lincoln，西元一八六一至一八六五年在任）當選美利堅合眾國第十六任總統，**南部七個州遂脫離聯邦，在西元一八六一年建立了美利堅聯盟國**。

林肯不承認南部諸州脫離聯邦的行為。南部查爾斯頓港的桑特堡要塞，被南方軍砲火猛攻三十四小時後淪陷，期間林肯曾派援軍前往支援，就此開啟了**「南北戰爭」**（西元一八六一至一八六五年）。這是一場由主張脫離聯邦的南部十一州（人口九百萬人，當時有奴隸三百五十萬人），與聯邦二十三州（人口二千兩百萬人）之間的對決戰爭。

意圖速戰速決的南方軍，由李將軍率領主力軍潛入北方以待英國的援助。林肯則在開戰的同時，封鎖了長達五千五百公里的南部海岸線，對極為仰賴歐洲輸入品的南方造成極大的打擊。

【美國夢的起源】林肯為了對西部諸州表示友善，在西元一八六二年制定了「宅地法」（Homestead Acts），釋出二十萬坪的國有土地，令連續五年在西部開墾的二十一歲以上男性戶主，僅須繳交手續費就可分得部分的國有土地。此舉也使南北戰爭後，大量的歐洲移民爭相湧進美國西部。美國夢使美國得以一舉大幅擴張。

西元一八六三年，林肯發布了討好內外輿論的**「解放奴隸宣言」**。由於英國早已廢止奴隸貿易，變得沒有正當立場去支援南方軍。西元一八六三年，爆發了南北戰爭中最慘烈的「蓋茨堡之役」後，由資源充沛的北方軍取得優勢。西元一八六五年，美利堅聯盟國的首都里奇蒙被攻陷，最終由北方軍獲得勝利。南北軍合計死亡人數高達約六十二萬人，是非常血腥殘酷的一場內戰。

南北戰爭開戰時，美國已經鋪設了約四萬八千公里的鐵路，三分之二集中在北方。原本南北雙方都預計興建通往加州的鐵路，南北戰爭後，開始在西部著手興建橫貫大陸鐵路。這條橫貫大陸鐵路直抵太平洋，是極為重要的交通動脈，被取名為「太平洋鐵路」。

【鐵路建設與美國經濟的大躍進】鐵路建設和急速開拓西部，是美國經濟成長的原動力。西元一八六〇年，美國的工業生產額是世界第四，西元一九〇〇年則成為世界第一（占世界的百分之二三．六，英國是百分之一八．五），國民生產總值（GNP）約為英國的兩倍。現在的中國與美國之間的經濟關係，也出現了同樣的狀況。

美國政府修改鐵路法，無償給予鐵路公司鐵路沿線的廣大國有土地或礦業權，針對困難的工程也提供大量的資金援助。鐵路公司有國家政策的支持，賺取了龐大的利益，摩根等鐵路財閥相繼出現。

解讀歷史

鐵路建設牽連的產業甚廣，美國的資本主義經濟也由於國家全面支持鐵路建設而大幅成長。這種情況，與以往的日本列島改造有異曲同工之妙。

Key Point

26 美國透過開拓西部和鐵路成為大國

建立於新大陸的移民國家美國，在南北戰爭後投入開拓西部和鐵路建設，使經濟急速成長起飛，最後成功加入「大世界」的大國行列。

美國的高度經濟成長與FRB的出現

南北戰爭後的美利堅合眾國為了保護國內產業，對進口的商品課以高達百分之四十七的高額保護關稅，並急速投入鐵路建設（西元一八九〇年為止的鋪設距離為六倍）。美國西部則接受大量的移民，在西部市場的擴大和北方資金投入南方等許多條件的配合下，美國開始進入工業急速發展時期。

一八二〇年代，美國接受了超過十四萬的海外移民。西元一八六〇至一八九〇年期間，美國的移民則多達一千零三十七萬人。**一八九〇年代，美國被稱為「邊境」的西部，已經沒有任何未開發區。**

這個時代被稱做**「鍍金時代」**，是所有階層的民眾都熱中於賺錢的經濟急速成長時期。

> **【巨大財閥與中央銀行】**經濟急速成長的美國，出現如鐵路大亨摩根、石油大亨洛克斐勒等強大的新興財閥。因此，美國政府沒有發行紙幣，而決定發行與財閥銀行的庫存黃金等價交換的兌換紙幣（聯邦儲備券）。政府和巨大的財閥銀行達成共識後，成立了美國中央銀行的聯邦儲備理事會（聯邦儲備銀行）。理事會的成員雖由總統指派，但是美國國內設置了十二間聯邦儲備銀行，出資者都是民間銀行。

搖身一變成海洋帝國，前進太平洋！

西元一八九〇年，美國開發的最前線抵達太平洋岸，邊境地區完全消失。因此，美國原先以鐵路建設為中心的經濟成長路線也得重新調整。

> **【美國持續至今的世界戰略】**美國在國內的邊境地區完全消失後，開始放眼太平洋和亞洲，積極計畫成為海洋帝國以延續經濟成長。這段期間的活躍人物是海軍上校

> 阿爾弗雷德．馬漢（Alfred Thayer Mahan，西元一八四〇至一九一四年），他研究荷蘭和英國的海洋發展史，並在西元一八九〇年出版《海上權力史論》。馬漢將海軍、通商、殖民地、海上據點等稱為「海權」（sea power），主張美國要加強海上實力，運用連結大西洋和太平洋的地緣政治位置，實施前進太平洋和中國的海洋戰略。

連結大西洋和太平洋兩大洋的重要海域加勒比海，是美國實現世界政策的關鍵所在。美國的第一步行動就是企圖**將加勒比海變成內海**。

美國第二十五任總統麥金萊（William Mckinley，西元一八九七至一九〇一年在位）以軍事力量為後盾，對外採取**「棍棒外交」**政策，當西班牙的殖民地古巴發生叛亂時，他曾派出最新銳軍艦緬因號到哈瓦那港。不過，西元一八九八年二月，發生了緬因號在哈瓦那爆炸沉沒的歷史謎團事件，造成兩百六十六名船員死亡。

美國國內報紙掀起「勿忘緬因號」的熱議，在沒有「西班牙導致緬因號沉沒」的確證下，美國遂對西班牙宣戰（**美西戰爭**）。美軍一邊壓制古巴和其周邊的同時，太平洋艦隊也前往攻打西班牙的殖民地菲律賓，最後攻占馬尼拉。

美西戰爭僅打了四個月，就由美國獲得壓倒性的勝利。西班牙承認古巴獨立，並割讓波多黎各、關島和菲律賓給美國。夏威夷擁有大量的美國移民，當地的美裔移民在美國海軍陸戰隊的支援下，推翻了夏威夷最後的女王利留卡拉尼（創作了〈夏威夷驪歌〉的詞曲），建立了夏威夷共和國。美西戰爭期間，西元一八九八年，美國合併了夏威夷。

解讀歷史

美國的世界政策視太平洋為新的邊境區，一直以來都貫徹前進太平洋的計畫。西元二十一世紀的現代中國重視強化海上實力，他也仿效以往美國的戰略，實施以東海、南海為基礎掌控西太平洋的計畫。

Key Point

27 支配海洋就支配全世界

馬漢所主張的「強化海上實力以取得海洋霸權」的論點，不僅是美國的世界政策，德意志帝國（三〇〇頁）和明治時代的日本也深受影響，甚至引發了第一次世界大戰和太平洋戰爭。現代中國的海洋政策，也深受馬漢海權理論的影響。

美國急於建設巴拿馬運河的理由

美國透過美西戰爭成功將加勒比海變成內海，並在太平洋各處設置軍事後勤基地，將菲律賓做為跳板正式進軍東亞。為了從加勒比海前進太平洋，美國開始進行在巴拿馬地峽興建運河的計畫。

巴拿馬運河最早在西元一八八一年就由法國人雷賽布（Ferdinand Marie Vicomte de Lesseps，西元一八〇五至一八九四年）主持開鑿，卻因為瘧疾和黃熱病的大流行，導致建設公司破產，興建巴拿馬運河的計畫也宣告失敗。美國買下建設運河的利權後，就開始向哥倫比亞求取建設預定地的租借權。不過，哥倫比亞議會拒絕美國的請求，美國遂協助巴拿馬州的地主發動叛亂。西元一九〇三年，巴拿馬州強勢脫離哥倫比亞獨立，並建立了巴拿馬共和國。

巴拿馬共和國建立後，美國終於取得運河的工事權和運河地帶的租借權。美國從西元一九〇四年開始動工，投入了三億七千五百萬美元的巨額資金。西元一九一四年，全長八十公里閘門式的巴拿馬運河（三三五頁圖）終於完工。所謂匣門式，是指在水位不同的水路兩側設置水門，利用關閉船隻前後的水門改變水位，使船隻得以順利航行的設計。

巴拿馬運河的完工，使美國的東西部得以透過海運緊密連結，也令美國正式進軍太平洋海域。拜巴拿馬運河所賜，紐約和舊金山之間的距離縮短了一半。

6 在世界史擔任從屬角色的非洲和太平洋

被劃入英屬領地的澳洲

廣大的太平洋海域幾乎涵蓋了世界所有的陸地。西元十八世紀，透過英國人詹姆士・庫克（James Cook，西元一七二八至一七七九年）的三度探險後，世人才得以瞭解太平洋的全貌。

當墨西哥以北的北美洲成為英國的殖民地時，**爭奪殖民地失敗的法國，開始將目標轉向自古就推測存在於南緯四十度附近的「未知的南方大陸」，打算前往探尋並進一步將它變成殖民地。**英國也不甘示弱，同樣非常密切關注「南方大陸」的消息。

【英法爭奪「南方大陸」】根據古代的「托勒密的世界地圖」，認為印度洋和地中海一樣都是「內海」，並預想南半球是廣大的大陸，取名叫做「未知的南方大陸」。截至西元十八世紀後半為止，由於帆船的航海技術仍未發達，世人深信「未知的南方大陸」是存在的。當時世人傳說，南方大陸是擁有五千萬人口的巨大大陸，法國在英國奪得北美洲的殖民地後，開始轉而將殖民的希望寄託在「未知的南方大陸」。

庫克曾受命於英國海軍兩度出海，他全面搜索南半球的高緯度海域，證實「未知的南方大陸」並不存在，同時發現了紐西蘭和澳洲，並進一步將其劃入英屬領地。

不過，由於澳洲是距離歐洲遙遠的乾燥大陸，開發非常困難。在美國脫離英國獨立後，頓失北美洲殖民地的英國，在西元一七八八年將澳洲訂為流放犯人的殖民地，英國人民才開始遷入澳洲。一直到西元一八四〇年為止，澳洲都被英國當作是流放犯人的殖民地。

西元十九世紀中葉，起於澳洲西南部海岸地區的羊毛產業發展良好，英國有多達四成的羊毛是從澳洲進口。

解讀歷史

西元二世紀時，托勒密的「世界地圖」曾預想有「南方大陸」的存在，後世經由英國人庫克證實沒有「南方大陸」。英國殖民澳洲，可以說是尋找「南方大陸」探險的意外收穫。

僅二十年非洲就被瓜分殆盡

一八八〇年代中期以後，非洲大陸也面臨被瓜分的命運。

當時的比利時沒有殖民地，比利時國王利奧波德二世（西元一八六五至一九〇九年在位）曾援助美國的探險家史坦利到剛果河流域探險。當時，比利時意圖以國際剛果協會的名義，掌控剛果廣大的區域，引發了英國和葡萄牙的反彈。最後在俾斯麥的協調下，由十四個國家共同在柏林召開了「柏林會議」（西元一八八四至一八八五年）。

【什麼是剛果自由邦】剛果土地面積約是比利時的八十倍，柏林會議承認剛果歸屬比利時國王所有。所謂「自由邦」僅是徒具名義，實際上所有的官員都是從布魯塞爾調派過去的。

柏林會議決議「在某地區率先完成實際支配體制的國家」，他支配該地的事實就獲得承認，也就是對非洲**採取「先占權」**（審訂注：即「有效占領」）**的瓜分原則**。此後，歐洲諸國根據先占權原則，急速將非洲瓜分殆盡，並進一步進行殖民活動。

以往的非洲只有沿海區域為歐洲所掌控，但是歐洲有機關槍等先進的武器，使得**面積有日本八十倍大的非洲，在短短二十年間就被瓜分殆盡**。

這種沒有經過深思熟慮的行動，為後世帶來了極大的負擔。

從世界地圖來看，由於被歐洲各國劃分了勢力界線，非洲大陸的國境以直線居多。西元二十世紀初期，非洲的獨立國僅有衣索比亞和賴比瑞亞而已。

【非洲的國境呈現幾何學狀】非洲的國境，係配合歐洲列強的情況所制式劃分的。因此，經常發生一個民族被國境拆散，或是令原本彼此關係淡薄的部族被強制合而為一的情形，這是完全沒有考慮到語言和宗教等差異的行為。基於這個前因，獨立後的非洲諸國，頻頻發生部族糾紛和宗教對立等問題。

歐洲諸國之間，英國主張對非洲採取縱斷政策，法國則主張採取橫斷政策，英法兩國為了爭奪瓜分非洲的主導權互不相讓。西元一八九八年，在埃及南方的蘇丹，英法兩國的當地軍隊發生了衝突事件（法紹達事件），最後法國退讓，由英國的縱斷政策勝出。

解讀歷史

歐洲諸國擅自將非洲視為「無主之地」，並進一步制定了「先占權」的瓜分原則。這種行為使非洲在極短的時間內被瓜分殆盡，也造成日後非洲政治的動盪不安。

第9章

邁向全球化的時代

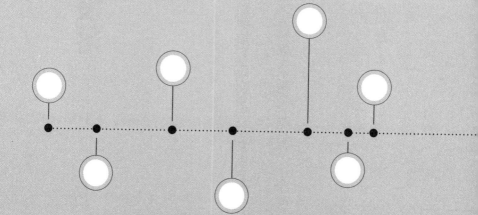

1 兩次世界大戰與歐洲的沒落

世界大戰導致歐洲列強集體衰退

西元二十世紀的大規模戰爭，使歐洲逐漸失去對世界的支配權。就整體來講，西元二十世紀可以說是一個「戰爭的世紀」，可分為兩次世界大戰爆發的前半世紀，和區域戰爭頻繁的後半世紀。

大規模的戰爭和舊殖民地的獨立，使十九世紀的社會秩序全面快速崩解。全球化時代從此到來。

西元十九世紀末，長期的「經濟蕭條」（三二八頁）結束後，好景氣曾維持一段時間，不久就爆發了第一次世界大戰，這個世界大戰成為歐洲沒落的轉捩點。引發大戰爆發的導火線，是奧地利皇太子的暗殺事件。正如微小的縫隙也能造成堤防坍潰一般，區域性的恐怖攻擊事件產生了複雜的連鎖反應，進而引發了世界大戰。

解讀歷史

第一次世界大戰的後續處理不善，引發了第二次世界大戰。兩次大戰之間有著密不可分的關係，也使得西元十九世紀的「歐洲時代」走向終結。

Key Point

28

兩次世界大戰使歐洲逐漸式微

第一次世界大戰成為「歐洲沒落」的轉捩點，戰後處理不善所引發的第二次世界大戰翻轉了整個時代的局勢。

民族主義引發了世界大戰

西元一九一四年六月二十八日發生了**「塞拉耶佛事件」**，奧匈帝國皇太子法蘭茲·斐迪南（五十二歲）及太子妃蘇菲（四十三歲）親臨在波士尼亞首都賽拉耶佛舉行的奧匈帝國陸軍大演習，卻遭到塞爾維亞族的十九歲大學生普林西普暗殺。

兩國針對事件的後續處理陷入糾結，奧匈帝國因此向塞爾維亞宣戰。透過這個事件，三國同盟與三國協約（三三一頁）之間相互牴觸，引發了**「第一次世界大戰」**（西元一九一四至一九一八年）。

第一次世界大戰是由德國、奧匈帝國、鄂圖曼帝國（土耳其）及保加利亞四國（同盟國）與協約國二十七國之間的戰爭，成為史上空前的大戰。德國和法國原先都預期戰爭很快就會結束，但事態的發展並不是他們想的那麼簡單。

解讀歷史

缺乏大局觀、僅訴諸於情緒的民族主義和領土紛爭，兩者都是難以處理的棘手問題。想要用武力改變現狀的話，有時候也會引發慘烈的大戰。

【慘烈的全面戰爭】長期的「全面戰爭」將各國都逼到絕境，這是戰前誰也料想不到的。首戰的「馬恩河戰役」，其彈藥的消耗量，幾乎匹敵日俄戰爭彈藥的總消耗量。西元一九一四年十月，德法兩國已經提早把儲備的彈藥消耗殆盡。西元一九一六年的「凡爾登戰役」是破壞性最大、最慘烈的戰役，三個月內，德法兩軍所發射的砲彈多達兩千七百萬發，死傷人數高達七十萬人。

法國邊境的西方戰線，兩軍挖掘壕溝對峙，戰線綿延約兩百八十公里，雙方戰況陷入膠著，持續進行慘烈且漫長的壕溝戰。「全面戰爭」需要動員大量的兵力，英國動員約九百萬人、法國約八百五十萬人、俄羅斯約一千兩百萬人，德國則約一千一百萬人。糧食管制和工廠的勤勞動員等戰時措施，使國民全體都背負了戰爭的重擔。

2 走向下一個悲劇的戰間期

蘇維埃誕生於西元一九一七年的俄國革命

俄國的經濟基礎薄弱禁不起全面戰爭，西元一九一七年三月，首都聖彼得堡發生糧食暴動，各地乘機組成**「蘇維埃」**（勞工協會）。不久，蘇維埃便掌握了首都的支配權，俄國也另外成立了臨時政府，羅曼諾夫王朝滅亡，這就是「三月革命」。

革命後，俄國處於蘇維埃和臨時政府之雙重政權的狀態，由於臨時政府持續進行戰爭，人民窮困的問題並沒有獲得解決。其中，從瑞士流亡歸國的布爾什維克（多數派）領袖列寧（西元一八七〇至一九二四年），提出了終止戰爭及打倒臨時政府的主張。

戰爭帶來的長期窮困使布爾什維克日益壯大，在列寧的領導下，終於在西元一九一七年十一月起義於聖彼得堡並推翻了臨時政府，成功地建立了社會主義政權（十月革命）。

革命政府宣布立即停戰、無合併及無賠償的和平、無償沒收地主的土地，及國內少數民族擁有自決權等措施。西元一九一九年，列寧確立了布爾什維克的一黨獨裁體制，成功地建立了世界第一個社會主義政權。

西元一九一八年三月，蘇維埃政府獨自與德國簽訂講和條約（布列斯特・立陶夫斯克條約）並脫離了戰爭。

英國、法國、美國和日本四國，由於害怕東部戰線瓦解及共產主義革命波及周邊地區，於是派遣軍隊援助俄國境內的反革命軍（對蘇干涉戰爭）。俄國的革命政府則組織了**共產國際**（世界共產黨），意圖透過強化世界的革命運動來守護政權。

革命政府透過強制徵收農民的糧食度過了危機，並在西元一九二二年聯合俄羅斯、烏克蘭、外高加索和白俄羅斯四國社會主義共和國組成**「蘇維埃社會主義共和國聯盟」**。

【俄羅斯帝國與共產黨】資本主義與社會主義之間的對立與抗爭，一直持續到第二次世界大戰後的冷戰時期。其最根本的原因來自於「大世界」內部的對立和抗爭（工業革命後歐洲社會所產生的各種差異問題）。在自給自足以農業立國的俄羅斯帝國，共產黨的社會主義革命之所以會成功的原因，在於俄羅斯這個「小世界」轉換到「大世界」（近代體制）的時間過短所致。革命後要轉換成新制度是非常困難的。俄羅斯人民根本沒有體驗到什麼是資本主義和民主主義，而且也缺乏真正能夠推動社會改革的人才。因此，在戰爭中與戰後的混亂社會中，提倡「民主集中制」的黨派更加得勢。黨的目標逐漸徒具其名，最後衍生出形式上為民主主義，實際上為獨裁體制的特權官僚。受到俄羅斯影響的東歐和中國等國家，也衍生出同樣的弊害。

解讀歷史

位處森林地帶的羅曼諾夫王朝，因為無法解決糧食問題而導致國勢衰微，最終被共產黨的獨裁政權所取代。共產黨政權最終走向史達林（西元一八七九至一九五三年）的獨裁。理念不能只徒具口號，確實去思考體會其內容和方法是很重要的。

美國的參戰決定大戰的趨勢

第一次世界大戰時，美國發出中立宣言沒有淪為戰場。美國全力生產武器和彈藥供給英國等協約國國家，於是以美元計價的鉅額費用匯入了紐約華爾街的銀行。

【不要讓債券成為廢紙】協約國的戰爭費用大多以戰爭國債（美元計價）的形式，由紐約負責籌備。協約國向美國支借巨額款項，才得以撐過長期的戰爭。美國知道

「戰事如果持續越久就能夠賺越多錢。但在西元一九一七年，俄羅斯爆發革命並退出戰場後，德軍對法國的攻勢轉強，美國為了確保可以收回鉅額的戰債，遂希望可以讓戰爭提早結束。」

美國以阻止德國的「無限制潛艇戰」（對於包含中立國的商船等所有船隻，一律作為攻擊目標的作戰計畫）為藉口，在西元一九一七年四月向德國宣戰。

在大戰期間仍然毫髮無傷的大國美國，其參戰扭轉了大戰的局勢。西元一九一八年十一月，德國宣告投降結束了戰爭。**美國意想不到的參戰，使英法兩國原本想要將戰爭侷限於歐洲的想法化為泡影，世界史也開始形成新的世界秩序。**

解讀歷史

因為美國的參戰，使第一次世界大戰變成不再是歐洲內部的戰爭，經濟和政治的霸權輾轉移向美國，世界史的舞臺產生了巨大的變動。

衍生出新危機的「凡爾賽體系」

西元一九一八年十一月德國投降，隔年西元一九一九年一月召開了**「巴黎和會」**。會議不僅沒有邀請戰敗國代表，也沒有邀請蘇維埃政府的代表，只有二十七個戰勝國參加。激進派的法國首相克列孟梭（Georges Benjamin Clemenceau，西元一九一七至一九二〇在位）主張**對德採取強硬措施，並取得主導權**。

第二十八任美國總統威爾遜曾提出戰後體制的原則，包含廢止祕密外交、軍備裁減、民族自決（各民族族群可以根據自己的意願決定政治或歸屬）及創設國際聯盟（League of Nations）等「十四點和平原則」，但幾乎都受到漠視。原因是歐洲認為美國沒立場插手歐洲的事。威爾遜的主張只有創立**「國際聯盟」**獲得執行，但由於美國沒有加入，德國和蘇聯也被排除在外（德蘇之後加入），國際聯盟最終無法發揮完善的效果。

【「檸檬要連皮榨乾」】過去在「普法戰爭」（西元一八七〇至一八七一年）中，法國、英國皆敗於德國，因此巴黎和會的內容，都圍繞在英法對德國的嚴厲報復。英法認為罪魁禍首是德國，所以首先應該要由德國支付龐大的軍事費用。雖然英國的經濟學者凱因斯曾提出警告，表示歐洲各國實為一體，過度的報復會導致德國經濟崩盤，恐有再度引發戰爭的危險。但英國首相勞合・喬治卻聽不進去，甚至主張

> 「檸檬要連皮榨乾」，意即對德國實施徹底的報復。「凡爾賽條約」要求德國必須放棄所有的殖民地，鐵礦產量約占九成的亞爾薩斯區和洛林區要歸還給法國，富藏煤礦的薩爾區則必須交由國際聯盟管理。此外，德國還被強加了一千三百二十億金馬克（相當於德國十幾年的稅收）之天文數字的賠償金。德國每年所支付的賠償金四十六億金馬克，約占德國歲入的七成。

根據對德國的媾和條約「凡爾賽條約」（西元一九一九年）和一連串的條約，歐洲**以對德報復和敵視俄國為基礎，建立了被稱為「凡爾賽體系」的新秩序**。威爾遜所提出的包含民族自決的十四點和平原則，並不適用於亞洲和非洲的殖民地，只適用於德意志、奧地利、俄羅斯三大帝國瓦解後的東歐而已。凡爾賽會議後，東歐誕生了波蘭（西元十八世紀後半被俄羅斯、奧地利和普魯士瓜分）等許多獨立國家。

英、法兩國操控德國背後的東歐圈，其目的是為了檢視德國是否會再度崛起，以及拿東歐做為和革命的俄羅斯之間的緩衝地帶。不過，東歐由於民族混雜和封建地主制尚存等因素，使其政治處於極不安定的狀態。

戰後的德國引發了慘烈的經濟危機

戰敗後背負沉重負擔的德國渡過了經濟危機，西元一九二二年，其失業率回復到百分之一點五。

【物價一兆倍的災難性通貨膨脹】西元一九二三年一月，想要把軍事債務全部由德國支付的法國，以德國延遲繳款為由，連同比利時一起占領了德國的主要工業區魯爾區。德國政府因此呼籲非暴力性罷工。此外，德國為了因應經濟危機而大量印鈔，引發了物價上漲一兆倍的惡性通貨膨脹，使經濟陷入危機。這次的經濟危機已經嚴重到只是喝杯咖啡，卻要價一箱的鈔票，喝杯咖啡的時間裡，通貨膨脹仍持續惡化，沒多久就變成需要兩箱鈔票才能買一杯咖啡，通膨的情況非常嚴重。

西元一九二四年八月，美國提出**「道斯計畫」**，主張德國可以延緩支付賠償金。美國公開援助德國的經濟後，法國軍隊也從魯爾區撤退。德國發行了可以用不動產作擔保的新貨幣叫做「地產抵押馬克」（Rentenmark，Renten 是地租、年金的意思），一個地產抵押馬克可以換一兆馬克，此舉奇蹟地遏止了惡性通貨膨脹。這個政策背後的主導者是德國總理施特雷澤曼。

解讀歷史

凡爾賽體系基本上就是英法兩國為了復興自己的國家而犧牲德國的體制。德國向美國借款來支付龐大的賠償金，英法兩國又用這筆賠償金償還在戰爭時期向美國欠下的債務，於是這筆錢最終還是回到美國手中，極為諷刺的是，美國也因此掌握了世界經濟的霸權（三三五頁圖）。

想要重獲新生的亞洲

「歐洲的沒落」給亞洲實現自立的機會。但是過時的帝國體制和民族運動，加上人民窮於應付生活所衍生的各種行動，使亞洲社會呈現複雜的樣貌。

在當時的亞洲，「小世界」的傳統根深柢固，主權在民和基本人權等「大世界」的價值觀幾乎無法深入人民的生活。如果將民族運動過於理想化，就無法理解現今亞洲的混亂局勢。

就西亞來說，和德國同一陣線參加第一次世界大戰，戰敗後慘遭解體的鄂圖曼帝國，不僅大幅喪失了小亞細亞的領土，財政上亦受到英國、法國、義大利三國的監管。在這種情勢下，凱末爾．阿塔圖克在安卡拉集結民族主義勢力建立了新政權，並成功擊退了受到英法援助前來進犯的希臘軍隊。凱末爾廢除了蘇丹制（一五九頁），並在西元一九二二年建立了西歐式的「土耳其共和國」，之後更與協約國簽訂「洛桑條約」（西元一九二三年），使土耳其恢復獨立。土耳其也廢除了哈里發制度（一四四頁），從此邁向西歐化的道路。

【中東紛爭的起源】中東阿拉伯世界原本由鄂圖曼帝國統治，後來根據「賽克斯·皮科協定」，在第一次世界大戰後被英法瓜分，最終建國。第一次世界大戰期間，英國和阿拉伯領袖侯賽因簽訂了「侯賽因—麥克馬洪協定」，阿拉伯答應協助英國共同對抗鄂圖曼帝國，藉以換取戰後阿拉伯國家的獨立。另一方面，英國為了取得猶太人的經濟援助，提出了「貝爾福宣言」，表示支持猶太人在巴勒斯坦建立新的國家。戰後，英國表示認同猶太人掌控巴勒斯坦並移居到巴勒斯坦，遭到阿拉伯人的強烈反彈。這個歷史前因，為日後的以巴衝突和中東戰爭埋下了隱憂。

伊朗也在禮薩汗建立「巴列維王朝」後，仿效土耳其邁向近代化。

解讀歷史

第二次世界大戰後，曾爆發了四次中東戰爭。英國基於貝爾福宣言，允許猶太人大量移居到巴勒斯坦，這就是引發戰火的起因。

第一次世界大戰時，印度提供英國很多協助，英國也承諾印度戰後自治，但戰後英國卻違背約定，並制定「羅拉特法」（西元一九一九年，印度人的恐怖分子或疑犯可未經審判逮捕入獄）來鎮壓印度的民族運動。印度國大黨在甘地的領導下，以獨立自治為訴求，展開了非暴力的不合作運動。

英國煽動伊斯蘭勢力與印度教徒彼此對立，意圖藉此對抗高漲的民族運動。不過，西元一九二九年，印度國大黨以「完全獨立」為目標，使民族運動越演越烈。英國面臨沉重的壓力。

在東亞區域，第一次世界大戰使歐洲勢力逐漸退出東亞，日本、美國和蘇聯則加速了進軍中國的腳步。

在西元一九二一年召開的「華盛頓會議」，簽署了限制海軍主力艦噸位的「華盛頓海軍條約」、承諾太平洋維持現狀的「四國公約」，以及和中國有關的「九國公約」，東亞的主導權顯然已經掌握在美國手上。該會議終止了英日同盟，美國所主張的**對中國施行門戶開放和機會均等的方針**，**成為東亞國際秩序的基礎**。日本、美國和蘇聯三國均對中國虎視眈眈，彼此之間的角力牽制，給中國的民族運動帶來很大的影響。

西元一九一九年的「巴黎和會」（三五六頁）承認日本的「二十一條要求」（西元一九一五年日本對中國提出擴大權益的要求），引起北京大學生大規模的抗議運動（五四運動）。

五四運動成為中國一九二〇至一九三〇年代民族運動的起點。西元一九二四年，孫文和蘇聯聯手，透過國共合作（中國國民黨與中國共產黨攜手合作）共同為民族運動奮鬥。

西元一九二五年孫文逝世，同年在上海爆發了「五卅運動」（英國警察對示威民眾開槍事件），掀起一連串的反帝國主義運動。在民族運動沸騰的背景下，翌年蔣介石（西元一八八七至一九七五年）以蘇聯紅軍為範本，組織了**「國民革命軍」**。國民革命軍一路北上打倒分據各地的軍閥，為實現統一中國的理想，朝**「北伐」**（西元一九二六至一九二八年）之路邁進。

北伐的同時，勞工運動和農民運動也逐漸高漲。蔣介石在上海發動了政變鎮壓共產黨，從此「國民黨」和「共產黨」彼此展開軍事對立。在國共兩黨對立的情勢下，蔣介石還是持續進行北伐，西元一九二八年，在把東北軍閥張作霖從北京驅逐後，中國國民黨勉強得以統一中國。

國民黨和共產黨分裂後，共產黨在農村施行土地改革政策，同時擴張自己的勢力，西元一九三一年，共產黨在江西省瑞金縣建立了「中華蘇維埃共和國臨時政府」。不過，當時的中國社會仍持續著軍閥、國民黨和共產黨彼此混戰的情勢，離民主主義的實現還有一大段距離。

解讀歷史

印度的民族運動透過非暴力、不合作的方式脫離英國獨立，中國的民族運動則以武力打倒依附列強、分據各地的軍閥，兩者的民族運動截然不同，極具對照性。

3 經濟大恐慌是第二次世界大戰的導火線

美國形成了大眾消費社會

第一次世界大戰後，美國成為世界最大的債權國，電器產業、電影、收音機、職業運動選手和爵士樂等，無不致力於開發人們「內心慾望的極限」。隨著挖掘人類慾望的商品不斷推陳出新，形成了名為「美式生活」（American way of life）的**大眾消費社會**。

都市生活一下子便利起來，隨著汽車和連鎖商店（超級市場的原型）的普及，都市的生活型態也擴展到廣大的農村。都市生產的物品，在數量及種類上，都達到十九世紀時期無法比擬的規模。同時，社會的差距也逐漸擴大，大量的剩餘資金開始流向股票及土地。

美國經濟到達頂點與西元一九二九年的經濟大恐慌

美國的一九二〇年代被稱為「咆哮的二十年代」，汽車、建設、電器、收音機、石油等新產業急速成長，卻不到十年的光景，就陷入經濟泡沫化的局面。

美國的工業生產量占世界的百分之四十二，由於生產過剩而面臨瓶頸。西元一九二七年以後，剩餘的資金紛紛轉向股票、房地產及土地等投機事業，加上農產品價格下跌，美國的國家經濟更是雪上加霜。西元一九二八年以後，美國聯邦儲備銀行曾四次降息抑制股價，證券公司卻調度銀行以外的資金來支撐維持股價。西元一九二六年以後的三年內，股價飆漲到兩倍以上。

西元一九二九年十月二十四日禮拜四，華爾街的證券交易所被大賣了一千三百萬股（正常成交量是四百萬股），引發了股價暴跌。隔週二又被大賣了一千六百萬股，引起股價大崩跌。經濟的危機一下子就浮出檯面。直到十一月中，股價已經狂跌到只剩下一半。三年後，股價竟然跌落到只剩下最高點的百分之十五。**當時的美國總統胡佛，深信經濟有自動調整的能力，決定採取放任無為的政策**。不過，他對泡沫經濟所做的應對策略卻是錯的。

由於美國放任經濟大崩跌，四年內美國的工業生產力減半。西元一九三三年，甚至造成高達四分之一人口失業的慘澹情況。此外，**三年內美國有半數的銀行破產，借貸給海外的資**

金一下子全部回收，使經濟恐慌遍及到全世界。

> **【「經濟命脈」的大手術】**維持貨幣循環流通的經濟命脈銀行，為了追求利潤而擴大證券業務，卻在遭受股價的狂跌後引發了經濟崩潰。有鑑於此，美國議會終於在西元一九三三年制定了「格拉斯－斯蒂格爾法案」（銀行法）。該法禁止商業銀行在證券市場取得百分之十以上的利益，令銀行（商業銀行）與證券業務（投資銀行）做切割。這是讓「經濟命脈」（銀行）更健全所採取的必要措施。

西元一九三一年，奧地利最大的銀行破產，使德國的大銀行也跟著破產。這個危機從德國波及到整個歐洲，引發了**「經濟大恐慌」**。第一次世界大戰後，戰敗國德國跟美國借貸資金來復興國家並償還英法賠款，英法再利用這筆錢來償還對美國的債務，形成了一個金錢的流動循環。但美國聯邦銀行又提高利率讓資金回流美國，一下子就讓歐洲的經濟破產。

全世界的工業生產力下降了百分之四十四，貿易量也下降了多達百分之六十五，使世界經濟急速緊縮。人民的生活因此陷入困境。各國脫離金本位制後，開始瘋狂進行貶值貨幣及提高關稅的競爭，因為只要能夠增加一點輸出，就可以使經濟活絡起來。

實行計畫經濟的蘇聯幾乎沒有受到經濟恐慌的影響。美國採行**「羅斯福新政」**（New Deal），計畫透過公共投資吸收失業者和剩餘物資，而擁有眾多殖民地的英法等國家則採取**「集團經濟」**措施，形成了排外的、只限與殖民地之間進行貿易的貿易圈。（審訂注：新政又稱「3R」。）

【殖民宗主國的自私】英國的麥克唐納內閣在加拿大召開聯邦大會，決議在大英國協內部施行低關稅，並對外來的商品一律課徵百分之兩百的高關稅，封閉了廣大的市場。沒有資源或殖民地的德國、義大利和日本等國，為了脫離經濟危機，除了發起戰爭以外別無他途。

解讀歷史

資本主義經濟往往會引發泡沫經濟的危機。尤其在當時，對世界擁有壓倒性影響力的美國，對於泡沫經濟危機的處理非常不適當，這股恐慌的浪潮把歐洲和亞洲的經濟連根拔起，使全世界都陷入極度的經濟恐慌之中。擁有對經濟方面的知識，可說是政治家的基本素養。

Key Point

29 經濟大恐慌誘發第二次世界大戰

美國引發的經濟大恐慌一下子使全世界的政治危機倍增，貨幣貶值競賽和集團經濟引發了第二次世界大戰。

經濟危機與法西斯主義的密切關係

法西斯主義的抬頭與戰爭所引發的經濟危機有密不可分的關係。法西斯主義崛起於第一次世界大戰後的義大利。

一次大戰後，義大利由於觀光業一蹶不振等因素，使經濟被逼到絕境。義大利在國內情勢極度緊張的狀況下，墨索里尼（Benito Amilcare Mussolini，西元一八八三至一九四五年）創建了訴求國民團結和體制維持的法西斯黨，他在西元一九二二年發動**「進軍羅馬」**（「黑衫軍」的武裝部隊向羅馬進軍）的和平政變，並在國王的支持下掌握了政權。法西斯黨得到總投票數的百分之二十五以上，獲得議會席次的三分之二，建立起一黨獨大的獨裁體制。

經濟大恐慌使德國的失業人數高達六百二十萬人。希特勒（Adolf Hitler，西元一八八九至一九四五年）率領納粹黨在街頭行動，厭煩議會無能的公務員、依靠年金過活的民眾等沒落的中產階級、農民都群起支持，使納粹黨成為議會的第一大黨。

西元一九三三年，希特勒成為德國總理後開始鎮壓共產黨，並學習義大利法西斯黨的手法，透過**「授權法」**給予納粹黨法令的制定權，藉以鞏固獨裁體制。西元一九三四年，希特勒以總統的身分成為**「第三帝國」**（意思是超越神聖羅馬帝國和德意志帝國的新帝國）的國家元首，他透過建設德國高速公路和培植汽車產業，成功克服了嚴峻的不景氣。

希特勒退出國際聯盟後重新投入軍備擴張，同時在非武裝地帶的萊茵蘭駐軍，破壞了第一次世界大戰後保障地區集體安全架構的凡爾賽體系（三五七頁），並協同義大利（以邊境糾紛為藉口侵略衣索比亞）企圖重組凡爾賽體系。

西元一九三六年，西班牙內戰（西元一九三六至一九三九年）爆發，由德義支持的佛朗哥（Francisco Franco，西元一八九二至一九七五年）擊敗了人民陣線政府，法西斯主義在歐洲的影響力更加強大。

解讀歷史

議會對於經濟危機束手無策，群眾的失望和怒火壯大了法西斯主義。這種情況很明顯地體現在義大利和德國。歷史的教訓告訴我們，以守護民主主義、維護世界秩序為己任的議員，首先必須具備相當的政治和經濟見識才行。

收復失地引發了「複雜」的世界大戰

與在景氣好的時候所發生的第一次世界大戰不同，大規模且成因複雜的**「第二次世界大戰」**，乃是起源於經濟大恐慌所造成的世界經濟大崩盤。導致戰爭發生的直接導火線，就是領土問題。

【波蘭與第二次世界大戰】大戰的起因是德國和蘇聯為了取得民心，而對波蘭發動侵略（收復失土）而起。第一次世界大戰的時候，德國喪失了波蘭領土（三五七頁）。德國的希特勒與蘇聯的史達林私下祕密簽訂「德蘇互不侵犯條約」，並協議共同瓜分波蘭，西元一九三九年九月，德蘇由東西兩面向波蘭武力進攻。由於德國向波蘭進攻，利用東歐做為政治布局的英法兩國也不得不對德宣戰，「第二次世界大戰」就此展開。

英法兩國原本就不希望開戰，他們希望德國與蘇聯之間產生對立，因此，即使宣布參戰後也維持按兵不動。過了一段時間，兩方陣營還是持續維持互相對峙的「假戰」狀態。然而，西元一九四〇年，德國卻經由丹麥、挪威、荷蘭和比利時，閃電入侵法國北部並攻占巴黎。

西元一九四一年六月，納粹德國為了確保戰略物資石油的供應來源，將目標轉向巴庫油田（蘇聯，現在的亞塞拜然），德軍預測三個月內可以擊敗蘇聯，因此破壞德蘇互不侵犯條約向蘇聯進攻（德蘇戰爭）。西元一九四二年，德軍逼近到接近莫斯科的四十公里處。然而，在西元一九四三年一月的「史達林格勒戰役」中，德軍被殲滅三十萬人使戰局逆轉，蘇聯軍開始反擊各地的德軍。

西元一九四三年五月，義大利軍在北非戰場被英軍擊敗，墨索里尼所領導的義大利大勢已去，並在九月投降。

隔年西元一九四四年六月，盟軍在法國的諾曼第登陸開啟了第二戰場，並於八月解放巴黎。在東西戰線的攻擊下，德國被逼到絕境。西元一九四五年，柏林淪陷，希特勒自盡，歐洲的戰爭終於結束。由於**在德蘇戰爭時，蘇聯與德國正面交鋒，使蘇聯在戰後歐洲的影響力取代了英法兩國，勢力日益壯大。**

解讀歷史

第二次世界大戰起源於德蘇攜手合作，以收復失地為目標，武力進攻東歐的波蘭而起。被納粹德國和蘇聯兩國侵占的波蘭，在戰爭中，其人民及軍人合計死亡多達五百四十萬人（全國人民的百分之二十三），蒙受了龐大的損害。

九一八事變如何演變成中日戰爭

西元一九三〇年，經濟大恐慌波及到日本。外銷美國的絲織品驟減和股價大跌，使三百萬人失業。在農村的養蠶農家，也因為絲織品外銷不振而遭受嚴重的打擊，東北的農村又加上歉收嚴重，發生了許多悲慘的狀況。興起於農村的農民運動逐漸擴大。

西元一九三〇年，日本最大的企業滿鐵（南滿鐵路。日俄戰爭〔三二四頁〕時，日本戰勝用所得到之土地架設的鐵路），也由於滿州的軍閥張學良修築鐵路與之競爭，導致財政轉為赤字，日本的經濟前景彷彿陷入黑暗。西元一九三一年九月十八日晚上，位於奉天北方八公里處的柳條湖附近，日本關東軍密謀炸毀長約一公尺的滿鐵軌道（柳條湖事件）。關東軍把鐵路炸毀一事栽贓給張學良的軍隊，發起了軍事行動，不久就相繼占領了各主要都市，這就是**「九一八事變」**。相對於挑釁的關東軍，張學良唯恐紛爭擴大，因而命令士兵不抵抗直接撤退。關東軍僅五個月就占領了東北（滿州）全境。

關東軍想要趁國聯出面調查之前先下手為強，於是在西元一九三二年令清朝的廢帝溥儀（西元一九〇六至一九六七年）繼位，定都新京（長春），建立了「偽滿州國」。「亡國」的危機意識開始在中國擴展。

【在資訊戰獲得勝利的共產黨】中國在發生九一八事變後，國民黨與以農村為根據地的共產黨仍舊持續進行內戰。西元一九三四年，共產黨的根據地瑞金失陷，共產黨軍隊被國民黨軍一路追擊逃竄。西元一九三五年，共產國際（共產主義的國際組織）為了反德國納粹政權，開始倡導守護民主主義的「人民戰線」戰術。中國共產黨也跟著修正對抗歐洲法西斯主義的統一戰線運動，主張「團結一致對抗日本的侵略」，獲得多數憂心亡國危機的民眾的支持，令國民黨對共產黨的戰爭無以為繼。不過，中國在清朝瓦解之後一直持續混亂的狀態，根本沒有出現所謂的民主政治。

西元一九三六年，由於國共戰爭持續維持休止狀態，國民政府的蔣介石為了督促部屬加速剿共行動而親赴西安，卻遭其部屬張學良拘捕，史稱**「西安事變」**。蔣介石被迫停止內戰轉而聯共抗日。此次紛爭因為共產黨人士周恩來的調解，使國民黨與共產黨急速靠攏，共同加強了抗日行動。為中國民族運動高漲而感到焦急的日本軍，在西元一九三七年七月七日晚上，以在北京郊外的盧溝橋進行夜間訓練的日本士兵失蹤為藉口（失蹤的士兵不久即返回原屬部隊。此為盧溝橋事變），向駐紮在附近的中國軍隊發動攻擊，開啟了**「中日戰爭」**的序幕。

日本軍估算中國的軍事力量薄弱，預計數月之內就可以扭轉政治情勢。然而，日本在三個月內戰死的兵士多達數萬人，五十萬人軍隊相繼投入天津、北京、上海和廣州等主要都市，**即使日本攻陷了首都南京，戰事仍然持續。日本陷入補給線過度拉長的僵局。**

日本過於低估中國民族運動的強悍，在資訊戰也遭遇挫敗。

■第二次世界大戰中德國和日本的行動

大西洋
太平洋
一九四〇年四月
侵略丹麥、挪威
西班牙
法國
一九四〇年
六月占領巴黎
德國
蘇聯
一九三九年
九月侵略波蘭
一九四一年
六月侵略蘇聯
一九四二年十一月
侵略北非
一九四一年十二月
攻擊珍珠港
日本
偽滿州國
（一九三二年）
盧溝橋事變
（一九三七年七月）
占領長沙
（一九四四年五月）
占領馬尼拉
（一九四二年一月）
占領新加坡
（一九四二年二月）
〈同盟國軍隊的反攻〉
一九三九年九月 英法對德宣戰
一九四一年三月 美國制定「租借法案」
一九四三年二月 德軍在史達林格勒戰役中被殲滅
九月 同盟國軍隊登陸義大利→義大利投降
一九四四年六月 同盟國軍隊從法國諾曼第登陸
八月 同盟國軍隊解放巴黎
一九四五年五月 德國投降
八月 日本投降

> **解讀歷史**
>
> 中日戰爭在日本、國民黨和共產黨三者的角力牽制中拉開序幕。和日軍正面交鋒的是國民黨軍隊，中國共產黨則仿效歐洲的人民戰線，呼籲人民連結成抗日民族戰線，在農村的勢力逐漸擴大，可以說是這次戰役的最大受益者。

爭奪太平洋霸權的太平洋戰爭

當日本為中日戰爭陷入僵局而煩惱時，剛好給覬覦太平洋霸權及意圖經濟進軍中國的美國絕佳機會。日本誤判了世界情勢，看上納粹德國能夠在短時間內占領法國的強大軍力，加上過於高估己國的軍事力，遂在西元一九四〇年與德國和義大利締結**「德意日三國同盟條約」**。

翌年西元一九四一年四月，日本與蘇聯簽訂「日蘇中立條約」。六月德蘇戰爭爆發後，日本於七月入侵法屬印度支那南部。**美國針對此事與日本交涉，要求日軍從中國撤退，若不撤兵則對日本採取禁輸石油及廢鐵的制裁**。

為了維持中日戰爭，日本不得不親自調度東南亞的石油，甚至貿然跟美國掀起了戰爭。西元一九四一年十二月八日，日本偷襲英屬馬來半島和夏威夷的珍珠港，引發了**「太平洋戰

爭」（西元一九四一至一九四五年）。

日本偷襲珍珠港後，和日本締結軍事同盟的德國和義大利也向美國宣戰，亞洲戰場和歐洲戰場合而為一。中國國民黨政府也於十二月九日向日本、德國和義大利宣戰。

【法西斯主義對民主主義】西元一九四二年一月，美國、英國、蘇聯和中國等二十六個國家共同簽署「聯合國共同宣言」。宣言中將此次戰爭定位為反法西斯主義戰爭，由蔣介石擔任中國戰區的最高統帥。這是同盟國首次明確定義戰爭的性質，美國和中國也把對日戰爭歸為反法西斯主義之世界戰爭。另一方面，日本則把這個戰爭視為是「大東亞戰爭」（目的是讓歐美列強失去殖民地的支配權）。

首戰時，日軍在太平洋大力挺進。西元一九四二年六月，日本在「中途島海戰」失利後，就被美國以量取勝壓制而節節敗退。

【技術革新落於人後的日本海軍】西元十九世紀末以來，日本的海軍都奉行大艦巨砲主義，雖然日本在初戰取得優勢，但是卻錯估二十世紀的戰爭打的是「總體戰」（以物量取勝）。當美國派出標準化的戰艦，並使用雷達、航空母艦和戰機正式與日本展開現代戰後，日本的戰力簡直完全無法比擬。日本完全錯估了二十世紀的戰爭。

握有太平洋和日本本土制空權的美國，為了瓦解日本的抗戰意識，徹底痛擊了日本。美國下令東京大空襲，並在日本的各都市不停大肆轟炸，奪走了十萬人的生命。西元一九四五年，美國占領了沖繩做為戰後侵略亞洲的據點。八月更相繼在廣島和長崎投下原子彈。美國接著又在**「雅爾達會議」**中要求蘇聯加入對日戰爭，於是蘇聯在西元一九四五年八月，單方面毀棄日蘇中立條約向日本宣戰，並攻擊偽滿州國。西元一九四五年八月十五日，日本只得向同盟國無條件投降，第二次世界大戰宣告結束。美國把太平洋霸權握在手中，並在東亞與蘇聯展開新的對峙。

解讀歷史

戰爭都會附帶宣傳攻勢，每個國家都將自己立於正義的一方。美國宣傳太平洋戰爭是「民主主義與法西斯主義」之戰，其實說穿了，這場戰爭不過是各帝國為了爭奪太平洋和中國支配權的戰爭罷了。

Key Point

30 第二次世界大戰爆發的成因很複雜

第二次世界大戰絕對不是單純的「民主主義與法西斯主義」之戰，而是由許多複雜的成因交織而成的世界大戰，戰局也是一變再變。

4 成為世界通行貨幣的美元與冷戰的影響

美國的美元與世界經濟的一體化

第二次世界大戰（西元一九三九至一九四五年）時，歐洲戰場和亞洲戰場合而為一，其作戰規模遠遠超出第一次世界大戰，是一場消耗甚鉅的總體戰。

第二次世界大戰，不僅戰敗的德國、日本和義大利遭受到巨大的打擊，就連遭受德軍轟炸的英國，也為了龐大的戰費焦頭爛額，曾被德國占領的法國也元氣大傷，蘇聯也在與納粹德國的大規模戰爭中受到巨大損害，**只有美國因為這場戰爭成為世界的兵工廠，經濟突飛猛進**。西元二十世紀前期，是美國順風順水的時期。

美國在第二次世界大戰中，經濟成長了高達兩倍以上，其工業生產量占了全世界的一半，儲備了全球八成的黃金。無論是歐洲還是亞洲，想要從戰爭的慘況重新復甦，都非得仰賴美國的幫助不可。

【美元成為世界通用的貨幣】在西元一九四四年大戰期間所召開的「布列敦森林會議」中，採取了美國的主張：①美元是唯一可以與黃金兌換的通用貨幣（一美元可以兌換純金一五〇四．六三一毫克黃金）。②允許美元與各國貨幣的交換比率固定（固定匯率制。日幣為一美元可兌換三六〇日圓），是一種美元取代金本位制成為基準貨幣，美元等同於黃金使用的體制（黃金美元本位、布列敦森林體系）。「美利堅治世」的時代來臨。美元單位的由來，是起源於西元十六世紀波希米亞所發行的一種良質銀幣塔勒。美國認為自己的貨幣品質優良，所以把它稱做塔勒。這就是美元的由來。

【一美元可以換三百六十元日圓的理由】美國為了幫助陷入嚴重通膨的日本重整經濟，曾派遣經濟特使約瑟夫．道奇出訪日本，當時隨行人員向道奇提議日本貨幣的「円」（圓）是圓圈的意思，圓有三百六十度，不如將匯率設定為三百六十日圓，道奇因此決定一美元兌換三百六十日圓。站在美國的角度，其實根本不在意經濟崩盤的「日圓」價值為何。

美國為了重整戰後的經濟，積極發揮領導力主持大局。西元一九四七年，美國施行「馬歇爾計畫」（歐洲復興計畫）協助重整歐洲的經濟，並藉由經濟軍事的優越地位及民主主義的政治立場來鞏固霸權。

美國的想法，就是在政治上利用**「聯合國」**（西元一九四五年設立）這個國際機構（United Nations），經濟上就是實現以美元為中心的全球資本主義一元化的理想。美國建立了在經濟上和政治上皆以美國為中心的全球支配體系。

美國在聯合國安全理事會（第二次世界大戰的主要同盟國家擁有否決權）擔任常任理事國，希望能藉此建立理想的戰後秩序。然而，這個想法沒有多久就因為美蘇「冷戰」而受挫。

美國在貿易方面也以絕對的優勢為前提，以自由、多角化、平等為原則，建立了以擴大國際貿易為目標的「關稅及貿易總協定」（GATT）；在貨幣和金融方面，則以美金為基準來表示各國貨幣的價值，並致力於建立固定匯率制的「國際貨幣基金組織」（IMF）體制。這兩者是支撐和推動世界經濟的兩大支柱。

解讀歷史

第二次世界大戰後，美國的經濟和軍事實力都是世界首位，透過美元和核武，美國建立了人類史上首次以美國（單一國家）為中心的世界秩序。雖然不久後美蘇冷戰爆發，但美元實質上還是保有全球通行貨幣的地位。

Key Point

31 美蘇冷戰使第三勢力抬頭

第二次世界大戰後，美國以絕對的經濟優勢與蘇聯展開長達四十年的冷戰，美蘇冷戰期間，亞洲、非洲的第三勢力逐漸成形。

海洋帝國與大陸帝國的冷戰

蘇聯頂著與納粹德國對戰勝出的光環，意圖以強大的軍事力和社會主義的立場重整國際秩序。

大陸帝國蘇聯對海洋帝國美國下了戰書。蘇聯意圖透過社會主義形成世界體制，其對抗美國霸權的基本立場昭然若揭。

西元一九四五年二月，第二次世界大戰期間曾召開「雅爾達會議」，蘇聯在美英兩國的默許下，把第二次世界大戰中所占領的約有一億人口的東歐納入自己的勢力範圍，並著手開始建立社會主義圈。

稱霸海洋、影響力擴及西歐和日本的海洋帝國美國，與合併了東歐和中國勢力的歐亞大陸帝國蘇聯之間，產生了激烈的衝突。所謂冷戰，並非直接以軍力對抗，而是在經濟、外交和資訊方面進行國際間的對抗。

【美國的圍堵政策】東歐諸國除了義大利以外，全都被納入社會主義的勢力範圍內，美國對此事深感危機。西元一九四七年三月，美國總統杜魯門（Harry S. Truman，西元一九四五至一九五三年在位）提出「杜魯門主義」，要求國會軍事援助希臘和土耳其，並表示為了抑制蘇聯勢力的擴大，軍事上要採取圍堵政策。美國認為任何染上蘇聯勢力的危險區域，都會對美國的安全構成威脅，因此明確採取干涉的態度。

西元一九四七年六月，美國發表了**「馬歇爾計畫」**（歐洲復興計畫），明確表示協助歐洲各國經濟復興的立場。美國除了確立對歐洲各國的主導權，亦致力於遏止蘇聯的勢力擴張。

面對美國的行動，蘇聯陣營也組織**「共產黨和工人黨情報局」**（Cominform）凝聚東歐各國及西歐共產黨的勢力。**「冷戰」**（Cold War，西元一九四七至一九八九年）從此開始。引發東西兩勢力展開對立的觸發點，是發生於西元一九四九年的柏林危機。

二次大戰後，德國首都柏林被分割成東柏林（蘇聯管轄）和西柏林（英法美管轄）之四個區域分別管轄。通往西柏林的陸上輸送道路被蘇聯封鎖。西方各國遂利用空運來抗衡，此一事件就是柏林危機。結果西方國家的空運策略成功，成功解除了柏林的封鎖。

韓戰掀起核武競賽

西元一九四九年，共產黨在國共內戰取得勝利並建立了「中華人民共和國」。蘇聯對中國的影響力大增，東亞的政治情勢失衡，危機的中心遂由歐洲轉移到亞洲。戰敗的國民黨將根據地轉移到臺灣，稱為「中華民國」。

第二次世界大戰後，朝鮮半島以北緯三十八度線為分界，分割成南北部，北部為蘇聯所占領，南部則由美國占領。西元一九四八年，韓國南部建立「大韓民國」，北部則建立「北韓」（朝鮮民主主義人民共和國）。西元一九五〇年，主張武力統一朝鮮半島的北韓軍跨越三十八度線向南韓進攻，爆發了**「韓戰」**（西元一九五〇至一九五三年）。

由於針對中國的聯合國代表權議題，美蘇持對立意見，蘇聯沒有出席安全理事會，美國最後在安全理事會決議北韓為侵略者。聯合國於是組織軍隊加入韓戰，把北韓軍隊追擊到中國的國境附近。

中國則派出志願軍攻打聯合國軍隊，**戰爭演變到實際上在朝鮮半島對峙的是美軍和中國的軍隊**。美國也乘機派遣第七艦隊到臺灣海峽，藉以穩固共產黨政權（中國）與國民黨政權（中華民國、臺灣）的對立情勢。經過韓戰以後，世界各國紛紛選邊站隊組成軍事同盟，冷戰一下子就擴及到全世界。

【原子彈的危機】當韓戰陷入膠著時，美國雖然想要使用原子彈來一舉結束戰爭，但是由五億人以上聯署的斯德哥爾摩宣言（西元一九五〇年）等行動使國際輿論高漲，美國於是放棄使用原子彈。西元一九五三年七月，終於簽訂了韓戰的休戰條約。

此後，美蘇兩國依然投入研發洲際彈道飛彈、核武器、毒瓦斯及化學武器等可怕的大規模毀滅性武器，大大提高了武器的殺傷力。兩大國瘋狂爭奪世界霸權的同時，全球人類的生命也受到威脅。這種軍備競賽的規模，已經遠超出西元十九世紀末英德的造艦競賽（三三一頁）。

美蘇的冷戰並無演變至直接的軍事衝突，而是使全世界處於嚴峻緊張的情勢。換個角度來看，冷戰可以視為是掌控了世界海洋的海洋帝國美國，與疆土遼闊、媲美於蒙古帝國的大陸帝國蘇聯之間，為了爭奪世界霸權而產生的軍事對立。

冷戰使以軍事工業為重心的美國脫離了戰後的經濟不景氣，也讓社會主義的帶頭領袖蘇聯更加有影響力。另一方面，由印度總理尼赫魯（西元一八八九至一九六四年）和印尼總統蘇卡諾（西元一九〇一至一九七〇年）等人所領導的**「第三勢力」（三九〇頁）**崛起，**在國際上的發言也逐漸產生一定的影響力。「第三勢力」對於防止冷戰的激烈化，扮演了重要的角色。**

西元一九六二年，歷經社會革命後的古巴，在卡斯楚的領導下，開始建設供給蘇聯中遠程彈道飛彈（IRBM）的基地。美國要求古巴撤除基地，並實施海上封鎖。美蘇的對立加劇，甚至到了快要爆發核戰的地步，最後由蘇聯讓步，勉強化解了危機（**古巴飛彈危機**）。

經過古巴飛彈危機後，美蘇兩國終於體認到嚴重的對立恐有引發「核戰」的危險，兩國的冷戰關係逐漸趨於緩和。這種情勢使主張強硬路線的中國與蘇聯之間，衍生出新的對立關係（中蘇交惡）。

冷戰持續了二十年以上，世界各國分別加入美蘇陣營的軍事同盟。蘇聯投入核武及洲際彈道飛彈的研發，美蘇之間的軍備擴張競爭彷彿永無止境。不過，軍備擴張競爭所衍生出的龐大軍費使美蘇兩國倍感壓力，削弱了兩國的經濟活力。

解讀歷史

二次大戰後，冷戰持續了四十年，世界經濟也逐漸復甦。另一方面，在美蘇進行核武軍備競賽期間，相繼發生了柏林危機、韓戰和古巴危機，使全世界人類都飽受核子武器的威脅。

繁華的美國開始蒙塵

相對於日本和歐洲各國的經濟復甦，美國歷經了韓戰和越戰，耗費了龐大的軍費，加上大企業全球化等因素，由美國占盡經濟優勢的黃金六〇年代迅速褪色失輝。

其中，**「越戰」**（西元一九六五至一九七三年）尤其耗費美國甚劇。在冷戰期間，南越（美國援助）與北越（中蘇援助）兩方發生戰爭，戰爭陷入無限延長的僵局。美國前後共投入兩百五十萬兵力，並耗費了約七千四百億美元的龐大費用，使國家的財政赤字更加擴大。

西元一九七一年，美國總統尼克森（Richard Milhous Nixon，西元一九六九至一九七四年在位）為了防止黃金外流，於是發布①**停止美元兌換黃金**。②進口貨品一律徵收百分之十的進口附加稅（**尼克森震撼**）。從西元一九四四年持續至今的布列敦森林體系，終告結束。

【世界經濟的轉變】在美元與黃金脫鉤的經濟混亂中，西元一九七三年，主要國家紛紛轉向實施浮動匯率制，國際貨幣體系急速變得不安定。黃金的價格也隨著市場機制而浮動。西元一九八〇年，黃金一盎司可兌換八百五十美元（以前是三十五美元），西元二〇一一年則上漲到可以兌換一九二〇美元。這是受到通貨膨脹的影響。

一九八〇年代末，美國共和黨的雷根總統（Ronald Wilson Reagan，西元一九八一至一九八九年在位）實施以縮小政府機能及減稅為主軸的「雷根經濟學」政策，結果使美國背負龐大的**「雙赤字」**（入超的貿易赤字和財政赤字）。西元一九八五年，**第一次世界大戰後經過七十年，美國由債權國轉變為債務國**，甚至持有全世界最多的債務。

不過，大量生產、大量消費的美式生活（American way of life），透過全球網絡影響了全世界，改變了傳統的社會型態，冷鏈物流（低溫物流）的巨大物流網絡也使人類社會產生很大的變化。

解讀歷史

越戰所造成的龐大財政支出、世界經濟規模的擴大、法國等國家開始儲備大量黃金等因素，瓦解了黃金美元本位制，世界經濟走向極不穩定的浮動匯率制。世界的經濟秩序急速惡化。

冷戰的另一要角蘇聯，也為了供應巨大的軍需支出而犧牲了民生需求。中蘇交惡、國境紛爭、進攻阿富汗失敗（西元一九七九至一九八九年，蘇聯想要介入阿富汗的內戰建立親蘇政權）、農業政策的失敗，及由於經濟營運的官僚化，導致效率低落和勞動意願減退，加上生產物流系統的落後及共產官僚體制的腐敗等因素，在一九七〇年代，蘇聯的既有體制已然無以為繼。

此外，由於蘇聯提出「限制主權論」介入東歐國家的內政，東歐圈對於蘇聯的行為和特權官僚的統治越發不滿。

Key Point 32

世界經濟劇變的一九七〇年代

一九七〇年代，歷經石油危機、尼克森震撼及資訊革命等重大事件，世界的政治經濟情勢也遭逢劇變。

蘇聯的垮臺與冷戰的終結

蘇聯在糧食危機、**進攻阿富汗失利**的雙重打擊下面臨財政困難。西元一九八五年，戈巴契夫（Mihail Sergeyevich Gorbachov，西元一九三一至）就任蘇聯共產黨中央委員會總書記，主張開放政策，實施行政經濟等多方面的體制內改革（**經濟改革**，「重建」之意），並與美國和解及縮減軍備。

然而，蘇聯的改革為時已晚。西元一九八九年東歐的民主化，緊接著西元一九九一年共產黨發動政變失敗，蘇聯共產黨宣告解散，蘇聯也因此解體，最後成立了**「獨立國家國協」（CIS）**。蘇聯突然宣告放棄社會主義，讓所有人都感到始料未及。

西元一九八九年，戈巴契夫和美國總統布希（George Walker Bush，西元一九八九至一九九三年在位）在地中海的馬爾他島正式宣告冷戰結束（馬爾他峰會）。兩國也宣布放棄核軍備的擴張。

冷戰的時代終告結束。世界經濟變得極不穩定，各國之間也加強相互依存的關係，使全球網絡化的發展更進一步。

解讀歷史

戈巴契夫施行的體制內改革無法消弭民眾、聯邦內各民族及東歐各國的不滿，加上對改革感到不安的共產黨內部發動政變失敗，最終導致蘇聯走向解體的命運，冷戰也宣告終結。

5 全球化與「虛擬」的地球新時代

美蘇以外的第三勢力誕生

第二次世界大戰使歐洲各國失去了全世界殖民地的支配權，十九世紀的世界秩序逐漸崩壞。**美蘇冷戰期間，亞非新興的民族國家（Nation state）陸續誕生**。這些國家逐漸對世界史的走向持有一定的影響力。

西元一九四五至一九六四年期間，實際誕生了五十三個國家（亞洲二十個國家、非洲三十三個國家），這些新興國家的人口數，占全世界總人口的百分之三十以上。

仿效歐洲成立的民族國家不斷增加，目前已經多達一百九十五國。亞洲非洲誕生了許多民族國家，這是世界史上值得關注的大事。

西元一九五五年，印尼的萬隆召開了**「萬隆會議」**（亞非會議）。亞非共有二十九國的政府代表參加，這是亞非政府首次派代表參加的正式國際會議，象徵了**世界史的轉折點**。會議共同決議反殖民主義、民族主權、廢除種族歧視等和平十原則，對往後的反殖民運動有很大的影響。

在印度總理尼赫魯（Jawaharlal Nehru，西元一八八九至一九六四年）、印尼總統蘇卡諾（Sukarno，西元一九〇一至一九七〇年）及埃及總統納瑟（Gamal Abdel Nasser，西元一九一八至一九七〇年）等國家領導人的主導下，多數的亞非新興國家都加入了美蘇陣營以外的「第三勢力」，在世界史占有一席之地。

石油危機改變了世界經濟

一九六〇年代以後，雖然先進工業國家希望透過援助開發中國家，藉以修正經濟落差，但是財富仍然回流至歐美國家，經濟落差的問題不減反增。

嚴重的經濟落差使開發中國家的貧窮與饑餓問題不斷擴大，成為國際的問題。這就是**「南北分歧」**。先進工業國家占多數的北半球與開發中國家占多數的南半球，兩者之間的差距和矛盾造成了「南北分歧」。

西元一九七三年，埃及、敘利亞企圖奪回被以色列占領的西奈半島和戈蘭高地，爆發了**「第四次中東戰爭」**，「石油輸出國組織」（OPEC）和「阿拉伯石油輸出國組織」（OAPEC）

發動了**「石油戰略」**，不僅調漲石油價格又減產石油。這就是**「第一次石油危機」**。

先進工業國家由於能源價格高漲而大受打擊，造成停滯性通貨膨脹和不景氣。戰後的經濟繁榮時代結束，全球轉向國際收支惡化和低成長的時代。

【首腦會議的召開】西元一九七五年以後，為了解決全球的經濟危機，先進五國（義大利、加拿大和俄羅斯加入後變成八國）的領袖召開了「首腦會議」，彼此討論政策的調整與協調事務。之後，首腦會議每年都會定期召開。

西元一九七九年，**「伊朗伊斯蘭革命」**爆發，革命政府削減原油量的供給，之後在**「兩伊戰爭」**（西元一九八〇至一九八八年），伊朗和伊拉克都中斷原油輸出，造成原油價格翻漲至二點五倍（**第二次石油危機**）。戰後很長一段時間，一桶原油的價格約為兩美元，直到西元一九八〇年，卻一下子飆漲到三十二美元。能源成本的高漲帶來全球性的不景氣。亞非的開發中國家中，有資源的國家與沒有資源的國家彼此差距更加擴大。

另一方面，工業生產力的大幅提升使貿易關係多角化，企業開始競相爭奪廉價的勞力，全球（多國籍）企業也隨之增加，利用全球網絡的國際分工關係也有更進一步的發展。**全球企業和國家攜手投入國際經濟競賽，經濟邁向全球化。**

西元一九六七至一九八七年期間，全球企業的海外投資餘額增加到九倍之多。美國的全球企業最為活躍，國內生產的五分之一都轉移到海外，日本和歐洲的企業也是同樣的模式。

解讀歷史

石油危機改變了戰後的世界秩序。原油價格的決定權由國際石油公司（石油產業相關的歐美巨大連鎖企業）轉移到產油國，高漲的油價使全世界經濟陷入長期不景氣，於是工業先進國家的企業為了追求低廉的人力，就把工廠轉移到國外，搖身一變成為全球企業。全球化的結果，使企業之間的競爭變得更加激烈。

經濟的全球化與影響力漸增的金融

受到西元一九七一年「尼克森震撼」（三八五頁）的影響，以美元為基準貨幣的「金匯兌本位制」瓦解。兩次石油危機也使原先以IMF為中心的經濟體制崩盤，世界從此進入全球企業和阿拉伯的石油資金掛帥的金融投機時代。

【**歐洲美元**】美國的全球企業增加，使愈來愈多的美元不回流美國。受到石油危機的影響，原先投入產油國的美金也轉而投入倫敦等金融市場，成為追求利益的國際投機資金。流動性過剩的歐洲美元（在歐洲交易的美元）市場日益擴張。

金融自由化引發了先進國家的房地產泡沫化和房市崩盤，一九八〇年代的日本也受到波及。一九九〇年代，網際網路的發達形成了全球化的網路世界，更造成經濟的證券化和全球化，金融交易的規模越發擴大和多樣化。

西元一九九七年，泰國的貨幣泰銖遭遇投機性賣壓，迫使泰國實施浮動匯率制度，泰銖匯率因此暴跌。韓國、印尼也慘遭波及，引發了連鎖性的貨幣大暴跌（**亞洲金融風暴**）。二〇〇〇年代，美國發生了**網際網路泡沫事件**。西元二〇〇八年，美國因為次級房貸風暴使雷曼兄弟公司破產，引發了金融市場的大崩盤（雷曼兄弟事件）。處於金融投機時代，波及全球金融市場的金融危機層出不窮。

發生雷曼兄弟事件後，美國為了振興國內經濟開始大量印製美鈔，並大規模實施量化寬鬆貨幣政策。不過，美國印製的大量美鈔，經由金融機構又被投入全球性的金錢遊戲中，令世界各國的股票、債券和商品市場陷入更加不穩定的局勢。

解讀歷史

全球企業未將獲利存入國內，而是轉化為資金存放於倫敦。石油資金也做為短期資金滯留於金融市場。全球性的金錢遊戲時代已經到來。

【NIES登場】一九七〇年代以後，處於長期的不景氣中，先進工業國家的企業在國際市場上的價格競爭越演越烈，為了從國際競賽中勝出，必須獲得更便宜的人力及尋找新的商機。先進工業國家的資本和技術也因此急速湧入附近的開發中國家。亞洲於是出現了韓國、臺灣、新加坡、泰國和馬來西亞等新興工業國家（NIES），設有經濟特區的中國也跟著急速發展。就連奉行社會主義的越南等國也受到這股趨勢的影響。

一九七〇年代以後，亞非廣闊的領域不斷發生政治和經濟上的變動，擁有石油等天然資源的國家與沒有資源的國家，及有無成功吸引先進國家的企業前來投資等因素，都使國家之間的貧富差距更加擴大。

一九六〇年代，亞非各國全部被歸類為「南方」國家。不過，一九七〇年代以後，這種狀況已經有所改變。各個新興國家的發展情況已然大相逕庭，新的**「南南問題」**（South South problem，開發中國家之間的經濟落差）逐漸浮上檯面。

【亞洲金融風暴】經濟急速成長的亞洲各國，在國際匯率制度轉變為浮動匯率制之後，仍然維持美元的固定匯率制（美元固定匯率制），並增加海外投資，藉以防止通貨膨脹的發生。尼克森震撼（三八五頁）後的美元貶值有一段時間對亞洲是有利的，但美國在一九九〇年代轉向升值美元政策，美元在數年之內上漲高達八成，泰銖和韓元也隨之高漲，使不景氣的狀況更加嚴重。西元一九九七年，避險基金（可動用大量資金的國際投資集團）大量賣超泰銖和韓元，爆發了「亞洲金融風暴」。除了香港以外，其他國家都放棄了美元固定匯率制。為了拯救亞洲的經濟危機，日本等亞洲各國彼此建立起「貨幣互換協議」（透過各國央行，以一定的匯率與交易國的貨幣互相融通的機制）。

解讀歷史

亞洲等國家由於接受全球企業的資金和技術轉移，在一九八〇年代出現了新興工業國家（NIES）。尋求廉價勞力的企業轉移，及新興國家工業化的浪潮蔓延至世界各地。

Key Point

33 經濟全球化所引起的經濟不安定

一九八〇年代以後，經濟的全球化雖然帶來 NIES 及 BRICS（金磚五國，巴西、俄羅斯、印度、中國、南非）等各國的經濟成長，但是也為世界經濟和國際政治帶來動盪不安。

出現全球規模的虛擬金融空間

一九七〇年代進入「資訊革命」時代，電腦變成戰略商品。一九七〇年代中葉以後，面臨經濟危機的美國，將原本用於軍事用途的網際網路轉換成民用，**網路空間在短時間內擴及全球**。非實體的虛擬經濟空間不會爆量，加入的人越多反而會更加繁盛，也因此衍生出各式各樣的商機。

美國的經濟被後起國家迎頭趕上，產業競爭力逐漸式微，幸而透過全球化的網路空間所創造出來的新產業恢復了生機。透過嶄新的金融和商業網路的大規模開發，美國的經濟逐漸走向復甦。

一九九〇年代以後，華爾街由於擔心報酬率太低，遂把新的網路空間逐漸轉變成高效率的投資空間。開創全球規模的網路空間，宛如現代版「大航海時代」的空間革命。這種透過網路空間所建立的嶄新系統，有利於全球金融資本主義（避險基金等）的發展。

虛擬的金融資本主義逐漸掌控了世界各區域的各種經濟型態。十九世紀以來以民族國家為單位的資本主義經濟，逐漸轉變為世界規模的全球經濟。

「**【資訊革命與虛擬化的世界】**西元二十一世紀，形成了可以媲美大航海時代「海洋」的全球網路空間。利用全球化的網路空間，史上最大規模及高機能性的商業金融體」

系應運而生。遊戲和社群網路等商品也隨之產生。此全球規模的第三次空間革命係以美國為中心，並由美國建立了與之相應的新金融體制。浮動匯率制、貨幣價值的符號化、電子匯款、會計制度的標準化、證券交易的國際化、證券化的技術、放空等全球性的金融活動，巧妙地運用世界史的大變動「資訊革命」，獲得了極大的發展。

全面滲透「大世界」和「小世界」的巨大網路空間，以異次元經濟空間的形態主導著世界經濟，逐漸變成民族國家無法駕馭的怪物。

美國曾經是「世界警察」的角色已經淡化。現在的美國已經逐漸把重心轉移到爭取網路、金融空間的霸權。針對全球網路空間所衍生出的各種問題，實應即早建立能夠應對的政治體制，但歐盟志在重組「大陸帝國」，中國則企圖轉變成海洋帝國，各國的目標分歧，並由於複雜的利害對立及缺乏警覺意識，使各國遲遲無法共同建立起應對網路空間問題的政治體制。

解讀歷史

一九七〇年代以後，隨著電腦的普及產生了資訊革命。直到一九九〇年代，網際網路與金融、物流和宣傳相互連結，嶄新的經濟浪潮由美國擴展到全世界，也為美國的經濟注入一股新的能量。

Key Point

34 虛擬空間推動世界經濟

在一九七〇年以後的資訊革命中，以美國為中心的虛擬「網路金融空間」擴及全球。透過「網路金融空間」，美國加速了金融帝國化的腳步。

逐漸壯大的歐洲世界

歷經兩次大戰而沒落的法國和德國不再互相對抗。西元一九五〇年，在法國外交部長的號召之下，歐洲開始成立「歐洲煤鋼共同體」（ECSC）。六年後的西元一九五七年，歐洲的資本、商品、服務和勞工得以自由流動，歐洲諸國更進一步以「振興歐洲經濟」為目標成立了「歐洲經濟共同體」（EEC），然而英國及北歐各國並未加入。英國等國在西元一九六〇年組織了「歐洲自由貿易聯盟」（EFTA）。

ECSC、EEC及「歐洲原子能共同體」（EURATOM）更進一步進行統合，結成由六個國家參加的「歐洲共同體」（EC）。

一九七〇年代，世界經濟陷入不景氣，以擴大歐洲市場為目標；一九八〇年代，則為了因應金融的自由化和全球化，英國等EFTA諸國也相繼加入EC，EC的參與國變成十二國，區域內生產總值（GDP）甚至超越了美國。

透過「馬斯特里赫特條約」，歐洲各國針對歐洲公民權、歐洲議會、採用單一貨幣歐元等內容達成共識，隨後更在西元一九九三年整合了財貨、服務和市場，成立了**「歐洲聯盟」（EU）**。

西元一九九九年，歐洲央行（ECB）發行了區域內的單一貨幣歐元，終於得以消除匯率變動的風險，同時也取消了貨幣兌換的手續費。冷戰結束後，從蘇聯獨立的東歐各國紛紛加入EU。西元二〇〇七年，EU加盟國增加到二十七國。西元二〇〇九年，導入歐元的國家增至十六國。EU納入了整個東歐，朝著復興歐洲的方向前進。

東南亞也有類似的區域整合行動，東南亞十國也共同組織了**「東南亞國家協會」**（ASEAN）。此外，也有愈來愈多國家實施自由貿易協定（FTA，兩個以上的國家約定取消貿易壁壘）。美國、加拿大和墨西哥之間所簽訂的「北美自由貿易協議」（NAFTA）就是代表性的例子。稍後會提及的「跨太平洋戰略經濟夥伴協定」（TPP）則是由東亞、美國和大洋洲之間所簽訂的廣域的FTA。

解讀歷史

歐洲歷經兩次世界大戰的洗禮反思，遂以法國和德國為中心逐步推進政治和經濟的區域整合，其勢力圈更擴及蘇聯解體後的東歐地區。

進軍海洋圖謀霸權的中國

中國共產黨成立於西元一九二一年的上海，當時有五十多人參加，中日戰爭時期以農村做為根據地，急速擴張勢力，並在國共內戰中勝出。西元一九四九年，由毛澤東出任國家主席，周恩來（西元一八九八至一九七六年）出任總理，成功建立了「中華人民共和國」。蔣介石所率領的國民黨之「中華民國」則敗逃到臺灣。在混亂的政治情勢下，中華人民共和國這個新國家，原封不動地繼承了大清帝國的遼闊疆土。

西元一九五〇年，中國曾與蘇聯簽訂了「中蘇友好同盟互助條約」，透過蘇聯的援助，中國終於在經濟建設上開始起步，但沒有多久就爆發了韓戰（西元一九五〇至一九五三年，三八二頁）。韓戰期間，世界最強的美國第七艦隊巡航於臺灣海峽，表態支持臺灣的國民黨政府。國民黨與共產黨的戰爭因此暫告一段落。

史達林逝去後，蘇聯共產黨開始轉向和平共存的路線，與主張對美採取強硬路線的中國共產黨關係惡化。毛澤東於是擺脫蘇聯走自己的路線，由國際主義轉向中國主義，徹底貫徹農民革命的路線。

毛澤東實施土地國有化，並把戶籍分成都市戶籍和農村戶籍，使農民成為廉價的勞動力，更繼承清朝的統治法，透過嚴密的檔案制度（共產黨以一元化管理個人紀錄）掌控全國

■世界主要的自由貿易區

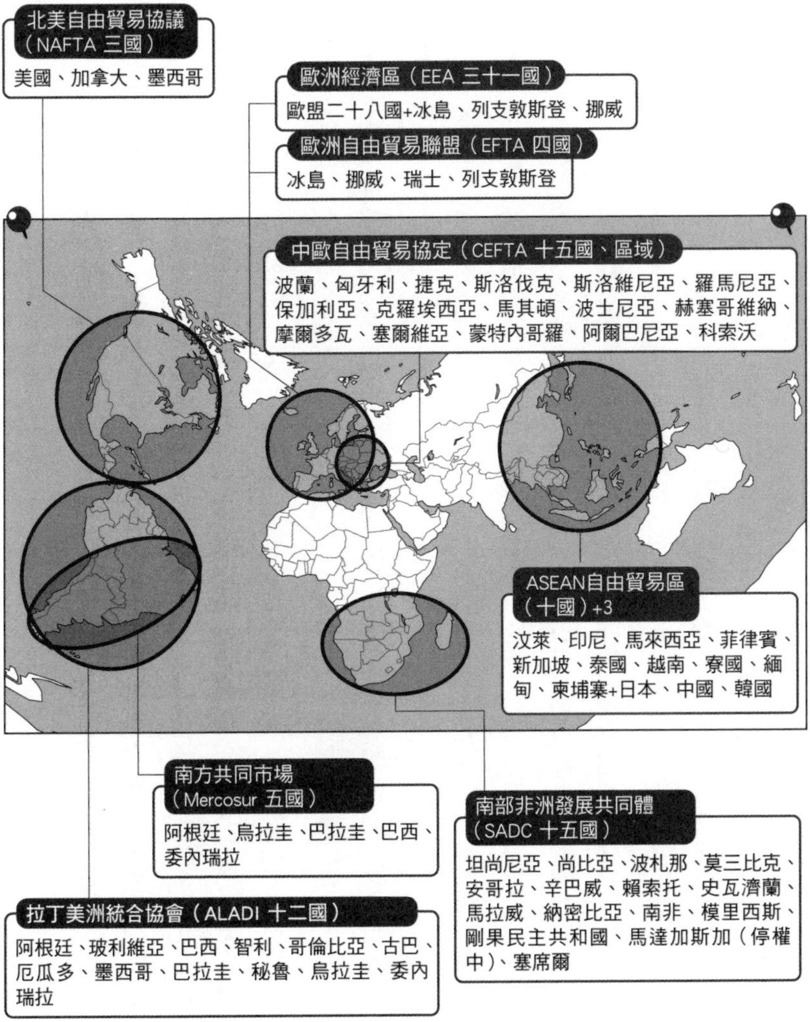
北美自由貿易協議（NAFTA 三國）
美國、加拿大、墨西哥
歐洲經濟區（EEA 三十一國）
歐盟二十八國+冰島、列支敦斯登、挪威
歐洲自由貿易聯盟（EFTA 四國）
冰島、挪威、瑞士、列支敦斯登
中歐自由貿易協定（CEFTA 十五國、區域）
波蘭、匈牙利、捷克、斯洛伐克、斯洛維尼亞、羅馬尼亞、保加利亞、克羅埃西亞、馬其頓、波士尼亞、赫塞哥維納、摩爾多瓦、塞爾維亞、蒙特內哥羅、阿爾巴尼亞、科索沃
ASEAN自由貿易區（十國）+3
汶萊、印尼、馬來西亞、菲律賓、新加坡、泰國、越南、寮國、緬甸、柬埔寨+日本、中國、韓國
南方共同市場（Mercosur 五國）
阿根廷、烏拉圭、巴拉圭、巴西、委內瑞拉
南部非洲發展共同體（SADC 十五國）
坦尚尼亞、尚比亞、波札那、莫三比克、安哥拉、辛巴威、賴索托、史瓦濟蘭、馬拉威、納密比亞、南非、模里西斯、剛果民主共和國、馬達加斯加（停權中）、塞席爾
拉丁美洲統合協會（ALADI 十二國）
阿根廷、玻利維亞、巴西、智利、哥倫比亞、古巴、厄瓜多、墨西哥、巴拉圭、秘魯、烏拉圭、委內瑞拉

人民。

不過，毛澤東的**「大躍進運動」**過於理想化，經濟觀念極為薄弱，在農村實施人民公社的計畫以大失敗告終，據推算約有兩千萬到四千萬人餓死。毛澤東也因此失去權勢，由劉少奇（西元一八九八至一九六九年）接任國家主席。大躍進運動失敗後，中國的經濟一片混亂，加上黨內幹部的腐敗及城鄉差距的持續擴大，毛澤東意圖重掌政權，發動了**「文化大革命」**（西元一九六六至一九七六年）。

毛澤東動員青年，組織紅衛兵以「造反有理」、「革命無罪」的口號破壞共產黨的組織，最終以獨裁者之姿復權成功。毛澤東捨去以黨治國的社會主義組織理論，用個人崇拜來締造一人專權的體制。

西元一九七六年毛澤東逝去，由鄧小平（西元一九〇四至一九九七年）掌握政權，他大肆清除文革的激進派，改走現實路線。他在農業、工業、國防和科學技術四個現代化的基礎下，仿效新加坡在沿海設置經濟特區和經濟開發區，大膽引進外資以謀求經濟成長。他仿效現代資本主義由沿海都市獲取資本的模式，意圖透過華僑的資本來達到經濟成長的目標。

鄧小平將這種模式命名為社會主義市場經濟，並提出「先富論」（讓一部分人可先得富裕的意思），以經濟復興和經濟成長為優先考量。中國大膽引進外資，並透過農村的廉價勞力，奇蹟式地成功成為「世界工廠」。

適逢蘇聯垮臺（三八八頁）的影響，中國以青年為中心發起了民主化運動，共產黨卻透過**「天安門事件」**（西元一九八九年，在北京天安門廣場要求民主化的學生和市民，遭到中國人民解放軍的鎮壓）固守共產黨的獨裁體制。

「雷曼兄弟事件」爆發後，中國的經濟吸收了高達四十兆元的龐大外資獲得急速成長，並藉由開發內陸都市及建設鐵路、高速公路等基礎設施，使其國內生產毛額（GDP）勝過日本，一舉躍升為世界第二。

另一方面，中國由於人事拔擢和傳統的賄賂惡習，使黨官僚更加腐敗和墮落。現在的中國，意圖透過獨占南海、東海的海底資源與強行掌控航路，建立起「海洋帝國」。

解讀歷史

西元二十一世紀的中國有飛躍式的經濟成長，朝著「海洋帝國」的目標前進。不過，由於中國原本只是內陸帝國，海岸線只有日本的三分之二長，其意圖透過強硬手段支配南海的做法，與鄰近各國產生了很大的摩擦。

終於在世界占有一席之地的太平洋

太平洋由於過於遼闊，在世界史中一直無法擁有一個確切的地位，宛如「水之沙漠」，與透過資本主義經濟和民族國家體制建立了近代世界架構的大西洋簡直是天壤之別。

西元二十世紀末，由於全球「網路空間」的形成，經濟也邁向全球化。隨著亞洲各國急速的經濟成長，太平洋世界也形成新體制，終於在世界史占有一席之地。

西元十九世紀末至二十世紀中葉，美國奪得太平洋的軍事霸權。太平洋經濟圈卻不見成長，反而成為美蘇冷戰的最前線。進入二十一世紀後，美國的軍事優勢地位搖搖欲墜，太平洋世界逐漸成為美中勢力角力的場所。

【二十一世紀之海——太平洋】太平洋位於歐亞大陸的「小世界」與由大西洋世界朝西、南擴張而成的「大世界」之連接點，海域之遼闊占有地表面積之三分之一。以自給自足的農業為基礎的歐亞大陸諸國、以種植業為基礎的美洲大陸及澳洲都面臨太平洋，使得太平洋在政治經濟上的定位至今仍未明朗。

西元二〇〇六年，東南亞的新加坡、汶萊，加上紐西蘭和南美洲的智利，以建立共同市場和消除關稅為目標簽訂了ＴＰＰ（跨太平洋戰略經濟夥伴關係協定）。

美國也於西元二〇一〇年表態加入。澳洲、越南、馬來西亞、哥倫比亞、墨西哥、加拿大和日本也紛紛加入TPP。由於TPP訂有一度放寬規制就不可回復的不可逆規定，及遭受損害的外資可要求損害賠償的ISD條款（投資者與國家訴訟制度）等規定，各國之間在立場和利害的協調上，著實耗費了不少心力。但是擁有截然不同歷史的太平洋周邊區域及各國，得以透過TPP建立起共同組織，對於太平洋地區的安全保障和經濟成長確實貢獻良多。如果沒有任何體制約束，太平洋在安全保障等方面，只能一直處於不安定的狀態。

太平洋世界如果能夠形成安定的秩序，或許可以遏止美國重組太平洋帝國及中國進軍太平洋的野心。TPP可以說是為了讓太平洋納入「大世界」的實驗性嘗試。

解讀歷史

日本面臨未開拓的太平洋，以長遠的角度來看是極大的優勢。如何善加利用東海、南海和太平洋，是所有人類目前的課題，如何讓太平洋成為「共存之海」，是我們目前所應該要深思的。

Key Point

35 終於得以成為世界史中心的「太平洋」

西元二十一世紀，為了爭奪開發太平洋，國際情勢漸趨緊張。經濟急速成長的中國，儘管國內仍暗藏危機，卻一心想控制太平洋。另一方面，太平洋也出現了TPP等意圖形成新經濟秩序的行動。

二十一世紀以後，持續摸索這個世界

西元二十世紀，飛機航線、鐵路網、海上航線、高速公路、網際網路等多重網絡覆蓋全球，形成了全球化的強大物流，資訊和文化也得以相互交流。

另一方面，全球化卻也擴大了各區域和各國之間的經濟差異，並衍生出世界性的貧富懸殊和饑餓等嚴重問題。

【人口爆炸的課題】西元二十世紀以後，全球人口急速增加，產生人口爆炸的問題。西元一八二五年左右，人口不過十億，一百年後增加到二十億人口，西元一九六〇年則增加到三十億人口，西元一九七五年更增加到四十億人口，而現在已然突破七十億人口。技術革新使機器逐漸取代人類，對人力的需求也逐漸縮減，如何為龐大

的人口安排工作，成為全人類的新課題。

西元一九七二年，以酸雨所帶來的危機為主題，在瑞典的斯德哥爾摩召開了第一次「聯合國人類環境會議」。

同年，由來自二十五個國家七十名成員組成的羅馬俱樂部（瑞士），發表了《增長的極限》，他們警告全人類如果世界人口、工業化、汙染、糧食生產及資源的使用都維持不變的成長率，一百年內地球上的成長將會達到極限，屆時人口和工業能力恐會面臨無法控制的減少。

繼聯合國人類環境會議後，西元一九八七年，聯合國所提出的布倫特蘭報告書，也發表**「永續發展」**的重要理念及目標。

自從人類出現文明，已經歷經五千年歲月的流逝，世界正面臨巨大的轉變，要如何覓得新方向，是全人類所必須共同面對的課題。

知識叢書1064

35個影響歷史的關鍵大事

世界全史「35の鍵」で身につく一生モノの歴史力

作者　宮崎正勝
譯者　賴詩韻
主編　陳怡慈
責任編輯　蔡佩錦
執行企劃　林進韋
美術設計　走路花工作室
內文排版　新鑫電腦排版工作室
董事長　趙政岷
出版者　時報文化出版企業股份有限公司
108019 台北市和平西路三段240號一至七樓
發行專線｜02-2306-6842
讀者服務專線｜0800-231-705｜02-2304-7103
讀者服務傳真｜02-2304-6858
郵撥｜1934-4724 時報文化出版公司
信箱｜10899臺北華江橋郵局第99信箱
時報悅讀網　www.readingtimes.com.tw
電子郵件信箱　ctliving@readingtimes.com.tw
人文科學線臉書　www.facebook.com/jinbunkagaku
法律顧問　理律法律事務所｜陳長文律師、李念祖律師
印刷　勁達印刷有限公司
初版一刷　2018年11月16日
初版五刷　2021年8月24日
定價　新台幣460元

時報文化出版公司成立於一九七五年，並於一九九九年股票上櫃公開發行，於二〇〇八年脫離中時集團非屬旺中，以「尊重智慧與創意的文化事業」為信念。

ISBN 978-957-13-7569-4｜Printed in Taiwan

35個影響歷史的關鍵大事／宮崎正勝 著；賴詩韻 譯. -- 初版. -- 臺北市：時報文化, 2018.11｜408面；14.8×21公分. -- (知識叢書；1064)｜譯自：世界全史「35の鍵」で身につく一生モノの歴史力｜ISBN 978-957-13-7569-4（平裝）｜1. 世界史｜711｜107016706